徐永祥文集

社区发展论

（修订版）

徐永祥 著

·上海·

图书在版编目(CIP)数据

社区发展论／徐永祥著. —修订本. —上海：华东理工大学出版社,2021.10
(徐永祥文集)
ISBN 978-7-5628-6587-2

Ⅰ.①社…　Ⅱ.①徐…　Ⅲ.①社区建设—研究—中国
Ⅳ.①D669.3

中国版本图书馆 CIP 数据核字(2021)第 198004 号

策划编辑／刘　军
责任编辑／孟媛利
装帧设计／徐　蓉
出版发行／华东理工大学出版社有限公司
地址：上海市梅陇路 130 号,200237
电话：021-64250306
网址：www.ecustpress.cn
邮箱：zongbianban@ecustpress.cn
印　　刷／江苏凤凰数码印务有限公司
开　　本／890 mm×1240 mm　1/32
印　　张／11.5
字　　数／256 千字
版　　次／2021 年 10 月第 1 版
印　　次／2021 年 10 月第 1 次
定　　价／88.00 元

前　言

2019年2月21日凌晨，中国社会工作重建的开拓者、中国社会工作教育协会会长、国际社会工作教育联盟委员、上海高校智库“社会工作与社会政策研究院”院长、华东理工大学社会学与社会工作学科的奠基人徐永祥教授因病医治无效，在上海与世长辞，享年64岁。徐永祥教授于1982年从南京大学哲学专业硕士毕业后到华东理工大学（其前身为华东化工学院）任教直到辞世，他将自己的后半生全都奉献给了华东理工大学。

徐永祥教授是华东理工大学社会学与社会工作学科的奠基人，他一直致力于探索社会学、社会工作学的学科自觉和实践建构。1995年，他与曹锦清等同仁一起开始筹建应用社会学研究所和社会工作系，并于次年正式建系，招收社会学专业硕士研究生和社会工作专业本科生。华东理工大学社会工作系是教育部直属高校首个社会工作系。社会工作系的成立体现了徐永祥教授和曹锦清教授等老一辈学科带头人的高瞻远瞩，为社会工作在华东理工大学的发展奠定了坚实的基础。华东理工大学社会与公共管理学院社会学科在徐永祥教授和曹锦清教授的带领下，逐渐凝练出“国情、实证、介入”的办学宗旨。用中国社会工作教育协会前任会长王思斌教授的话来讲,“徐永祥教授是中国社会学、社会工作恢复重建的重要开拓者,较早推动社会学、社会工作学科在一所理工科高校生根发芽,让华理社会工作在全国,甚至全世界都这么有名。徐永祥教授是第一人,他立下了第一功,再怎么肯定他的贡献都不为过”。

徐永祥师从胡福明教授,积极践行导师秉持的“实践是检验真理的唯一标准”的重要学术精神。他早年一直在探究马克思主义,尤其是对邓小平理论“两课”改革做出了突破性探索,对于推动邓小平理论更好地在高校教育和实践指导中发挥作用做出了杰出贡献。2000 年以来,他大力倡导“参与式行动研究”,注重对社会科学实践进行自觉的提炼,注重对学术话语权的倡导,注重发挥社会学和社会工作学的社会建构功能,从而更好地应对中国社会发展所面临的深层次问题。徐永祥教授专门论述了大变革时代社会学、社会工作学的学科使命,强调两者都是以“社会”为中心,研究和解决市场经济条件下的社会问题、追求社会秩序与团结、实现社会公平与正义、提升人民群众福祉的科学。他一直认为,在中国,社会学、社会工作学自诞生以来就是天然、内在地联系在一起的学科。他强调,社会学、社会工作学应立足于自己学科的“社会”属性,在研究中国和世界问题的过程中实现理论自觉、做好理论建构,在面向现实社会问题时致力于实践的建构,在实践中不断推动社会建构、社会进步和社会发展。社会学、社会工作学在本质上是实践的,它们不仅仅在于解释世界,更在于改造世界。

徐永祥教授毕生致力于探索形成一种实践社会科学范式。他直面中国社会转型的重大问题,致力于通过科学研究和专业介入以寻求宏观改变，并对这些改变保持了足够的理论自觉，发表了不少有影响力的学术成果，承担了国家社会科学基金重大课题，提出了"社会体制改革""政社分工与合作""三社互动""社区治理共同体"等一系列重要的前瞻性论断。在全面深化改革的背景下，他提出将"以经济建设为基础、以社会发展为中心、以民主法治为保障"作为中国今后改革开放和现代化进程的基本方略的建议，这无疑是具有实践智慧的创新。这里的逻辑在于，经济建设是社会发展和政治建设（民主法治建设）的前提和基础，但是，经济建设并不是根本目的，最终还是为了社会的更好发展；同时，政治建设或民主法治建设是经济建设和社会发展的必要保障。

徐永祥教授是中国社会工作重建的开拓者，在学科建设、实践推进、专业教育、科学研究、社会服务、国际交流以及人才培养等方面都做出了突出贡献。

20多年来，在学校领导的大力支持下，在徐永祥教授的带领下，华东理工大学社会工作学科形成了"教学、科研、实践、政策"四位一体的专业发展模式，目前已拥有从本科教育到博士教育的完整教育体系，是国内师资队伍规模较大、科研实力较强的教学科研团队。

自1996年起，徐永祥教授参与上海社区发展和社区体制改革，他以研究推动实践创新、以实践发展提炼学术智慧，其代表作之一《社区发展论》（曾重印10余次）提出并论述了"亚社区""政社不分"等重要概念，正是聚焦实践的学术成果。2003年，在他的倡导下，国内首批三大社会工作社团（自强、新航、阳光）成立，他还担任自强服务社的理事长，带领全系教师积极参与，这是国内社会工作专业实践制度化的肇始。2008年汶川地震发生后，他第一时间推动上海社会工作者参与灾后重建,组建华东理工大学社会工作服务队(这是全国第一支进入灾区的社会工作服务队,受到时任国务院总理温家宝同志的高度赞誉),并在都江堰市建立了四川省第一个社会工作机构,积极推动了社会工作在西部地区的发展。自2009年起,他分别在深圳等珠三角地区和上海等长三角地区成立研究与评估机构,推动珠三角、长三角的社会工作和社会创新,大大提升了华东理工大学社会与公共管理学院在粤港澳大湾区和长三角一体化战略中的影响力。徐永祥教授也因此被评为2011年度中国社会工作"十大社工年度人物"。2013年,由他领衔的"社会工作与社会政策研究院"入选上海高校智库,这是国内首个社会工作专业智库。在他的支持下,智库还开辟了中印比较、国际发展等新的研究方向。

徐永祥教授自1999年起担任中国社会工作教育协会副会长,协助会长王思斌教授推动中国社会工作教育和实践的发展。自2016年当选中国社会工作教育协会会长以来,他马不停蹄地东奔西走,几乎每个周末都在外地开会。他不辞辛劳,为的是支持各个学校的社会工作专业发展。他和王思斌教授、关信平教授、马凤芝教授等一起精心筹划并组织近200家社会工作院系参与精准扶贫。他奔波于高校对口扶贫的农村地区第一线,念兹在兹的就是扩大社会工作的专业影响及其在乡村振兴进程中的专业贡献。

20世纪90年代,华东理工大学社会工作系与香港城市大学合作培养社会工作专业学生。学院自2002年起就选派学生到香港实习,这项工作延续至今。华东理工大学与香港理工大学合作举办的中国社会服务管理硕士学位教育项目培养了近百名优秀人才,其中不少人成为活跃在长三角、珠三角社会工作和公益慈善领域的领军人物，担任各类机构或组织的会长、副会长、秘书长。

从2007年起，徐永祥教授推动华东理工大学社会与公共管理学院组织召开多次国际会议，邀请国外知名专家来访，推动学术交流与互动。从2008年起，他在国际社会工作教育联盟前主席、香港理工大学原副校长阮曾媛琪教授的支持下参加国际社会工作教育联盟（IASSW）的学术活动，2010年他被推选为联盟执委暨中国国家代表，在国际社会工作界发出了中国声音，积极向国际社会工作共同体介绍中国社会工作发展经验。阮曾媛琪教授这样评价他："徐永祥教授一生秉持中国心，在积极推动中国社会工作走上国际舞台、发出中国声音、促进国际对话与合作方面做出了杰出贡献；徐永祥教授是一位名副其实的大家，我们将继续沿着他所开辟的道路前进，社会工作历史也将铭记他所做的重大贡献。"他通过自己的努力促进了社会工作领域同行之间的对话与交流，推进了中国社会工作的学科自觉、实践自觉、理论自觉和文化自觉，增强了中国社会工作在世界上的影响力。

需要特别提及的是，从1999年起，徐永祥教授及其夫人姚璎女士（当时在华东理工大学出版社工作）一起推出了国内首套"社会工作与管理丛书"和"社会工作名著译丛"，在业界有非常大的影响，社会工作由此成为华东理工大学出版社的出版品牌。他还主编了"社会工作流派译库""社会工作与社会政策智库论丛"等多套书系，极大地促进了社会工作学科出版事业的发展。

徐永祥教授从教37年间，始终奋斗在教学与科研第一线，他以人才培养为使命，鼓励学生理论联系实践、积极介入并推动社会发展，先后培养了100余名硕士、博士研究生，为国家输送了一大批栋梁之材。

他以哲学家的睿智、社会学家的视野、社会工作学家的行动，在这个伟大的时代里留下了自己的印记。多少年后，当后辈书写中国社会工作发展史的时候，“徐永祥”这个名字必将会一遍遍地被提起。

他的离世，是学界的巨大损失。一个人的生命是有限的，但他对社会工作的热情、坚守和愿景展望可以激励一代代的年轻人投身到社会工作中。他求索实践取向的社会科学范式，是推动社会工作、社会学和社会政策发展的重要学术智慧和精神遗产，也必将激励后辈学人持续深耕。

为了纪念徐永祥教授，传承其学术思想，督促后辈继续完成他开创的事业，华东理工大学社会与公共管理学院将他生前绝大多数学术思想论述进行整理，并由华东理工大学出版社结集出版，形成《徐永祥文集》(五卷本)，分别是《社会发展论》《社会体制改革论》《社区发展论》《社会组织发展论》《社会工作发展论》。文集中的每一本都聚焦于他生前关注的核心理论和实践议题，它们虽各有侧重，但相互关联。《社会发展论》是徐永祥教授最早的学术思想汇集，他从哲学角度阐释了社会发展的相关思想，也为他后续的学术思想奠定了哲学基础。《社会体制改革论》是徐永祥教授集中阐释“社会体制”改革、社会建设等重要思想的文集汇编。他是最早阐述“社会体制”内涵和改革思路的学者，同时，他积极提倡从“以经济建设为中心”的发展思路向“以经济建设为基础、以社会建设为中心”的发展思路转变，这体现出他内心强烈的社会关怀。其余三部可以合起来称为徐永祥教授的“三社”思想，即社区、社会组织和社会工作方面的研究成果。他最早阐释了“三社联动”思想，并为上海乃至全国推进社会体制改革提供了积极的指导。《社区发展论》是徐永祥教授关于社区发展的专著，从2001年出版至今，已经先后重印了10余次，曾被社会学家费孝通誉为“近年来写得最好的社区研究著作”。《社会组织发展论》汇集了徐永祥教授有关社会组织发展的研究成果，尤其是他近年来提出的具有社会理性导向的“新社会组织”等新型概念，可以与目前较为宽泛的社会组织含义相区别。他创办了专门致力于社会创新、公益事业发展的第三方评估机构，以推动“第三次分配”。《社会工作发展论》是徐永祥教授对社会工作教育、理论、政策和实践“四位一体”内容体系的建构和阐释，他既立足于本土实际，又具有国际视野，为中国社会工作走向国际化、促进国际交流做出了积极贡献。

最后，需要指出的是，由于徐永祥教授匆匆离世，他的很多学术成果尚未完全公开发表，本次《徐永祥文集》汇编中的部分文章是他与学生合作撰写的。在此我们要特别感谢为文集出版做出贡献的徐选国、侯利文、曹国慧、胡兵、刘振以及各位研究生同学，感谢华东理工大学出版社的同仁为文集出版付出的辛勤工作。由于编撰过程中需要对历时几十年的文献进行整理，难免会出现一些纰漏和错误，敬请读者指正和谅解。希望徐永祥教授的学术思想能够继续助推中国社会学、社会工作向前发展。

《徐永祥文集》编委会

修订说明

《社区发展论》是徐永祥教授对于社区发展的专著,自2001年出版至今,已经先后重印了10余次,曾被著名社会学家费孝通先生誉为“近年来写得最好的社区研究著作”,成为社区研究领域的标杆性著作。

《社区发展论》是徐永祥教授对社区发展在特定阶段的理论思考与实践建构,书中提出的观点距今虽已20余年,但是这些观点在解释和指导社区建设、社区发展和社区治理创新方面,仍有着持久的影响力和生命力。本次修订以“尊重原著,尊重历史”为原则,注重系统性和知识的关联性,由此,我们仍基于原著的基本论点、论断以及当时(2000年前后)的社区实际,仅根据现行规范对内容顺序、编号、注释等部分内容进行了完善处理。

特此说明。

《社区发展论(修订版)》修订组

2021年9月

目　录

第一章　社区发展：理论与实践的历史回顾 1

一、关于“社区发展”概念的理解 2

1.“社区发展”概念的历史沿革 2

2. 社区发展的定义及其特征 5

二、社会学视野中的社区发展 7

1. F.滕尼斯的《共同体与社会》 8

2. 20世纪美国的社区研究 12

3. 20世纪中国的社区研究 16

三、作为社会工作载体的社区发展 18

1. 社会工作之定义 19

2. 社区睦邻活动 20

3. 二战以后的社区社会工作 22

4. 当前我国社区社会工作面临的机遇和挑战 23

第二章　社区的概念、要素和类型 30

一、何谓“社区” 30

1. 汉语“社区”一词的由来 30

2. 关于社区概念的分歧 32

3. 本书的界定 35
二、社区构成的基本要素 38
1. 地域要素 39
2. 人口要素 40
3. 组织结构要素 41
4. 文化要素 42
5. 社区要素的相互关系 43
三、社区的基本类型及其特征 44
1. 划分社区类型的方法 44
2. 农村社区 46
3. 集镇社区 49
4. 城市社区 53
四、我国的街道社区 63
1. 我国城市街道的历史沿革 63
2. “街道社区”：中国特色的城市社区 72

第三章　现代社区的社会功能：前提与特征 76
一、“亚社区”：计划经济体制下的特殊现象 77
1. 何谓“亚社区” 77
2. “亚社区”的基本特征及历史评价 79
二、社会职能分化与社区发展 83
1. 我国“亚社区”终结和现代社区生成的历史前提 83
2. 社会职能分化：社区发展的必要条件 87
3. “政社分开”：社会职能分化的核心 91
三、现代社区的社会功能及其特征 95

1. “社会功能”的概念及其在社区中的应用 96

2. 社会服务功能 99

3. 人的社会化功能 101

4. 社会参与和社会民主功能 104

5. 社会控制与社会稳定功能 109

第四章 社区发展规划与发展指标 112

一、社区规划的特征与意义 112

1. 城市规划及其对社区规划的影响 113

2. 社区规划的含义及其特征 117

3. 社区规划的功能和意义 120

二、社区规划的基本框架 123

1. 社区规划制定的现实依据 124

2. 社区规划的基本原则 127

3. 社区规划的主要内容 130

三、规划与衡量社区发展的社会指标 132

1. 社会指标思想兴起的背景 132

2. 社会指标的概念及功能 135

3. 社会指标的特征与类型 137

4. 选择与建构社区发展指标的基本原则 142

5. 社区发展指标体系的基本结构 145

第五章 社区管理中的政府角色 148

一、社区管理范畴的历史性 148

1. 社区管理的属性、要素和对象 149

2. 社区管理的主体 152
3. 城乡社区管理的边界 155
二、我国社区管理体制的历史与现状 158
1. 行政全能主义的“单位人管理”与“地区管理” 158
2. 社会转型期社区管理的体制性矛盾 161
3. 当前政府角色的越位与缺位现象 167
三、构筑强政府与大社会相结合的社区管理新体制 171
1. “政府主导”:“小政府”或“强政府” 172
2. 社区发展中的“大社会”与“强政府” 177
3. 两级政府、三级管理:上海的经验及启示 179

第六章　以人为本的社区服务 184
一、社区服务的内涵与特征 184
1. “社区服务”:概念的再认识 185
2. 社区服务的对象和内容 193
3. 社区服务的特征与功能 197
4. 我国社区服务的历史沿革 200
二、我国社区服务的运行机制 203
1. 资金供给与运作机制 204
2. 人力资源的构成与动员机制 206
3. 行政管理体制与机制 211
4. 行业管理体制与机制 216
三、社区服务面临的主要问题及其对策 217
1. 政府行为与社会行为的关系 217
2. 福利性与经营性的关系 220

3. 社会化与专业化的关系 222

第七章　中国特色的社区社会保障 225

一、社区保障的含义、功能与特征 225

1. “社区保障”：社会保障的组成部分 226

2. 社区保障的特征与功能 231

3. 我国社区保障的历史回顾 234

二、社会救助的社区化 236

1. 社区社会救助产生的必然性 237

2. 社区社会救助的运行机制 238

3. 社区社会救助中存在的一些问题 243

三、社区中的再就业工程 245

1. 社区推行再就业工程的意义 245

2. 社区中再就业工程的现状和主要内容 248

3. 社区实施再就业工程过程中遇到的障碍 250

第八章　社区参与和社区自治 254

一、社区参与的意义和载体 254

1. 社区参与的概念及分类 255

2. 社区参与：社区发展的动力和要义 258

3. 社区自治组织：社区参与的多样化载体 262

4. 社区自治组织与政府的关系 267

二、居民委员会的应然角色和现实角色 269

1. 居民委员会的由来与发展 270

2. 全能主义居委会的尴尬与苦恼 274

3. 关于居委会角色与功能调整的若干思考 279
4. 努力搞好现阶段居委会工作的制度创新 286
三、村民委员会：我国农村最重要的村民自治组织 296
1. 村民委员会的社会基础与法律基础 296
2. 村民委员会依法自治的基本内容 298
3. 村民委员会建设的主要成就和存在的主要问题 300

附录一 中华人民共和国城市居民委员会组织法 302
附录二 中华人民共和国村民委员会组织法 307
附录三 中华人民共和国未成年人保护法 314
附录四 中华人民共和国老年人权益保障法 324
附录五 中华人民共和国残疾人保障法 333
附录六 上海市街道办事处条例 345

第一章　社区发展：理论与实践的历史回顾

20世纪80年代中期以来，特别是进入90年代以后，随着我国经济体制改革和社会管理体制改革的不断深入，原来由政府和企事业单位统包统揽的社会管理与社会服务职能开始分化并逐渐回归于社会及社区，社会成员由原有的“单位人”逐渐向“社会人”过渡，社区在改革开放和现代化进程中的独特地位、价值、功能等日渐凸显，社区发展的课题也愈加为各级党政机关、专家学者及居民群众所重视。越来越多的有识之士开始认识到，介入和推动社区建设与社区发展，致力于改善社区环境，切实提升社区生活质量，搞好与完善社区服务，努力培育居民的社区意识，是我国现代化进程中基层社会重建、基层民主发育、维护社会稳定的必要条件，也是社会学家、社会工作者和各级社会事务管理者面临的重要课题。

诚然，社区发展的内涵是极其丰富的，社区发展的课题涉及社区乃至整个社会的方方面面。这里，我们不妨先对社区发展的概念、社区研究状况及社区工作实践做一个大致的历史回顾。

一、关于“社区发展”概念的理解

应该说,“社区发展”这个概念,在不同的历史时期、不同的国家或地区,解释不尽相同,歧义也较大。然而,对这一概念的综合性解释,已经成为当代社会的趋势性潮流。

1.“社区发展”概念的历史沿革

一般认为,美国社会学家 F.法林顿在研究社区问题时最早提出了“社区发展”这个概念,其在 1915 年完成的著作《社区发展:将小城镇建成更加适合生活和经营的地方》中就强调使用了这一概念。

引导“社区发展”成为一个全球性的概念和课题,功劳莫有大于联合国的。作为一个国际性组织,联合国于 1955 年发表了《通过社区发展促进社会进步》(*Social Progress Through Community*)的专题报告。报告指出,社区发展的目的是动员和教育社区内居民积极参与社区和国家建设,充分发挥创造性,与政府一起大力改变贫穷落后状况,以促进经济的增长和社会的全面进步。最初,联合国的社区发展计划侧重于发展中国家,尤其是广大农村地区,意图通过“扶贫性”的开发促进当地的社会进步与发展。例如,联合国专门设置了土地改革、垦荒、水利建设以及教育培训等项目,以支持一些落后国家农村地区的发展。之后,联合国的社区援助项目又延伸到一些发展中国家的城市,如城市住宅和贫民区改造计划等。进入 20 世纪 60 年代,尤其是 70 年代以来,联合国的社区发展计划愈来愈强调经济与社会的协调发展,愈来愈关注居民以及其他社区成员的“社区参与”和社区管理水平的提高。由此可见,联合国所讲的“社区发展”，一方面其内涵随着时间的推移而愈益丰富；另一方面，其援助对象主要限定在广大的发展中国家。

英国、美国、新加坡、泰国以及我国香港对“社区发展”的理解侧重点不同，特点也很鲜明。例如，英国社会学界的学者大多将社区发展视为“第三世界的发展工作及发展中国家的自助计划”；美国的社会学家和社会工作者又往往将社区发展理解为“社区组织的工作模式之一”；而我国香港的许多学者则将社区发展“等同于社区工作”。[①]

值得一提的是，1997 年 11 月至 12 月，笔者曾在泰国访问考察社会工作与社区发展状况。陪同的泰国国立法政大学（Thammasat University）的教授带我们在曼谷访问了泰国公主创办的女子就业培训中心（基本上都是相当简单的手工技艺培训项目）；之后，我们又在泰国北部的一个由社会工作者主办的农场（培训农民的基地）里住了三天，考察了一个村庄的“水牛银行”[②]、一个村庄的粮食加工厂、一个由联合国资助的农村艾滋病防治中心。泰国的学者认为，这些具有“扶贫”性质或帮助弱势人群、边缘人群的发展项目，都是社区发展的重要内容。他们还认为，这里的关键是要组织和动员社区成员自己投身于这些发展项目，政府和社会工作者绝不能“代替”社区成员做“越俎代庖”的事情。

与泰国的情况不同，新加坡和我国香港等地由于经济与社会发展水平远高于泰国，故对社区发展的解释重点已不在扶贫扶弱，

---

① 甘炳光等：《社区工作：理论与实践》，香港中文大学出版社，1994 年版，第 7 页。

② 泰国的“水牛银行”，其实就是一种具有自助与互助性质的自治式会员制基金。成员最初均为女性，之后逐步有男性加盟。农民只有存入一定数额的资金，方有资格申请贷款。

而倾向于通过居民的积极参与去推动社区经济、提升生活环境与生活质量、促进社会正义与社会民主的全面发展。例如,香港社会服务联会社区发展部在 1986 年发表的《社区发展立场书》中吸收融合了美、英一些学者的见解,对社区发展做了一个被认为颇具“代表性”的解释,即“社区发展是一个提升社会意识的过程,以集体参与鼓励居民识别和表达本身需要,并因而采取适当行动。这种社区导向性的社会工作方法,内容包括一系列经过计划的行动,最终目标是谋取社会正义和改良社区生活的素质”。又如,香港社会福利署在 1991 年的《五年计划回顾》报告中对社区发展的目标做出了一个颇具启迪性的界定:“社区发展的整体目标是促进社会关系,在社区内培养自我依赖、社会责任及社会凝聚的精神,并鼓励民众参与解决社区问题及改善社区生活的素质。”当然,上述两种解释的侧重点显然是不同的。作为社会服务机构的社会服务联会,更强调社区发展是一种社会工作的方法及过程,同时也包含了对居民参与社区发展的要求。作为政府部门的社会福利署,则更看重居民的社区参与、社会责任和社会凝聚力等问题。究其原因,大概是两者的角色定位不同,理解上自然也就免不了有主体的差异性了。

就中国内地的情况来看,“社区发展”只是近年来才使用较多的一个词。20 世纪 80 年代中期,经民政部倡导,全国各地逐步开展了社区服务事业。到了 90 年代中期,随着改革的深化,社区的重要性愈益突出,人们对社区的认识也有了很大的进步,已经开始从社区规划、社区建设、社区服务、社区参与、社区工作、社区管理、社区体制等全过程和多方位来认识与理解社区发展了。例如,上海市委原书记黄菊在 1996 年 3 月召开的上海市城区工作会议上明确指出："社区是城市的细胞，社区建设和管理是城市建设和管理的基础工作。……在发展社会主义市场经济的新形势下，许多社会职能将更多地依托社区来承担，充分发挥社区管理的作用比在计划经济条件下显得更为重要。改革越是深化，加强社区建设和管理的重要性就越是突出。"为此，黄菊还从上海实施跨世纪宏伟战略目标出发，提出了上海市到2000年社区建设和管理的奋斗目标，即"到2000年，初步形成安定安全的社区治安秩序、便民利民的社区服务网络、团结和谐的社区人际关系、健康向上的社区文化氛围，并为建成配套设施齐全、环境舒适优雅、管理规范有序、保障功能完善的现代化社区奠定基础"①。可以说，正是在上海、青岛、南京等地社区建设的示范和带动下，全国各地城市的社区建设、社区服务和社区管理等也逐步轰轰烈烈地开展起来，"社区""社区发展"使用的频率越来越高，从中央到地方直至居民，人们对"社区发展"一词的理解也愈益丰富、具体和深化了。

2. 社区发展的定义及其特征

回顾50多年来的历史，可以发现，伴随着各国、各地区社区发展的实际进程，"社区发展"的外延已不再局限于发展中国家，相反，已逐步覆盖了发展中国家、发达国家以及所有新兴的工业化国家及地区；"社区发展"的内涵已不再局限于落后国家的扶贫助弱工作，而已拓展至所有国家之社区的经济、政治、文化、教育、卫生、环境、服务、管理等各个方面。综合性与全面性已成为社区发展的趋势。此外，我们还可以发现另一个重要的现象，即无论是在20

① 黄菊：《加强社区建设与管理，不断提高城市现代化管理水平》，转引自《新时期社区建设与管理》，上海人民出版社，1996年版，第6~8、11页。

世纪50年代还是在20世纪90年代,无论是欧美的学者还是亚洲的学者,大都十分重视居民的“社区参与”在社区发展中的意义。

综合考虑以上背景,结合近年来社区建设的实践情况,我们对“社区发展”这一概念的表述是:所谓社区发展,概指居民、政府和有关的社会组织整合社区资源、发现和解决社区问题、改善社区环境、提高社区生活质量的过程,是塑造居民社区归属感(社区认同感)和共同体意识、加强社区参与、培育互助与自治精神的过程,是增强社区成员凝聚力、确立新型和谐人际关系的过程,也是推动社会全面进步的过程。

当然,对任何一个概念下定义,都不可能尽善尽美,总免不了有失之偏颇的地方。这里,我们给“社区发展”下的定义也是如此。不过,也应看到,这个定义在科学抽象方面确实体现了以下一些原则和特征:

第一,体现了普适性原则。一般来说,概念的定义是对事物的本质或基本特征的科学抽象与表述,必须贯彻理论的逻辑与历史的逻辑相统一的原则,由此才具有普遍适用性。我们给“社区发展”所下的定义,充分吸取了各国社区发展的历史经验和科研成果,剔除了各个国家及地区之社区发展的具体特点,抽象出具有共性的东西,因而其包容性较大,具有相对的普适性。

第二,明确指出了社区发展的主体性成员为居民、政府和相关的社会组织。事实上,社会学家、政府和社会团体及居民对社区发展的主体性成员的认识并不是一致的。对政府来说,由于它在社区发展中的某些主导性作用,往往容易忽视居民和社会组织的应有角色与作用,甚至在实践中以政代社,即混淆自己与居民和社会组织的角色定位及功能区别,将许多不该由自己承担的东西承揽过来。对社会学家来说，分歧也是相当大的，有的强调政府的作用，有的强调居民或社会组织的作用。至于居民，能明确自己在社区中的角色与地位的，在发展中国家中极为鲜见，许多人往往将社区发展视为政府的事情。我们则认为，社区发展的主体性成员是居民、政府和相关的社会组织，在实践中，这三方缺一不可，轻视任何一方都是不足取的。发达国家及地区的社区发展实践已证明了这一点，当代中国的社区发展实践也已开始反映出上述三类成员的重要意义。

第三，强调了社区发展目标与任务的全面性和过程性。虽然在某一特定时期，社区发展的侧重点可能有这样或那样的不同，但其总体性目标与任务应该具有普遍性和全面性。此外，社区发展这个概念的重点在于发展，因而是个动态性概念。这就要求我们在理论研究与实践中，不能用静止的视野作为尺度，也不能照抄照搬发达国家的某些既成的经验和做法，而应理论联系实际，善于发现新情况，善于解决新问题。

二、社会学视野中的社区发展

自法国思想家奥古斯特·孔德(August Comte, 1798—1857)和英国思想家赫伯特·斯宾塞(Herbert Spencer, 1820—1903)以来，社会学作为社会科学的一个门类已有150多年的历史。然而，将社区问题纳入社会学研究视野的，一般公认始于德国学者F.滕尼斯(Ferdinand Tonnies, 1855—1936)。进入20世纪以后，社区问题及社区发展的课题愈益受到社会学家及其他一些社会科学家的重视。

众所周知,自19世纪50年代以后,随着蒸汽动力等新技术成果的广泛推广应用,西欧和北美许多国家由农业社会向工业社会转型的进程逐步加快,资本主义的经济、政治、文化和价值观先后在这些国家确立了统治地位,并进入了向全世界扩张的时代。工业化和资本主义的迅速发展,致使传统农村社区的结构、人际关系、文化传统及共同体观念受到猛烈的冲击甚至遭到瓦解,赤裸裸的金钱关系和法理性的契约精神逐步代替了农业社会时代笼罩在人们头上的温情脉脉的面纱。与此同时,都市化进程大大加快,一批批失去土地的农民不断涌入城市寻求新的生计,一座座新型的城镇社区建立起来,富人区和贫民区泾渭分明,各种社会问题及犯罪问题层出不穷。新的社区、新的人际关系、新的社会问题,必然要求社会学家去研究并提出解决问题的方案,必然要求政府机构和非政府机构(NGO)采取相应的社会对策。正是在这种社会背景下,社区发展在理论研究和社区工作实践等两个层面上很快地兴盛起来,并受到越来越多的包括社会学家在内的知识分子、包括慈善机构在内的社会服务组织、社会工作者以及政府部门的高度重视。

1. F.滕尼斯的《共同体与社会》

F.滕尼斯是德国现代社会学的奠基人之一,也是开社区研究之先河的著名思想家。1887年,F.滕尼斯出版了他的成名之作:《共同体与社会——纯粹社会学的基本概念》(以下简称《共同体与社会》)。如果将德语的 *Gemeinschaft und Gesellschaft* 译成英语,那就是 *Community and Society*;如果转换成汉语,既可译为《共同体与社会》,也可译成《社区与社会》。需要注意的是,英语中的 Community 具有"社区"和"共同体"的双重含义,而在 F.滕尼斯的眼中,"社区"和"共同体"这两个概念的内涵是完全一致的,仅仅是表征的角度不同而已。当然，他讲的共同体仅仅局限于或等同于农村社区。

在《共同体与社会》这部著作中，F.滕尼斯对照和比较研究了存在于社会共同体与现代社会中的两种截然不同的社会人际关系。F.滕尼斯认为，农村社区就是人们生活的共同体，是一种持久的和真正的共同生活的载体；共同体又可区分为血缘共同体、地缘共同体和精神共同体等三种类型或层次。在他看来，共同体和社会体现了两种截然相反的社会人际关系。他认为，农村社区共同体中的人际关系，是一种古老的以自然意志为基础的关系，是一种亲密无间、相互信任、守望相助、默认一致、服从权威并且基于共同信仰和共同风俗之上的人际关系。与此相反，社会则是一种新型的以个人的思想、意志、理性契约和法律为基础的人际关系，“在这里，人人为己，人人都处于同一切其他人的紧张状况之中。他们的活动和权力的领域相互之间有严格的界限，任何人都抗拒着他人的触动和进入，触动和进入立即被视为敌意”。由此可见，人们之间的关系，“在共同体里，尽管有种种的分离，仍然保持着结合；在社会里，尽管有种种的结合，仍然保持着分离”①。换句话说，“人们在共同体里与同伙一起，从出生之日起，就休戚与共，同甘共苦。人们走进社会就如同走进他乡异国”②。

按照F.滕尼斯的看法，传统的农村村庄是共同体的代表，新兴的商业化城市则是社会的代表；社会是共同体的对立物，城市则是村庄的对立物，二者体现了不同的、对立的关系。虽然他非常留恋、赞赏共同体中的人际关系，但他确实也看到了工业化进程导致

---

①② F.滕尼斯：《共同体与社会——纯粹社会学的基本概念》，林荣远译，商务印书馆，1999年版，第95、53页。

现代社会关系代替传统社会关系的历史必然性,并认为这是一个普遍的规律。所以他援引马克思《资本论》第一卷的论述写道:“必须了解,发展的整个过程可能在什么样的意义上理解为城市的生活和本质的进步的倾向。‘人们可以说,(也就是说,现代各国的)社会的整个经济的历史可归结为城市和农村对立的运动’。”[①]另一方面,F.滕尼斯还强调了这样一个重要思想,即尽管传统的共同体时代必然被新兴的社会时代所取代,尽管传统的人际关系必然被现代工商业条件下的人际关系所取代,但是,共同体的生活方式、价值观念以及人际关系中的精华部分还将继续持久地存在于社会的生活方式内部,“共同体的力量在社会的时代之内,尽管日益缩小,也还是保留着,而且依然是社会生活的现实”[②]。

根据F.滕尼斯的意见,共同体与社会只是人类社会组织及人际关系的两种理想类型,在现实生活中,既没有纯粹的共同体式的人际关系,也没有纯粹的社会型的人际关系。共同体与社会这两个概念不过是对历史上和现实运动中的社会人际关系的科学抽象概括,便于人们从社会及人类群体组织的两极,更好地、更科学地研究和比较不同民族、不同国家、不同历史阶段人类组织的基本特征及基本走向。所以说,“真正的社会的生活运动于这两种类型之间”[③],在研究人类组织、人际关系的过程中,“共同体和社会是可以用于而且也应该用于各种形式的结合的范畴”[④]。

---

① F.滕尼斯:《共同体与社会——纯粹社会学的基本概念》,林荣远译,商务印书馆,1999年版,第342页。

② F.滕尼斯:《共同体与社会——纯粹社会学的基本概念》,林荣远译,商务印书馆,1999年版,第340页。

③④ F.滕尼斯:《共同体与社会——纯粹社会学的基本概念》,林荣远译,商务印书馆,1999年版,第42页。

综上所述，可以认为，F.滕尼斯的《共同体与社会》在社会学史上的贡献主要有：第一，发现并阐述了人类群体活动赖以展开的两种理想的组织类型，即“共同体”和“社会”；第二，开创了社会学及整个社会科学研究社区共同体这一人类组织的先河，为后人提供了一种全新的研究思路；第三，揭示了传统农业社会向现代工业社会转型过程中引发的一系列社会问题，提出了工业化进程中现代社会如何保存、继承传统社会共同体中精华与美德的重要课题。

F.滕尼斯的学术影响是深远的。对他来说，《共同体与社会》既是其成名之作，又是其传世佳作。在他生前，该书就先后出过8版，且在意大利、丹麦、俄国和美洲等地都产生了强烈的反响。与他同时代的一些学者，在受到《共同体与社会》一书的启示后，纷纷加入共同体研究的队伍中来，如20世纪20年代德国学者H.普勒斯纳尔的《共同体的界限》、皮希勒尔的《论共同体的逻辑》、格尔达·瓦尔特博士的《社会的共同体的本体论》、卡尔·敦克曼教授的《社会的理智的批判——共同体的哲学》等。此外，加入社区研究队伍中来的还有西欧其他国家和美国的许多社会学家。特别是由于美国社会学家的努力，社区研究自20世纪初以来愈益为人们所重视，并不断地得以深入进行和系统化、具体化及实证化。

当然，也应看到，在19世纪80年代，社会学作为一门科学才刚刚起步，还很不成熟，其也尚未从哲学这一母体科学体系中完全分离出来。因此，F.滕尼斯及其《共同体与社会》一书，不可避免地受到了时代条件的限制，他对社区共同体之内涵和外延的界定也不无历史的狭隘性和简单粗糙性，后人绝不能照抄、照搬、照用。无论是社区、共同体还是社会的概念，我们均须结合100多年来的世界历史和当今各国社区发展的现实，加以丰富充实甚至予以重新界定和论述。这是我们应该充分注意的。

2. 20 世纪美国的社区研究

如果说 F.滕尼斯的《共同体与社会》主要还是局限在抽象的哲学层面上研究共同体问题的话,那么,美国社会学界在 20 世纪则开始了社会学意义上的、理论与实证结合的社区共同体研究的崭新进程。美国社会学界有关社区研究的许多成果及研究方法,在全世界范围内都有着重要的学术地位。

众所周知,美国是一个历史不长的移民国家。根据 19 世纪法国政治学家托克维尔(C.A. Tocqueville, 1805—1859)对美国的实地考察和研究可知,美国的国家形成史不同于其他国家的历史。17 世纪以来,由于欧洲清教徒遭受到宗教迫害,他们中的许多人,不分男女贫富和高低贵贱,纷纷被迫背井离乡漂流到美国,与来自其他国家的移民一起谋求新的生活。因此,美国的国家形成史的最大特点是,先有乡镇(Township),其次是县(County),然后是州(State),最后才有联邦制国家。[①] 正是这一历史渊源,使得绝大多数美国的基层社区一开始就被打上了法理性契约社会的印记,社区成员之间的商业活动、权力分配、休闲与文化生活及宗教活动,无不受到契约观念及契约关系的制约,而且绝大多数乡镇和其他基层社区一开始就形成了较高的自治共同体特征。1860 年至 1920 年,美国社会的城市化进程大大加快。由于美国的劳动力难以满足经济发展的需要,各级政府通过实施廉价出售土地等优惠政策来吸引欧洲移民。而欧洲各国的宗教迫害、政治压迫又迫使许多人移民美国。这一时期也是前所未有的移民高峰期,美国的城市人口在总人口中的比

---

① 托克维尔:《论美国的民主》,董果良译,商务印书馆,1988 年版,第 65~66 页。

重由19.8%迅速跃为51.2%，移民人数到1920年已占美国城市人口的62%。①

然而，迅速的工业化和城市化进程，不断高涨的移民浪潮，以及资本主义经济危机的周期性爆发，使得美国社会中那些法理性和自治性较强、较高的社区，在19世纪末20世纪初出现了大量的贫穷、孤独、自杀、暴力、色情、犯罪、冲突等各种社会问题。因此，美国的社会学界一开始就十分关注社区中存在着的各类社会问题及社区变迁，“可以说，早期美国社会学的历史，就是一部社区研究的历史”②。

对于在美国社会学界具有重大影响的芝加哥学派来说，社区是其运用的主要概念之一，社区问题是其最关注的研究课题。以芝加哥大学社会学系主任帕克（Robert E. Park, 1864—1944）教授为首的这个学派，在20世纪初叶到中叶，立足芝加哥市的都市化进程，从不同方面对诸如犹太人居住区、波兰人居住区、贫民区等不同类型的社区及其变迁进行了深入的研究，出版了一批富有历史与学术价值的研究成果。总体来看，这些研究成果的特点主要体现在两个方面。第一，在研究方法上发展了人文区位学（Human Ecology），提出了同心圆理论、扇形理论、多核心理论等理论模式。例如，刘易斯·沃斯（Louis Wirth, 1897—1952）在其论文《作为一种生活方式的都市》中，分析和论述了人口规模、人口密度与人口异质性等三个区位学变量是怎样产生作用从而形成一种更具法理社会特性的生活方式的。第二，运用参与式观察法对社区进行综合性实证研究。例如，威廉·富特·怀特（William Foote Whyte,

① 梁茂信：《1860—1920年外来移民对美国城市化的影响》，载《城市社会的变迁》（王旭、黄柯可主编），中国社会科学出版社，1998年版，第154~155页。

② 黎熙元、何肇发：《现代社区概论》，中山大学出版社，1998年版，第12~13页。

1917—1999)从 1937 年至 1940 年,对位于波士顿北面的意大利人聚居的贫民区进行了实地考察研究。他把自己当作"街角帮"的一员,置身于"街角帮"的环境与活动中,对闲荡于马路街边的意大利裔青年的生活状况、群体组织结构、活动方式以及与社区内正式和非正式组织的关系进行了仔细观察、及时记录和分析,并提出了有关该社区的社会结构及相互作用方式的一些重要结论,进而于 1943 年出版了《街角社会:一个意大利人贫民区的社会结构》①。该书自 20 世纪 50 年代以来,一直是美国高校社会学专业学生必读的经典著作,并被从事城市社区研究的学者和社会工作者视为一本研究方法方面的标准参考书。

几乎是在芝加哥学派社区研究欣欣向荣、成果迭出的同时期,位于美国东部城市纽约的社会学家林德夫妇(Robert S. Lynd and Helen Merrell Lynd)率领几位助手,在 20 世纪 20 年代开创了以定性方法与定量方法结合对某一特定社区之变迁进行动态性综合研究的成功范例,并于 1929 年出版了他们的研究成果——《中镇:当代美国文化研究》②。在这部著作中,林德夫妇以中镇这个约 3.8 万人口的美国社区为特定对象,时间跨度为 1890 年至 1925 年,运用参与当地生活、整理历史资料、编纂统计资料、访谈、问卷等研究方法,详细地记录了中镇人的谋生手段、住房与家庭、子女教育、闲暇时间的利用、宗教生活、参与社区活动等六大方面的生活及其变迁,并分析了中镇这一社区生活的特点及其变化的原因。应该说,

---

① 威廉·富特·怀特于 1943 年获芝加哥大学哲学博士学位。1977—1978 年曾任美国社会学学会主席,1982 年曾来华讲学。1994 年,由黄育馥翻译的《街角社会:一个意大利人贫民区的社会结构》中译本,由商务印书馆正式出版。

② 1998 年,中国社会科学院社会学研究所研究员李银河将此书译为《米德尔敦:当代美国文化研究》,并由商务印书馆于 1999 年出版了中译本。

全书中很多地方的记录和分析都是相当精彩的。例如，在关于宗教生活一章里，该书写道："城市生活的其他方面的变化速度不断加快，宗教信仰的压倒性优势的日趋下降已变得更为明显。与35年前那种悠闲自在的村庄生活相比，工业文化的浪潮影响大多了，而且更倾向于'努力争取'，而不是教会说的'谦卑顺从就是福'……按时去教堂做礼拜的人显然比1890年少了。号称囊括城里所有头面人物的扶轮社都不让牧师加入。社交活动不再像以前那样以教堂为中心了。闲暇活动也越来越不遵守有关侵占安息日的禁令。众多的社区活动，如报刊上所说的疾病与健康的问题，越来越不被人们视为'上帝的旨意'，而成为人们调查研究的对象。从理论上说，宗教信仰统帅米德尔敦的一切活动。可实际上，米德尔敦生活的许多领域已摆脱了它的控制。"①

20世纪50年代以后，随着经济学、政治学、心理学、行为学、管理学、犯罪学、医学以及计算机科学等成果不断地被引入社会学，美国的社会学作为一门科学发生了引人注目的两大变化：一是分支学科越来越多；二是应用性越来越强，实证性的研究愈益为学者及社会各界所重视。与之相应的是，美国的社区研究也越来越注重应用性及对政府、政党、社会团体和居民的指引作用。同时，社区研究的领域也呈现两大特征：一是对社区进行了跨学科的综合研究；二是对社区的研究更加专业化，如社区组织研究、老人研究、社区照顾研究、犯罪与社区矫治研究、社区宗教与文化研究、社区移民研究等。相比较而言，专业化研究的成果最为突出，范围广，

① 罗伯特·S.林德、海伦·梅里尔·林德：《米德尔敦：当代美国文化研究》，李银河译，商务印书馆，1999年版，第455页。

数量多,应用性强,且许多成果具有很强的实用性及指引性、方便性。例如,你若想在某一社区购房,了解该社区的人口分布、文化层次、宗教信仰情况、社会服务机构、犯罪率高低及走向、交通、绿化、卫生等社区环境要素是十分必要的。为此,你只要去社区图书馆或其他公共图书馆上网检索一下社区研究者提供的材料,就可以对该社区的概貌有一个较为全面的总体性了解。

3. 20 世纪中国的社区研究

在我国,最早倡导中国本土化社区研究的是著名人类学家、社会学家吴文藻先生和吴景超先生。20 世纪 30 年代初,他们竭力主张把社区作为社会学的研究对象,主张进行本土化的实地调查研究,并且用这种研究成果去启发或修正一般的社会学理论,如吴文藻的论文《现代社区研究的意义与功能》《中国社区研究的西洋影响与国内近状》等。此外,吴文藻还组织燕京大学的一批学生开展社区调查与研究,希望通过本土化的调查与研究,走出一条具有中国特色的社会学之路,培养一批植根于中国土壤的科学研究人才。[1] 在吴文藻先生的示范和培养下,20 世纪 30 年代至 40 年代产生了一批扎根于中国土壤、研究中国自己不同地域和不同民族社区的社会学家,发表和出版了一批社区研究的成果,如费孝通的《花蓝瑶社会组织》[2]《清河:一个乡镇村落社区》《江村经济》《禄

① 杨雅彬:《中国社会学史》,山东人民出版社,1987 年版,第 95~96 页。

② 据费孝通回忆,1935 年,他同夫人王同惠一起去广西金秀瑶山调查花蓝瑶人的社会组织,“不幸的是,那次调查的代价过于沉重,我自己落入陷阱受了伤,爱人为救助我献出了生命。她死后,我把她调查的材料,以及我们天天晚上一起讨论的内容写成《花蓝瑶社会组织》。我对家庭、对社会的一些基本观点就是从那时的讨论分析中开始形成的”。见《学术自述与反思:费孝通学术文集》,生活 · 读书 · 新知三联书店,1996 年版,第 43~44 页。

村农田》，林耀华的《凉山彝族家》，张之毅的《易村手工业》《玉村土地与商业》《洱村小农经济》，史国衡的《昆厂劳工》《个旧矿工》，谷苞的《化城镇的基层行政》，等等。

值得一提的是，在中国社会学社于1937年1月举行的第六届年会上，赵承信专门发表了《社区研究与社会学之建设》的论文，主张以社区实地研究作为中国社会学建设的道路。这次年会还一致通过了陈达提出的"国内各大学积极推行社区研究"的提案。由此可见，当时我国社会学界对社区研究是何等的重视！

中华人民共和国成立以后，由于"左"倾错误思想和政策等的强力干涉，社会学专业因被视为"资产阶级学科"而遭到停办，社会学及社区研究也就停顿下来。直到1978年，邓小平明确提出，要抓紧恢复和重建社会学学科，以推动社会主义现代化建设。从这以后，在费孝通先生等人的带领和推动下，社会学专业（以后又衍生出社会工作专业）在我国一些大学得以建立起来，我国的农村社区、小城镇社区、城市社区和少数民族社区等方面的研究日益走向兴盛。例如，20世纪80年代具有代表性的有：由费孝通教授指导的"江苏小城镇研究"课题及系列化成果，中国社会科学院社会学所对我国东、中、西部各类型城市的研究及其成果，等等。进入90年代以后，科研成果的数量和质量显著增长，具有代表性的有：华东理工大学应用社会学研究所曹锦清等人的《当代浙北乡村的社会文化变迁》（1995年），上海市社联徐中振、卢汉龙等主编的《社区发展与现代文明：上海城市社区发展研究报告》（1996年），王春光的《社会流动和社会重构——京城"浙江村"研究》（1995年），吴德隆、谷迎春的《中国城市社区建设》（1996年），等等。应该说，这些研究成果对于党和政府的科学决策，对于我国的社区建设及各项社会事业的发展,对于社会学学科及社会工作学科的发展,均发挥了积极的作用。由此,社会学及社区研究也愈益受到党和政府以及社会各界的重视,其在国内外的影响也愈来愈大。

综上所述,社区或社区发展之所以构成了社会学研究的重要对象,社区研究之所以构成了社会学学科的重要组成部分,既是社区发展及其历史的必然要求,也是社会学学科发展的必然结果,体现了历史与逻辑的辩证统一。正如费孝通先生 20 世纪 40 年代在《乡土中国》一书中所阐述的那样,社会学研究可以分为两个部分:一是从高度抽象的角度即"从社会现象的共相上着手"去研究各种社会制度、人和人之间的相互作用,从形式上将人们的社会行为加以分类,"如合作、冲突、调和、分离等不同的过程",这部分研究属于形式社会学或纯粹社会学的范畴;二是具体的应用性研究,即将社会制度、人与人的关系和行为等放到一定的时间与空间中加以探索,也就是说,社会学的研究对象"并不能是概然性的,必须是具体的社区,因为联系着各个社会制度的是人们的生活,人们的生活有时空的坐落,这就是社区。每一个社区有它一套社会结构、各制度配合的方式。因之,现代社会学的一个趋势就是社区研究,也称作社区分析"①。

三、作为社会工作载体的社区发展

从理论上来看,社区发展是社会学以及社会工作学等学科研究的重要对象,社区发展中的问题构成了社会学等学科的重要课

---

① 费孝通:《乡土中国》,生活·读书·新知三联书店,1985 年版,第 94~96 页。

题。从实践上来看，社区发展则是职业化、专业化的社会工作的重要载体，社区发展过程中的人和事乃社会工作的主要对象之一。理论研究可以为社区发展提供科学的指导思想、宏观思路和决策依据，社会工作则为社区发展实践提供了专业化的人才与科学的手段及方法。迈向现代化的社区发展，既需要科学的社会学等科研成果的指导，也离不开政府、社会服务机构和专业人士等开展的社会工作实践。

1. 社会工作之定义

这里所说的社会工作，并不是指人们本职工作之外兼任的服务他人的工作，如学生所担任的班干部工作、职工兼任的工会或妇联工作等，而是指获得国际公认的、由职业化和专业化的社会工作者及管理者提供的社会服务工作。这种职业化、专业化意义上的社会工作发端于19世纪末20世纪初的英美等发达国家，之后逐步拓展到世界各国及地区，成为相对于经济发展的社会发展事业（尤其是社会保障）的重要组成部分。经过100多年的社会工作实践，人们对社会工作的内涵、外延、功能及特征等有了一个大体的共识。这里，我们不妨立足现代社会工作事业的发展背景，综合各国学者的观点，尝试对社会工作下一个具有普适性的定义。

我们认为，所谓社会工作（Scoial Work），概指由那些尊崇利他主义价值观，掌握专业化的科学知识、方法与技能的职业社会工作者及社会工作管理者所提供的专业化社会服务以及相关的管理活动；其工作领域涉及广泛，如社区服务与社区管理，社会扶贫帮困与社会救助，社会犯罪与社会矫治，残疾人、老年人及其他弱势人群和边缘人群的社会服务等；社会工作的分支部门较多，如儿童社会工作、青少年社会工作、妇女社会工作、医疗社会工作、学校社会工作等;作为社会发展事业尤其是社会保障事业的组成部分,社会工作具有帮助社会成员自己解决生活困难与问题(经济的、政治的、文化的、心理的)的基本职能。在现代社会,专业化的社会工作对于改善和提高社区居民的生活方式与生活质量,引导社会成员参与社区发展与社会发展,帮助弱势人群解决各种困难,化解社会矛盾与社会冲突,增强社会凝聚力,维护社会稳定等,正发挥着越来越重要的作用。

我国社会工作的老前辈、中国社会工作教育协会名誉会长雷洁琼先生在1999年4月所写的一段话对于我们进一步加深对社会工作的理解不无裨益,特摘录如下:“任何社会都存在社会问题,都有困难人群,但是不同时代、不同国家解决困难人群问题的方法不同。在传统社会,人们的困难大多依靠亲属群体的帮助予以解决。在现代社会,社会工作成为专业化的解困救难的手段。作为一种社会制度,它发挥着解决社会成员的困难、维持社会秩序的功能。”①

2. 社区睦邻活动

19世纪末20世纪初,欧美国家在实现工业化和城市化的进程中,同时也产生了一系列新的社会问题,而这些问题又大量地发生在城市社区中。因此,欧美国家的社会工作大都在一定的社区里进行,也就是说,社会工作一开始就将社区作为自己实践的一个基本的重要载体。在这方面,发端于英国的社区睦邻活动为社区社会工作事业的发展做出了独特的历史贡献。

1884年,毕业于牛津大学的伦敦东区传教士巴涅特(C. S. A.

① 引自王思斌主编的《社会工作概论》,高等教育出版社,1999年版,序一。

Barnett)，为纪念年轻的亡友——牛津大学经济系讲师汤因比(A. Toynbee)——服务于贫民、工人的崇高精神，在自己所属的教区内建立了第一座社区睦邻中心(Social Settlement House)，并将其命名为汤因比馆。随后，类似的社区服务机构在英国各地相继成立，其开展的活动对社区居民的帮助甚多，因而受到社会各界的广泛关注。

社区睦邻中心开展的活动一般有这样一些特点：(1) 中心均设在贫民区，为了能够与贫民共同生活，了解他们的需要，中心要求所有工作人员均住在中心的宿舍，将社区工作建立在与居民相互了解和相亲相爱的基础之上；(2) 根据居民的实际需要和问题制订工作计划，如开办托儿所、合作社、就业训练班等；(3) 动员和利用社区内的各种人力与组织资源，培养居民的自助与互助精神；(4) 邀请国内外的文化界、教育界人士，定期开展志愿活动，如举办演讲会、展览会、音乐会和开办夜校等。

美国的一些社会工作者在参观了汤因比馆等社区睦邻中心以后，于1886年回国建立了美国历史上第一座社区中心。之后，这一活动的发展极为迅速，社会影响极大。例如，一战前芝加哥霍尔中心(Hull House)推动的修正州济贫法运动、纽约市亨利街区中心(Henry Street Settlement)推动的公共卫生及医疗保险计划、一战后各社区中心开展的日间婴幼儿托护活动等。

从历史与现实的眼光来看，社区睦邻活动对于社会工作事业的贡献是毋庸置疑的。概而言之，其贡献主要表现在以下五个方面：一是首创了以社区服务为主要内容的社区工作及服务机构；二是开创了社会工作与社会调查研究相结合的先河，即充分关注社区居民的需要和问题，并且将解决问题的工作计划与项目均建立在社会调查研究的基础上;三是注重开发、利用和整合社区内的各种资源,以推动社区计划的实施;四是注重居民的社区参与精神的培养;五是将无私奉献的志愿活动与社会工作结合起来,并置于社区工作机构(社区中心)的指导之下。

3. 二战以后的社区社会工作

20世纪30年代,欧美国家的社会工作开始走向专业化。然而在社会工作专业化早期,被普遍承认和接受的社会工作方法仅有个案工作方法。40年代,小组工作(亦称团体工作)也开始被纳入社会工作的专业方法之中。50年代以后,由于联合国的推动,一些落后国家开始重视社区福利计划和社区发展计划,试图通过政府的指导和帮助,实现社区自治,培养社区领袖,鼓励居民参与社区发展,与政府一起去解决社会问题。到了60年代,美国的社区发展计划进入了黄金时期,社区工作这一独特有效的方法终于获得社会工作界的普遍承认,于1962年被正式确认为社会工作的第三种专业方法。几乎在同一时期,英国政府也开始认同社区工作的重要意义,视社区工作为福利国家制度的一种必要的补充。英国政府还于1971年制定和实施了社区发展计划,希望借此推动社区的社会服务以及居民的自治与互助,解决或改善城市贫民区的社会问题。在这以后,尽管欧美国家的一些政府因种种缘由对社区工作的态度时好时坏,但社区发展作为社会工作的实践载体,社区工作作为社会工作的一种专业方法,在历史的进程中得到了发扬光大。社区工作的社会效能,社区社会工作者的奉献精神及其解决问题的科学技能和方法,已经获得了社区居民的普遍认同。

此外,非常值得一提的是,在欧美等发达国家以及我国香港,包括在社区服务机构任职的所有社会工作者,同医生、律师一样,均已实现了职业化和专业化。这就意味着，凡未经过社会工作专业系统训练者，均无法获得社会工作的执业资格，就不能从事社会工作事务。这种职业化和专业化，在社会分工日趋严密的情况下，对于实现社区发展的既定目标，保障社区工作的科学性与高效率，无疑是极其重要的。正因为如此，这些国家及地区的社会工作教育事业相当兴旺发达。据不完全统计，至 1998 年底，仅美国就有近 200 所大学开设了社会工作本科专业，152 所大学培养社会工作专业的硕士研究生，65 所大学培养社会工作专业的博士研究生；同年，全美在校攻读社会工作硕士学位和博士学位的研究生就达到了 36 390 人。

4. 当前我国社区社会工作面临的机遇和挑战

我国自 20 世纪 50 年代中期至改革开放前实行的是一种以行政手段为主的行政管理体制。这种体制的基本特征是：经济、政治、社会、文化、教育等领域的管理运作具有高度的计划性和集权性，各种经济、政治、社会和文教组织的角色定位及功能实现方式具有鲜明的同构性和浓厚的模糊性，社会成员无不被打上了“单位人”的属性。在这种体制下，各级地方政府和企事业单位并无自治性可言，各种社会组织自身应有的特性及发育受到了强有力的抑制，“单位人现象”消弭了社会成员的社会意识和社区居民意识，社区和社会服务机构的内在价值与功能被忽略、被严重低估。同时，由于政府和企事业单位统包统揽了许多不该管或管不好的社会管理与社会服务事宜，既背上了沉重的经济成本、社会成本、道德成本和机会成本，又忽略了许多本应由政府关注、指导与管理的社会事务。另一方面，由于社会层面的发育受到严重压抑，社会各个阶层对职业化、专业化的社会工作机构及社会工作者的需求也就无从谈起。所有这些都说明,不改变政府和企事业单位及一些群众团体社会职能、功能的同构化问题,中国就不可能有现代意义上的社会工作。

上述状况的根本性改变源于我国经济、政治和社会等领域内发生的改革,并随着改革的不断深入和扩展而呈现出加速度发展的趋势。20 世纪 80 年代中期以前,我国的改革主要在经济领域内进行,强调政府与企业之间职能的合理分开,以及中央政府权力部分下放给地方政府。80 年代中期以后,特别是 90 年代以来,随着市场经济的发展,政府以及企事业单位统包统揽社会服务性事务的弊端日渐突出,迫使政府和企事业单位开始自觉或不自觉地将自身的社会服务职能逐步剥离出来,使之逐步回归于社会,回归于社区。在这种背景下,一大批介于政府、企业之外的社会中介服务机构逐步地发展成长起来,开始承接从政府和企事业单位中剥离出来的那部分社会职能。与此同时,各级政府承担的部分社会服务、社会救助、社会帮困与管理职能下放给社区所产生的“漏斗效应”,以及社会成员原来的“单位人”属性向社会人属性的转变,使得社区的内在价值逐步凸显且愈益受到社会各界的重视,社会成员的“社区意识”和社区参与精神也开始养成。无论是社会中的弱势人群还是强势人群,对社区和社会服务机构的依赖均有不同程度的增强。与此相关的是,无论是政府、企事业单位还是其他各类社会组织,它们的社会角色开始重新组合、重新定位,其职能(功能)开始走向分化、清晰和多样化。

显然,与市场经济相对应的上述社会层面的发育和发展,实际上为我国包括社区社会工作在内的整个社会工作事业的发展提供了必要的条件、难得的机遇和广阔的天地。而社会层面的这种发育和发展，必然要求职业化、专业化的社会工作去承接从政府和企事业单位中剥离出来的那部分社会服务职能，必然要求社会工作者用专业的知识和方法去解决社会转型过程中衍生出来的一系列社会问题。如果我国不去建立自己的职业化和专业化的社会工作体系，就不可能有完整的与现代化相匹配的社会福利与社会保障体制，就不可能有完整的与现代化相匹配的社区工作体制，就无法实现经济与社会之间的持久协调发展。只有站在经济与社会协调发展的高度、社会现代化的高度，我们才能真正认识到社会工作职业化、专业化在我国发展进程中的历史必然性和现实紧迫性。

但是，在看到我国社区社会工作面临着机遇的同时，也应注意以下问题：由于我国社会工作事业和社区建设毕竟起步不久，其职业化与专业化进程面临着许多不容回避的体制、观念、价值定位和人才等方面问题的挑战。概括起来，这些挑战性问题主要表现为以下五个方面：

第一，政府部门对某些社区社会工作事务的包办代替。如同经济和政治领域一样，我国社会工作事业从总体上看属于“政府主导型”模式，这是无可厚非的。问题在于，某些政府部门包括城市的街道办事处和农村的乡镇政府，因囿于本部门的权力和利益，不愿放弃计划经济体制下的某些社会职能，故而自觉不自觉地“以政代社”“政社不分”，热衷于包办本应由社会服务机构或社工人员所承担的事务。这种新形势下的“政社不分”，不仅降低了政府的工作效率，而且客观地抑制或推迟了面向社区的各类社会服务及自组织的发育和成长，阻碍了社会工作的职业化和专业化。

第二，某些准政府的群众性政治团体以非社工的手段涉足社会工作事务。这些准政府的政治团体在计划经济体制下确实做了许多诸如关心和保障妇女儿童权益、帮助贫困家庭与孤老等公益性事务,在改革开放的今天也确实开拓了一些社会服务的新领域,如再就业培训、组织志愿者活动等。但它们的行为主要还是政府行政行为的某些有计划的延伸,它们的工作方法主要还是延续往昔的思想政治工作模式,而不是职业化和专业化的社会工作方法。再者,由于这些政治团体的政治影响力和社会影响力过于强大,并且争夺社会服务的某些资源,故而在客观上也会抑制其他社会服务组织的发育和成长,抑制社区社会工作的职业化和专业化。

第三,绝大多数社会服务机构或中介组织虽已初步具备了社会工作机构的雏形,但在职业化和专业化方面还存在着较大的差距。例如,我国许多地方的慈善基金会、希望工程办公室、社会福利院、社区服务中心、老年人服务中心以及其他一系列服务机构,就其目标任务、组织架构等方面的情况来说,无疑是从事社会工作任务的机构。然而,就这些机构运作的基本方式来看,大多数并不是科学的职业化和专业化的社会工作方法,而只是一些经验性的做法或政府行政行为的延伸。即使就各类社区服务中心和老年人服务中心的价值目标来看,绝大多数的定位类似于企业,注重功利性的营利目的,而非公益性的社会服务。此外,这些机构的社工人员及管理人员,绝大多数并未受过社会工作专业知识与方法的专门训练,其社会工作的能力、水平和效果也就无法达到现代意义上的社会工作的要求。

第四,政府领导层及社会各界对包括社区工作在内的社会工作职业的认识不尽一致,科学合理的评价体系尚未建立起来,高素质的人才从事职业化社区社会工作的积极性较低。就政府领导层而言,对"社会工作乃专业化较强的专门职业"这一命题,目前恐怕仅民政部门的领导会积极认同。对某些政府部门来说，某些社会工作或等同于思想政治工作，或等同于市场化的劳务活动。这种认识同对医生、律师等专门职业的认识可谓大相径庭。而这种认识必然影响到整个社会对社会工作职业的评价。据“中国城市居民职业声望量表”的统计显示，我国至今尚无获得承认的社会工作职业，仅有与此相关的“社区服务人员”之职业，而该职业的声望则排在饭店厨师、出租汽车司机、邮递员、公共汽车司机的后面，位于排序的第53位，略高于殡仪馆工人、商店售货员、保姆、建筑业民工等。[①] 人们的这种认识，必然会有形无形地抑制社会工作的职业化和专业化。

第五，我国人事制度缺乏社会工作专业技术职务的岗位设置，而专业人才的培养、供给也相对不足和滞后。作为一门专业化较强的助人自助的职业，在西方国家，社会工作的触角相当广泛，在服务特定人群、缓解与化解社会冲突、教化边缘群体、维护社会稳定等方面，发挥了独特高效的社会功能。相对而言，我国的人事制度至今尚未与国际接轨，即使是倡导社工职业化的民政工作系统，至今也未能设置社会工作者的专业岗位。当然，这一状况与社会工作专业人才的极度稀缺也不无关系。能够培养本科水平社会工作者的普通高等院校，在我国为数很少；至于能够培养社会工作专业硕士与博士的高校，我国目前则还是一片空白。这些当然是我国专业社会工作人才供给不足的重要原因。

当然，从根本上说，要实现我国社会工作的职业化和专业化，

① 许欣欣：《从职业评价与择业取向看中国社会结构变迁》，载《社会学研究》2000年第3期，第69页。

有赖于经济体制、政治体制、社会管理体制、社会福利与保障体制改革的深化,有赖于人事制度和社会工作制度的创新。在体制改革和制度创新的进程中,政府、社会工作者和学术界应携起手来,采取切实有效的对策,共同推动我国社会工作的职业化和专业化。

首先,要用改革的精神着力解决一些政府部门沿袭下来的"以政代社""政社不分"而包办社区社会工作事务的旧弊,从制度上明确政府、社会服务机构、社会自治组织各自在社区工作事务方面的职能与权限。对政府来说,一定要明确自己的职能,做到有所为和有所不为。有所为,就是要用现实性和前瞻性的眼光,制定我国社区社会工作事业的发展战略、发展规划及有关政策与法规,调动必要的资源并通过招标的方式去推动社区社会工作项目的建设,指导、监督和考核各社会服务机构与中介组织的工作,规范它们的价值目标和组织行为。有所不为,就是除了政府行政管理职能范围内的事务,其他一切事务统统剥离出来,让权、让利、让事于各类社会服务机构及中介组织。

其次,要积极引导与鼓励工会、妇联、共青团等半官方的群众性政治团体,掌握并运用专业化的社会工作知识和方法介入社区社会工作事务。应当承认,这些半官方的群众性政治团体,实际上已承担了部分社会服务的工作,且它们都有从事社区工作的积极性及特定的工作对象。在社会工作事务尚无法从它们的团体事务中分离出来之前,在社会工作职业化分工暂时难以理清的条件下,引导这些半官方、半政府、半社会的团体之分支部分走向专业化是完全可能的,让这些团体的一部分工作人员走向职业化也是完全可能的。这或许也是当前中国社会工作的一大特色。

再次,要在政府的指导下,依靠社会工作教育机构,有计划、有步骤地对在岗的各级社区社工人员及管理者进行系统的培训，努力提高他们的专业能力和专业水平。同时，各级政府和社会服务机构要积极吸收社会工作专业的大学生和研究生投身于社区社工事业，以提升社工队伍的整体水平。此外，还应参照发达国家和地区的成功做法，积极制定和实施适用于我国社会工作者的专业技术职务晋升制度，切实提高社会工作者的社会地位和收入水平。也就是说，要实施积极的、切实可行的法律法规与政策，运用科学合理的评价体系，促进各级社会服务专业机构及其社工人员的专业化和职业化。

最后，应大力发展社会工作教育事业，解决社会工作专业人才稀缺的问题，培养一支富有社会工作价值观的，掌握现代社会工作理论、知识、方法和技巧的专业社区工作者队伍。而且，社会工作教育要实现系列化。这里讲的系列化，主要是指学历教育与非学历教育的系列化。笔者认为，目前，除了抓好非学历教育的专业培训外，我们还应继续积极地发展专科与本科教育，积极试点社会工作硕士生（MSW）和社会工作博士生（DSW、PHD）的培养工作。在社会工作专业研究生培养方面，目前我国高校的实践仍未起步。为了更好、更快地发展我国的社会工作教育，真正有效地与国际接轨，促进我国社会工作事业的健康发展，我们应该形成非学历的培训、大学专科、学士、硕士及博士等多层次和网络化的社会工作人才培养系列。为此，笔者建议，教育部和国务院学位办应尽快在调查研究的基础上有计划、有步骤地选择若干有实力的高校社工系或社会学系，进行社会工作硕士生乃至博士生的培养试点工作。

第二章　社区的概念、要素和类型

自从 F.滕尼斯的著作《共同体与社会》出版以来，社区或共同体已成为社会学家、社会服务团体、社会活动家和政治家等日益重视的社会现象。虽然人们至今对社区的内涵与外延不乏歧见，但社区已成为“社会学中最根本及最具深远意义的基本概念”[①]却是不争的事实。因此，要搞好社区发展和社区建设，就有必要先对社区的概念、要素和类型有一个大致的了解和认识。

一、何谓“社区”

在古代汉语中，并没有“社区”这一词语。社区与哲学、经济学、社会学、政治学、社会主义等词语一样，都是 19 世纪末期以来中西方文化交流的产物，也是近现代中国经济、政治与社会变革的结果。

1. 汉语“社区”一词的由来

如第一章所述，作为社会学基本概念的“社区”，最初是由德国

---

① 涅斯伯特（R. Nisbert）：《社会学传统》英文版，纽约：巴斯克出版社，1966 年版，第 47 页。

社会思想家F.滕尼斯在1887年提出来的。F.滕尼斯当年出版了他的成名作 *Gemeinschaft und Gesellschaft*，英文版译为 *Community and Society*，中文可译为《共同体与社会》或《社区与社会》。而英文 Community 的初始含义就是指人们生活的共同体和亲密的伙伴关系。

在现代汉语中，哲学、经济学、政治学、社会学等词语大约形成于19世纪末至20世纪20年代之前的这一时期，是一批先进的知识分子翻译近代西方学术著作所获得的重要成果。相比而言，汉语的"社区"一词诞生的时间要稍晚一些，而其由来则与当代中国社会学大家费孝通不可分割。换句话说，汉语"社区"一词的译名主要应归功于费孝通先生。

1948年10月16日，费孝通在学术刊物《社会研究》第77期上发表了一篇论文《二十年来之中国社区研究》。在该论文中，费孝通谈到20世纪30年代初期翻译F.滕尼斯著作及汉译词"社区"的形成过程："当初，Community 这个词介绍到中国来的时候，那时的译法是'地方社会'，而不是'社区'。当我们翻译F.滕尼斯的 Community 和 Society 两个不同概念时，感到 Community 不是 Society，成了互相矛盾的不解之辞，因此，我们感到'地方社会'一词的不恰当，那时，我还在燕京大学读书，大家谈到如何找一个确切的概念。偶然间，我就想到了'社区'这么两个字样，最后大家援用了，慢慢流行。这就是'社区'一词的来由。"①

从历史与现实的眼光来看，"社区"这一译法非常贴切，更近于F.滕尼斯以及后来欧美社会学界对 Community 的理解。事实上，近

---

① 引自《费孝通文集》第五卷，群言出版社，1998年版，第530页。

代以来,尽管欧美国家的工业化进程导致了社会变迁的加剧,尽管人们对自己居住环境的认识在不断变化,但欧美的社会学家们基本上都是从人们生活于内的社会共同体去理解 Community 的,而社会共同体不仅是一个地域性概念,同时也是一个文化的概念。因此,用"地方社会"这个地域性概念去翻译 Community,其局限性是不言而喻的。与此不同,用"社区"概念去表达 Community,则是把"社会共同体"与"地方"两个基本要素有机地结合起来,而且也比较符合汉语表达的习惯。

2. 关于社区概念的分歧

可以说,作为社会学基本概念的"社区"一词,从使用之初直到今天,社会学家们的理解始终不尽相同。100 多年来,人们试图从不同方面对"社区"做出科学的定义,故纷争歧见始终不断。当然,随着这种学术争论的沿革,人们对社区的认识亦更趋合理化、科学化。

我们已经知道,最早提出"社区"概念的是德国社会思想家 F.滕尼斯。在 F.滕尼斯那里,"社区"这个概念的本义,是指那些有着相同价值取向、人口同质性较强的社会共同体,其体现的人际关系是一种亲密无间、守望相助、服从权威且具有共同信仰和共同风俗习惯的人际关系;这种共同体关系不是社会分工的结果,而是由传统的血缘、地缘和文化等自然造成的;这种共同体的外延主要限于传统的乡村社区。F.滕尼斯认为,"社会"的概念则不同于"社区",总是与劳动分工和法理性的契约联系在一起,其体现出的人际关系是一种自私自利的、缺乏感情交流与关怀照顾的人际关系,其外延则是指人口异质性特征鲜明、价值取向多元化的城市社会群体。当然,F.滕尼斯提出"社区"这个概念,目的是和城市社会做比较，用以探讨人类历史变迁的总体趋势。

在F.滕尼斯以后，随着西方国家工业化和城市化的发展，人们纷纷涌进城市，许多传统的东西被打破、被丢失，城市人口的高流动性和异质性，使得人际关系淡化、感情淡漠。这种状况使得城市居民越来越远离F.滕尼斯原意的社区。另一方面，工业化和大量的新增人口，也使得现代都市内逐步形成了一些个性鲜明的人口居住区和功能性区域，如城市中心的商业区、贫民居住区、富人区、黑人区、白人区、少数民族聚集区等。此外，工业化条件下的居民极其渴望人际的感情交流与关怀，需要社区认同和社区参与。而后，工业社会和信息社会的来临，使得城乡差别逐步消失，逆城市化运动又造成富裕阶级和中产阶级纷纷搬出城市，移居新的乡村社区。

正是在这种历史背景下，社会学界对社区的内涵与外延的纷争始终不断。这些争论大体上可分为两个主题：一是社区消失了抑或社区类型发展了？其占主导性的意见认为，城市化运动和逆城市化运动使得现代社区类型趋向多样化、丰富化了。少数批评家则以城市住宅的独立封闭性、工作地与居住地的分离、居住区凝聚力的弱化等现象来说明社区消失了。更有人认为，高科技和信息时代造成了一个信息获得、感情交流、文化延续愈益依赖传媒与信息工具的“大众社会”，且“大众社会”愈益取代了社区社会。二是社区的外延、区域空间界定可以无限扩大吗？其占主导性的观点认为，社区的地域空间划分尽管是相对的，但从人口的构成、社会分层、文化特征及功能要素等方面，仍然可以进行相对稳定的地域划分。少数人则持相对主义的观点，认为既然社区是一个地域性社会，那么大至一个城市乃至一个国家，小到一个居住区或村庄,都可视为社区。

也正是由于理解和认识上的不同,社会学界对"社区"概念的定义也是意见纷呈,莫衷一是。

1936年,美国芝加哥大学社会学系教授R.帕克在社区研究中试图从社区的基本特点上对社区下定义。在他看来,"社区的基本特点可以概括为:一是有按区域组织起来的人口;二是这些人口不同程度地与他们赖以生息的土地有着密切的联系;三是生活在社区中的每个人都处于一种相互依赖的互动关系中"[①]。

R.帕克可谓最早给社区概念下定义的社会学家之一。时隔20年之后,美国社会学家乔治·希勒里在1955年通过对有关文献的研究和统计,发现共有94种社区定义。在综合这些不同定义的基础上,乔治·希勒里自己也给出了一个较为简单明了的定义,即"社区是指包含着那些具有一个或更多共同性要素以及在同一区域保持社会接触的人群"[②]。可以看出,乔治·希勒里的这个定义突出了社区中人的社会性及其在一定地域内的活动,确实简单明了。其缺陷是过分强调概括性,因而过于抽象。1981年,居住在美国的华人教授、社会学家杨庆堃统计发现,有关社区的定义已经增加到140多种。在这些定义中,有的从社会群体、过程的角度去界定社区;有的从社会系统、社会功能的角度去界定社区;有的从地理区划(自然的与人文的)的角度去界定社区;也有的则从价值观、生活方式的角度去界定社区;还有人从归属感、认同感及社区参与

① L.莱恩(L. Lyon):《都市社会中的社区》英文版,芝加哥:多塞出版社,1987年版,第5页。

② 乔治·希勒里(G. A. Jr. Hillery):《社区的定义:一致的地方》,载《乡村社会学》1955年6月期,第118页。

的角度来界定社区。

上述140多种定义,从一个侧面反映出社区在人们生活中的重要性,反映出社会学界对这种重要性的关注程度。同时,定义之繁多,也从另一个侧面说明,在不同的历史时期和发展阶段,在不同的国家和地区,在不同的文化背景下,社区总是多元化且不断发展变化着的,没有一个单一模式的社区,也没有一成不变的社区。然而,我们也知道,特殊性中有普遍性,共性寓于个性之中,共同性寓于多样性之中。许多定义恰恰也是从普遍性、共同性上去抽象和解释社区概念的。

那么,在综合西方社会学家各种定义的基础上,在综观中外社区发展历史与现实的基础上,我们又该怎样给社区下定义呢?

3. 本书的界定

任何概念都是对事物本质属性及其基本特征的一种抽象。为了准确地把握"社区"的本质属性和基本特征,这里先将它和国家、城市及社会群体等概念做一个区分是很有必要的。

首先,社区不同于国家。"国家"属于政治学的范畴,是私有制和阶级斗争的产物,表达了社会制度的特征和政治权力的运作过程。虽然国家也具有大小不等的疆域界限,即空间地理要素,但这种要素始终是和"主权不可侵犯"的要件紧密联系在一起的。与此不同,"社区"属于社会学的范畴,早在私有制产生之前人类就有了自己的共同体方式即社区。"社区"表达的是居住在同一社群、同一地方居民之间的人际关系和交往模式。社区的地理要素与主权控制无必然联系,只是自然的、人文区位的和行政管理界限的反映。因此,"社区"与"国家"是两个完全不同的概念和范畴,不能画等号,那种社区的地域可大至一个国家的说法是无法立足的。如果把国家等同于社区,那么社会科学的各类范畴、概念也就无须区分,科学也就失去其科学的特性和意义了。

其次,社区不同于城市。“城市”是跨越自然科学与社会科学的综合性范畴,是相对于“乡村”的一个概念。城市是人类劳动分工尤其是商品经济发展到一定阶段的历史产物,而现代城市更是工业化的结果。正如马克思和恩格斯指出的那样,“某一民族内部的分工,首先引起工商业劳动和农业劳动的分离,从而也引起城乡的分离和城乡利益的对立”①,“商业依赖于城市的发展,而城市的发展也要以商业为条件,这是不言而喻的”②。同时,城市又是一个国家或一个地区的相对的经济中心、政治中心和文化中心等,正如德国学者斯宾格勒(Oswdd Spengler, 1880—1936)所说:“世界史就是人类的城市时代史。国家、政府、政治、宗教等,无不是从人类生存的这一基本形式——城市——中发展起来并附着其上的。”③与“城市”概念不同的是,“社区”这一居民生活的共同体既可坐落于农村,又可坐落于城市,二者具有一定的交叉性。此外,数十万乃至数百万以上人口的大城市,往往又可容纳几个乃至数十个以上的各有特点的居民社区。正是在这个意义上,我们认为,除了部分小城镇以外,不能轻易地将“社区”的内涵和外延与“城市”画等号!

再次,社区不同于社会群体。同样作为社会学基本概念的“社会群体”,意指由一定社会交往关系联结起来的人类集体生活的共同体。其具体类型可分为以血缘关系为纽带的家庭、家族、部落等社群,以地缘关系为纽带的邻里、社区等社群,以业缘关系为纽带

---

①②　引自《马克思恩格斯全集》中文版,第59、371页。

③　引自R.帕克、E.伯吉斯等《城市社会学》中译本,华夏出版社,1987年版,第3页。

且各具功能特征的经济类、政治类、文化类及专业类的社群。在现代社会，由于社会分工的细化，社会的生产、消费、教育、文化、社交等活动在地理空间上分布的非线性化，每个社会成员都可能在不同时间、不同地域扮演不同的社会角色，从而对不同的社群及地域产生程度不一的认同感。显然，社区内的社群是整个社会群体的组成部分，而社区则是地域特色鲜明的居民的生活共同体。尽管由于职业的关系，人们对于自己所属的企业、学校、专业团体、政党等社群有较强的依赖性或认同感，且这种依赖和认同超出了地域的界限，但不能以这些社群来取代社区的地位和作用。这是因为，人的一生在社区中所消耗的时间绝不会少于在其他社群中的活动，居民对住宅、居住环境、卫生、治安、文化生活、社会服务等方面的社区需求以及由此形成的社区互动关系，是社会群体概念无法取代的。

根据上述的比较分析，我们可以说，“社区”是一个具有自身特质的社会学概念，不同于“国家”“城市”“社群”以及其他一些概念。随着经济的发展、社会的变迁、文明的进步，社区的内涵、外延、结构、功能及其形式也得以变化发展，并愈益丰富化和复杂化。有关社区的140多种定义这一学术事实，本身就反映了社区丰富化和复杂化的过程，反映了社区在人们社会生活中日益重要的地位和作用。此外，我们也发现，尽管人们对社区的界定相当多样化，但仍然可以将这些不同的定义进行适当的归类，如功能说、地域说、文化说等。而且，许多解释都涉及人口、地域、共同联系和人际互动等四个因素。

综合社区发展的历史进程和社区理论（社区社会学）的历史，我们认为，可以博采众家之长给“社区”概念做一个较宽泛的定义。这里，我们的界定是：所谓社区，是指一定数量居民组成的、具有内在互动关系与文化维系力的地域性的生活共同体;地域、人口、组织结构和文化是社区构成的基本要素。

稍加注意就可看出,这个定义具有以下五个特点:一是强调了居住在内的居民是社区人口的主体,这也是社区得以保持相对稳定的人力资源;二是强调了居民之间“内在”的互动关系,也就是说,你只要居住在这个社区,就必然同其他居民就居住环境、卫生、治安、社区参与等问题产生一系列的互动;三是强调了文化维系力的作用,即居民之间因相同的利益或相同的社会分层而导致的对社区的认同感和归属感;四是强调了其地域性共同体(即地域社会)的特征;五是明确指出了构成社区的四大要素。由于这个定义具有以上五个蕴含着的特点,社区的本质属性及其基本特征得以一目了然,社区的抽象本质也得以具体化了。

二、社区构成的基本要素

社区作为居民生活的社会共同体,通常包括四个基本要素,即地域、人口、组织结构和文化。在这四大要素中,地域是社区的自然地理与人文地理的空间载体,人口(居民)是社区运作与变迁的主体,组织结构是社区活动得以展开的社会组织形式,而文化则是社区范围内具有特质的精神纽带。居住在社区里的居民总有某些共同的联系点,如相似的社会经济地位、经济利益以及相近的文化素质等。这些有着某些共同点的居民必然发生接触与互动,如行动上、语言上乃至思想上的沟通。由此产生了因居民互动而形成的各种群体和社会组织,以及相似的文化习俗、价值判断、归属和认同感等社区文化。

下面,我们对社区构成的四个要素分别予以介绍和分析。

1. 地域要素

作为地域性的社会共同体,社区总是存在于特定的自然地理与人文地理的空间中,有着一定的边界。这里的地域要素,涵盖了其自然地理条件和人文地理条件,如自然地理条件就包括了所处方位、地貌特征、自然资源、空间形状与范围等,而人文地理条件则包括了人文景观、建筑设施等。因此,每一个社区总是和其特定的地理环境特征联系在一起的,如山村社区、平原社区、河流地带的社区等。正是这些地理特征,使之与其他社区区别开来。即使是自然地理环境类似的社区,由于其人文地理特征(如一座斜拉索大桥、一座教堂、一座摩天大楼等)的不同,也使其与其他社区区别开来。问题是,社区的边界如何来确定?社区的范围多大才是合理的?事实上,相对于一个国家、一个省、一个大中型城市来说,社区是一个微观型的地域社会,尽管其界限是相对的、范围大小不等、人口多寡相异,但现代社会学的社区研究一般都选择某个中小城镇,或大中型城市中的某个居民区,或农村社会的某个乡、某个村落等。与此相应的是,无论是西方国家还是中国,一个街区、居民区、中小城镇、乡村群落等地域要素,往往又是同一定的行政区划相吻合的,都可以称之为社区。总的原则是,社区的地域不能太大,应限制在居民日常生活能够发生互动的范围之内,或者限定在能够满足居民基本需要的生活服务设施、组织机构可以发挥作用的范围之内。就我国的情况来看,农村中的一个乡镇、一个村庄,或城市中的一个街道、一个居民小区等,皆可界定为范围大小不一的社区。

还需指出的是,这里之所以强调社区的地域要素特征,一是为了更好地区别于人们发生互动关系的政治性社群、职业性社群等(它们皆是跨区域的群体);二是在社区的外延上更好地与国家、城市等概念相区别,从而更全面地把握社区的特征。

2. 人口要素

人是社会的主体,也是社区生活的主体。一定数量的人口是一切社会群体所必需的构成要素,当然也是社区构成的要素。问题在于,其他社会群体和社区构成的人口要素有何区别?答案是,社区构成的人口要素是指居住在本区域内的居民,非居民应排除在外,而其他社会群体构成要素的人口划分则可以是跨区域的。明确了这个前提,就可以来讨论社区人口状况的各个子要素了。

社区人口状况的子要素,主要包括人口的数量与质量、人口的结构、人口的分布与流动状况等。数量状况是指社区内居民人口的多少;质量状况是指社区内居民人口在素质方面的情况,包括身体素质、文化素质、思想素质、道德修养等;人口结构亦称人口构成,是指社区内各个类型居民人口的数量比例关系,如科学家、教师、工程师、工人、出租车司机、失业者等之间的数量构成以及不同性别与不同年龄的人口的比例等;人口分布是指社区内人口的密度大小,也指居民及其活动在社区范围内的空间分布状况;而人口流动则是指社区内居民的进出与数量的增减及其在空间分布上的变化。

在现代,对于社区人口要素的状况及具体的数据,不仅政府、社会学家极其重视,即使是一些社会团体、企业(如房地产开发商等)及置业者个人,也非常看重。如人口质量状况这一子要素所反映出的文化道德素质、犯罪率高低等,居民人口构成子要素所反映出的职业身份、地位等,都是许多机构和个人置业或进行社区开发前希望了解的资料。对此,一些发达国家的许多城市或地区,都已能在因特网上或以其他形式获得相关的资料。当然,社区人口要素方面的数据,最初是通过人口调查(人口登记、人口普查或人口抽查)获得的。

3. 组织结构要素

社区的组织结构主要指社区内部各种社会群体和组织之间的相互关系及其构成方式。社区内的社会群体和社会组织在不同的历史时期、不同的发展阶段,其种类、数量及其相互关系总是不同的。一般而言,在经济与社会发展水平较低的阶段,由于社会分工程度较低,故人口的同质性较强,社区内社会群体的种类相对较简单,整合社区各种资源的社会组织的门类及功能也就相对简单化。反之,经济与社会发展水平越高,社会分工就越细,社区内社会群体的种类就愈趋多样化,而整合社区资源的社会组织的门类就会越来越多,其功能也必然趋向多样化和复杂化。就目前我国城乡社区的现状来看,社区的群体一般包括:家庭、邻里、生产经营部门、商业单位、党政机关、村委会与居委会、社会团体、文化团体、学校、医院等。除此以外,在经济社会与文化比较发达的城镇社区,社会群体还包括以各种形式活动着的志愿者队伍,各种文化、体育与娱乐性群体,诸如书画社、京剧票友会、舞蹈队、合唱团、读书会、拳操队等。一个社区,如果其居住环境舒适安逸、管理有序、居民的社区认同感强,则说明该社区的社会群体与组织之间的互动关系处于良性的状态。

对从事政府行政管理、公共事务服务、社区研究的人员来说,加强对社区组织结构的研究是十分重要的。这个研究包括三个层面,即社会群体与组织内部的构成研究、社群与组织的运作架构的研究、社群与组织之间的互动关系的研究,其中互动关系是社区组织结构要素研究的重点。

4. 文化要素

社区文化是一个较复杂、较难界定的概念,不同学者的解释各有差异甚至大不相同。一般来说,社区文化包括历史传统、风俗习惯、村规民约、生活方式、交际语言、精神状态、社区归属(依赖)与社区认同感等。至于宗教信仰,可以构成社区文化的一个子要素,但不是一个必然的要素。因为有的国家和民族,其宗教已成为人们生活必不可少的组成部分,故其在社区文化中有着相当大的影响力;有的国家和民族,有宗教信仰的人群并不多,对社区居民影响甚微。所以,是否要将宗教信仰视为社区文化的子要素,应根据具体的历史、地点和条件来确定。

不管怎么说,不同的社区文化都是不同社区的地理环境、人口状况以及居民共同生活之历史与现实的反映。而且,社区文化总是有形或无形地为社区居民提供着比较系统的行为规范,不同程度地约束着社区居民的行为方式与道德实践,客观上对居民担负着社会化(社教化)的功能以及对居民生活的某种心理提供支持。此外,社区文化也是区分不同社区的重要特征。由于受不同历史传统、地理环境和人口构成的影响和作用,社区文化呈现出一定的地域性与特殊性。例如,传统的乡村社区由于经济不发达,分工程度不高,居民的同质性较强,异质的或外来的文化难以立足,故本社区的文化就具有明显的保守特征。而在现代城市社区中,经济发展水平相对较高,社会分工较细,居民人口的异质性突出。在这种条件下,异质人口的互动频繁,先进的观念和文化易于被接受,故社区文化自然表现为多样化和开放性。再如,沿海地带的社区文化与高原地带的社区文化、南方热带地区的社区文化与北方寒冷地区的社区文化、富人聚居区的社区文化与贫民区的社区文化等,无不各有特色,无不打上了其地域的、经济的、思维方式的各种文化烙印。

5. 社区要素的相互关系

以上所述社区构成的四个基本要素,也是社区形成的必要条件。任何一个地方只要拥有或具备这四个条件,就可以构成一个相对独立成形的社区。无论是从事社区研究,还是从事社区规划、建设与管理的实践,都不能忽视某一个要素,并且应对各要素的相互关系有一个正确的把握。

为了更好地科学认识与把握社区的构成要素及其相互关系,我们认为有必要确立这样两个观点:

第一,社区构成的基本要素之间是相互依赖、有机统一的辩证关系。当我们在研究社区、建设社区和管理社区时,不能将上述四个要素割裂开来、片面地理解和处理,而应从它们有机统一的联系和关系上综合地加以分析与把握。其中,地域是社区的地理环境要件,人口是社区生活的主体要件,组织与群体是社区居民交往和整合得以实现的客观机制,而文化则是社区居民交往与整合得以实现的精神要件,四者紧密相关,缺一不可。

第二,社区构成的基本要素及其相互关系,在不同的历史背景下其功能与模式的表现形态往往是不尽相同的,必然呈现出各个阶段的时代特征。例如,处于前工业化时期的乡村社区,由于其以农业生产为主要经济活动,社会分工简单,人口的流动性低,加之受到地理空间的限制,致使生活其内的居民的利益较为一致,社会交往范围较为狭隘,社会角色较为单纯,文化也较单一,故人际关系既紧密又较易融洽,社会组织结构无须复杂化和多样化。又如,在我国计划经济时代,由于整个社会计划性、行政化与单位化程度高,社区构成的基本要素虽然具备,但相互之间的互动程度较低,无法实现有机的联系,故社区的价值与功能并不被居民所认同。再如,在工业化的市场经济时代,整个社会的发展程度大大提高,社区构成的各个要素的内涵日趋复杂,功能日趋分化与多样化,各要素之间的互动关系日趋有机化,以往建立于简单分工、简单交往条件下的社区归属感与认同感消失了,取而代之的,是基于分工多样化条件下相近的利益诉求、相近的社会分层与社会地位、相近的文化,以及由此产生的新的社区归属和社区认同。这些例子告诉我们,认识和把握社区构成的基本要素及其相互关系,必须重视其特定的历史背景。

显然,以上两个观点实际上就是历史辩证法在把握社区要素问题上的具体应用。

三、社区的基本类型及其特征

放眼世界历史和当今世界各国的发展现实,社区的类型经历了一个从单一化到不断多样化的过程,人们的社区生活质量也经历了由低级向高级的演变过程。站在今天看社区,社区的类型丰富多彩,并从不同的角度、以不同的方式影响着人们的生活。那么,社区的类型又是如何来区分的呢?这就需要了解划分社区类型的几种方法。

1. 划分社区类型的方法

社区类型及其特征之所以会呈现不同的性质和格局,从根本上说，皆取决于其不同的自然与人文地理状况、人口状况及文化传统，取决于其不同发展水平与发展阶段的经济、社会与文化条件。研究社区的不同类型及特征，既有助于我们深入地认识整个社会的发展，也有助于我们在实践中推动社区建设和社区发展。

关于社区类型的划分，可以采取多种角度、多种方法。概括起来，主要有以下两种区分角度和方法：

(1) 地域型社区(Geographical Community)划分法　这是最常见、最通用的划分法，主要根据地域条件和特征去比较、划分社区的类型。据此，首先可划分为农村社区、集镇社区和城市社区等三种类型。如要进一步细分，那么农村社区又可区分为山村社区、平原社区、高原农村社区、江南农村社区等，而城市社区也可细分为沿江沿海带社区、内陆型社区等。

(2) 功能型社区(Functional Community)划分法　这种方法在二战以后欧美一些学者中间以及我国部分学者中间比较流行。其主要特点是注重或强调社区的某些功能性特征，如经济功能、社会功能、文化功能，从而将社区划分为经济型社区、文化型社区、旅游型社区等。进一步细分，又可将经济型社区分为农业型社区、林业型社区、牧业型社区、工业型社区等；将旅游型社区细分为人文景观型社区、自然风光型社区等。1999 年以来，我国上海的一些街道分别提出“建设一个环境优美的生态型社区”“建设一个高素质的学习型社区”“建设科普社区”等主张，实际上是根据社区自身发展的目标，希望从功能上强化社区某些方面的建设。这些主张实际上也是功能型社区划分法在实践中的一种具体应用。

除了以上两种主要方法之外，还有其他一些区分法，如“文化区分法”，据此可划分为一系列的民族型社区、富人区、贫民区、黑人区、白人区等。过去,我国一些城市居民习惯将文化层次高的居民众多的社区称为“高尚区”“上只角”,将文化层次较低、收入较低、住房较差的居民区称为“下只角”“棚户区”,实际上也是采用了这种“文化区分法”。近年来,人们习惯于将到北京做生意的浙江人聚集区称为“浙江村”,这也是一种明显的文化区分或文化描述。又如“社会变迁区分法”,从历史进程的角度可划分为部落型社区、传统型农业社区、传统型城市社区、新兴社区、现代型社区等。

需要指出的是,上述多种划分方法,并无优劣之分。究竟采取何种方法为宜,应根据研究者或管理者、社会工作者自己的课题或计划而定。根据需要,实际上也可以多种划分法兼用。

下面,我们将主要从地域划分的角度,分别叙述和分析农村社区、集镇社区和城市社区等三种类型。我们认为,功能划分法、文化区分法等,实际上都是从不同的角度来突出农村、集镇和城市三类社区的某些特征。而且,农村社区、集镇社区和城市社区这三种类型,本身也可理解为功能的区分或文化的区分。

2. 农村社区

农村社区是指居民以农业生产活动为主要生活来源的地域性共同体或区域性社会。迄今为止,农村社区一直是人类历史上古老而又十分重要的社会共同体。说其古老,是因为其历史一直可追溯到私有制和商品经济产生以前的原始部落。说其十分重要,是因为从古到今,它一直是人类社会生活的共同体之一,至今仍对全世界数十亿人口的生活发挥着独特的社会功能与作用。

如何来认识和把握农村社区的基本特征呢?这里,仍然需要从社区构成的四个基本要素即地域、人口、组织结构和文化等来加以叙述和分析。

(1) 地域特征　最能表现农村社区地域特征的，一是土地，它是农村社区居民赖以生息繁衍的基本资源。失去了土地，意味着农民失去了生活的保障和生活来源。而土地的肥沃与贫瘠及其开发程度，又直接影响到社区居民的生活水平。二是地理位置，它是决定农村社区功能实现程度大小的重要条件。其自然地理条件的优劣、交通条件的好坏、与经济文化中心距离的远近，直接制约着本社区的经济发展水平及本社区与其他社区的交往。三是地域范围，它直接制约着社区规模的大小和容量。凡地理条件较优越的地方，社区的范围和人口规模就有较大的张力；反之，则必然局限在狭小的范围之内，限制着居民交往的空间。

(2) 人口特征　由于自然地理条件和生产技术的限制，加之农民对土地极强的依附性，故农村社区人口的数量与密度要远低于城市社区。而这种规模意义上的数量与密度，使得农村社区可分为散村社区和集村社区两种类型。那种在人烟稀少地区由十来户家庭组成的小村落即散村社区，而由一个或数个规模较大、人口较多的村庄组成的社区即集村社区。由于依赖土地为生，不需发达的社会分工，故农村社区人口的同质性较高，异质性极低，人口流动性远低于城镇，人际交往的范围也比较狭小。所有这些，一方面使得人际关系简单亲密、重感情、重家庭，民风比较朴实；另一方面必然影响、制约着居民观念的更新和文化素质的提高，从而直接或间接地影响着农村经济与社会的进步。

(3) 组织结构特征　农村社区由于社会分工不发达、人口同质性高、异质性低及流动性小等特点，决定了整合居民人际交往之社会群体与组织在数量和结构上的简单化。其中，家庭是社区群体或组织的最基本的单位，承担着生产、消费和保障等多种社会功能。家庭成员和邻里交往是农村社区居民最重要的交往渠道与交往模式。在这种情况下,整个社区的社会结构相当简单,既没有条件滋生更多的异质性群体,也不需要强有力的社区行政管理系统去整合社区内的资源和人际交往。

(4) 文化特征　农村社区由于其特殊的地域状况、人口状况和组织状况,使得居民的文化素质、心理状态、思维模式、生活习惯、价值体系等明显区别于城镇社区。加之传统的农业生产方式是较低层次的经验型的生产方式,人们凭借传统的日常经验即可保持原有的生活状况,因而维护和延续传统的经验自然成为农村社区文化规范的重要任务。在这种情况下,社区归属与社区认同的实质就是土地认同、传统认同。而那些注重家庭与邻里关系,注重血缘与宗族关系,排外和保守型的心理、情感与行为方式等,无不体现了农村社区文化的特征及其维护传统的文化本质。当然,对这种文化不能简单地予以肯定或否定,必须进行具体的分析。其中一些优秀的成分在今天仍然值得人们继承。不过,我国农村社区并未经历资本主义的发展阶段,就直接跨进了社会主义制度的大门,这样会不可避免地将封建社会的一些落后的乃至腐朽的社会规范、道德信条、价值观念与行为方式等带入现阶段农村社区的文化体系中,从而加剧了农村精神文明建设的艰巨性。此外,尚需指出的是,农村社区文化也并不是一成不变的。在通信、广播、电视等传媒高度发达的今天,城市和世界各地新的思想、先进的文化等必然对农村社区产生这样或那样的冲击。而人多地少、劳动力富余的农村社区,在传媒的影响下,人口的流动性开始加强,一些青壮年外出务工,反馈回来的新的观念、行为方式也必然影响着、更新着农村社区的文化体系。

3. 集镇社区

集镇社区亦称城镇社区,实际上是兼具农村社区和城市社区某些成分与特征的社区类型,是农村和城市相互影响的一个中介。按照费孝通先生的说法,它是一种"比农村社区高一层次的社会实体的存在,这种社会实体是以一批并不从事农业生产劳动的人口为主体组成的社区。从地域、人口、经济、环境等因素看,它们既具有与农村社区相异的特点,又都与周围的农村保持着不可缺少的联系"①。

在我国,集镇可分为建制镇和非建制镇两种②: 建制镇一般是乡和县的行政中心、文化教育卫生中心和商业中心;非建制镇虽不是周边乡村的行政中心,但往往成为周边农村地区的文化、教育、卫生、体育和商业活动的分中心。据统计,截至 1998 年底,我国农村的集镇总数达到 45 462 个,其中建制镇为 19 060 个。③

"集镇"的英语词形为 Town。在西方发达国家,由于高度的工业化和信息化,城市与农村的二元结构已基本消除,城乡居民之间生活方式与生活水平的差异已极度萎缩。加之逆城市化的趋向,越来越多的富人和中产阶级将自己的居住地搬出大中城市,移至郊区和农村的集镇。这种集镇的概念完全不同于我国的集镇概

---

① 费孝通:《小城镇,大问题》,载《费孝通文集》第九卷,群言出版社,1999 年版,第 199 页。

② 1984 年,民政部调整了设立建制镇的标准: 县政府所在地;总人口 2 万左右的乡,乡政府所在地非农业人口 2 000 人以上的;非农人口不足 2 000 人但确有必要设镇的小型工矿区、小港口、风景旅游区、边境商埠口岸等;少数民族地区、人口稀少的边远地区和山区,条件可适当放宽。截至 1994 年底,我国共有建制镇 16 210 个。以上资料引自杨立勋:《城市化与城市发展战略》,广东高等教育出版社,1999 年版,第 11 页。

③ 资料来源:《中国统计年鉴 · 1999》(国家统计局编),中国统计出版社,1999 年版,第 377 页。

念,实际上是高度现代化的、环境优美的、生活极其方便的、人口规模不大的新社区。

考虑到中外之差别,本书主要讨论我国集镇社区的一些要素和特征。

首先是集镇社区的地域要素及特征。对此,可从两个方面观察:一是其所处的特定的自然地理位置和生态状况,决定了其特有的类型特征,如沿海集镇、内地集镇、边远集镇等;二是通过与城市和农村位置相比较而获得的地缘区位。与城市社区和农村社区相比,集镇社区因其独立的形态,故其范围较易辨别。不仅如此,凡与城市尤其是大中城市接近的集镇,就愈容易接受城市现代化进程的辐射,其基础设施的水平就会较高,更易获得居民的认同。此外,集镇社区由于位于农村与城市的中间地带,其生态环境的条件和质量一般要优于城市社区。

其次是集镇社区的人口要素及特征。从人口的规模及密度来看,集镇社区明显大于和高于农村社区,明显小于和低于城市社区。从人口的质量来看,集镇社区居民的受教育程度和文化素质明显高于农村居民而低于城市居民;而身体素质则难以分出高低,关键在于医疗卫生保健体系及水平。从人口的结构来看,由于分工程度的不同,集镇社区从事不同职业的居民之数量及比例关系,比农村社区要复杂得多,比城市社区则较简单化。从人口的流动情况来看,其流动的数量和节奏要远大于农村社区。随着市场经济的发展和农村剩余劳动人口的增加,集镇社区的开放度大大提高。一部分农村富余人力必然涌进集镇和城市寻求新的发展机会,而其他城镇的居民也可能因各种缘由流入另外的集镇。这样,集镇社区人口的数量与规模必然随之扩大,人口的流动性和异质性也会大大增强。值得一提的是,2000 年左右,我国一些省份和地区为发展本地经济和解决农村剩余劳动力问题,循着工业化、现代化进程中城镇化、城市化的思路,有组织地建设起一些离土离乡的移民型集镇社区。这是一种全新的社区发展思路。

再次是集镇社区的组织要素及特征。与农村社区相比,集镇社区的社会群体和组织机构具有较新的内涵及构成。就社会群体来说,除了家庭和邻里以外,集镇社区还产生了一些新的因职业相同、爱好相同等而组成的如朋友圈、活动小组等形式的社群。即使是家庭和邻里,在集镇社区和农村社区中的关系及表现形式也不尽相同。农村社区一般较看重家族、宗教和血缘关系,家庭成员之间和邻里之间的关系较为密切,不平等特征也较为明显。而集镇社区的家庭与邻里关系主要以地缘为基础,基本上摆脱了血缘与宗族关系的支配性,故比较讲究交往的平等性。就组织机构来说,集镇社区由于其经济发展水平和社会分工程度要高于农村社区,居民之间异质性互动明显,因而就需要一系列与经济社会发展相适应的政治、经济、社会、教育、文化等组织和团体及规章制度,凭借它们来有效整合居民及其社群的交往关系。当然,其组织门类不如城市完善,组织的构成不如城市复杂,运用法律法规及相关规章制度管理社会、整合人际关系交往的能力也不如城市。

最后是集镇社区的文化要素及特征。集镇社区文化实际上是该类社区自身的地域状况、人口状况、社会群体与组织结构状况以及经济、政治等历史与现实的综合性反映。通过同农村社区文化和城市社区文化的对照和比较,即能在直观和理性的层次上去感受与概括集镇文化的特征。概括起来,这种文化具有以下三个方面的双重性特征。一是从其价值体系来看,往往是感性成分与理性成分并存,当感性与理性发生碰撞和冲突时,理性的力量就会弱于、让位于感性的力量。情理矛盾、情法矛盾以及以情代法、以权代法的现象,无不体现了这一文化价值导向的特点。二是从其内容的构成来看,既有现代城市文明及整个世界现代化文化形态对其的影响,又保留了许多传统的东西(精华的与糟粕的),体现了现代性与传统性的交融和冲突。如既有广播、电话、电视乃至电脑、舞厅等现代文化的载体,又可能保存着旧式的茶馆、大家族的祠堂等传统的文化载体;既受着一国主流文化的支配,又保存着反映集镇自身特色的传统性地域文化及其相关的亚文化。三是从其社会心理的构成来看,也呈现了开放性与保守性兼容的态势。由于以城市为主体的现代文明及生活方式具有强大的冲击力和吸引力,集镇居民模仿、学习和消化城市文明、现代文化的积极性大大提高,新事物、新观念越来越容易被集镇居民所接受。然而,由于集镇社区的地理状况与居民的主体来源同农村有着天然的、紧密的联系,落后的小农意识和思维方式总是这样或那样影响着人们的社会心理,用保守狭隘的心态和习惯去衡量评判国内外、城乡间的新人、新事、新风尚也成了集镇社区的一个重要特点。总之,"集镇社区作为城乡的中介,它一方面接受城市文化的辐射,另一方面又由于成长于农村而带有乡土文化气息。城乡文化在此交汇、融合,形成了独具一格的集镇文化"①。

综上所述,集镇社区是介于城市和农村之间的一种独特形态的社区,也是周边农村地区的经济、政治、文化、教育、卫生的中心以及城乡交流的中介环节和流通枢纽。加强集镇社区的建设与发

---

① 黎熙元、何肇发等:《现代社区概论》,中山大学出版社,1998年版,第216页。

展，对于促进我国广大农村剩余劳动力的有效转移，消除城乡社会的二元结构，实现城市和乡村经济、政治、社会、文化等的可持续协调发展，从而更快更好地推动我国的现代化进程，均有着极其重要而深远的现实意义和历史意义。当然，从世界各国尤其是发达国家的情况来看，集镇社区在城乡一体化的现代化过程中，其固有的许多特征已逐渐消失，成为城市社区的一种类型，成为大中城市的卫星城区。随着我国现代化事业的发展，逐步消除城乡结构的二元性，逐步使集镇成为我国都市体系的一个组成部分，成为城市社区的一种新类型，也是不可逆转的趋势。对这一趋势及其过程中产生的新问题，必须引起高度的重视。未雨绸缪是社会学者、政府决策部门推动社区良性发展的重要前提。

4. 城市社区

相对于人口密度低并以农业产业为主的农村来说，城市的本质特点就在于其规模大而密度高的人口以及非农产业活动在一定地域空间的集聚形式。根据历史学、考古学的研究成果，自公元前3500年左右，在两河（底格里斯河、幼发拉底河）流域较富庶的平原地带以及亚洲其他一些地方，就出现了城市这一人类的集聚地。然而，无论是在东方还是在西方，古代的城市都不过是农产品和手工产品赖以交换的主要市场，尚不能成为居于支配地位的社区，绝大多数的人口还居住在广袤的乡村。19世纪20年代以后，随着发端于西方的工业革命的不断推进，机器大工业逐步取代传统的手工业，社会分工愈益细化，城市发展的速度迅速加快，一大批数十万以上人口的城市拔地而起，越来越多的农民迁徙到城市这一新的居住地。进入20世纪以来，全世界范围内掀起了一股前所未有的城市化（Urbanization）浪潮，城市接纳的人口比例日趋扩大。据

1994年世界银行发布的一份报告指出,截至1992年,在全世界132个国家和地区中,美国、日本、德国等23个高收入国家和地区的城市人口占了总人口的80%左右,67个中等收入国家和地区的城市人口比为62%(其中21个国家为72%),中国和印度等42个低收入国家和地区的城市人口比为27%。[①] 一般认为,当一个国家迈入中等收入水平的现代化国家行列之时,其城市人口比就会达到60%以上。换句话说,当一个国家初步达到现代化水平以后,城市社区就会成为人们最重要的、影响力最大的一种居住地或生活共同体。

我国是一个发展中的人口大国。进入20世纪90年代以来,伴随着经济的市场化和整个社会现代化程度的不断提高,我国的城市化水平也在显著提高。到1998年,我国各类城市已发展到668个,其中人口在100万以上的特大城市达到37个;人口在50万~100万的大城市有48个;人口在20万~50万的中等城市有205个;20万以下人口的小城市有378个。[②] 这一数据并不包括已离土离乡、常年在城市工作但无城市居民身份的"农民工"。显然,如果把这部分"农民工""新移民"也视为城市人口,我国实际上的城市规模和城市化水平可能更大、更高。如京、沪、穗三城较具稳定性的外来人口每年都在300万左右。

那么,如何来认识、把握城市社区的基本特征呢?下面,我们分别从地域、人口、组织和文化等四个方面加以论述。

(1) 城市社区的地域特征　从城市社会学的视角来看,城市

---

① 世界银行:《1994年世界发展报告》,中国财政经济出版社,1994年版,第162~163、222~223页。

② 资料来源:《中国统计年鉴·1999》(国家统计局编),中国统计出版社,1999年版,第377页。

社区的地域特征是指坐落在城市地表上的位置、范围及特点。在一个相对稳定的时间段中，它表示一种静态的区位关系；在较长的历史时期，它表示的是一种动态的地域演变过程。应该说，在古代和近代的城市中，由于城市规模不大，内部区域的功能分工不明显，故难以形成自身特色明显、界限清晰的社区。随着经济与社会生活的发展，特别是工业化以来，城市规模不断扩大，城市内部的地域分化愈益明显，不同程度地形成了一些界限明确的工业区、商业区、文化区、住宅区等功能性区域。即使同是住宅区，因为城市建设所构成的桥梁、道路、不同风格的楼宇、公共设施等人文景观的不同，其作为社区的地域特色和界限也较易识别。另外，从城市的外部结构来看，现代城市由于中心区人口集中，地价及相关费用昂贵，加之“热岛效应”、社会治安等问题，一部分企业和居民纷纷向郊区发展，出现了“逆城市化”趋势，从而在城市周围出现了大量的卫星城镇。这些城镇与中心城区紧密联系，成为现代城市社区的重要组成部分。

与此同时，值得注意的另一个现象是，在世界上一些发达地带，形成了一些巨型城市或城市连绵带、城市群。如美国自东北面的缅因州到东南面的弗吉尼亚州共550公里的狭长地带，就坐落着波士顿（Boston）、纽约（New York）、费城（Philadelphia）、巴尔的摩（Baltimore）等四个大城市和首都华盛顿（Washington）以及星罗棋布的100多个中小城市，组成了目前世界上人口稠密，经济和科学、教育极其发达的最大的城市群。类似的还有如日本的东京—横滨以及大阪—神户—京都的城市群。我国经济、科技与文化最发达的地区之一——宁、沪、杭一线，也组成了一个以特大型城市上海为中心的、13个大中城市和上百个中小城市（中小城镇）相连的城市群。实际上,城市群内社区之间的分工、联动、辐射是非常突出的,城市社区之间在发展、建设上面临着许多类似的问题,相互之间的影响甚至模仿也是很常见的事。

(2) 城市社区的人口特征 总体来说,城市各个社区的人口特征既受制于整个城市人口的结构,又有本社区的自身特点。前者体现了城市型社区人口要素的一般特征,具有共性和普遍性的意义;后者则表现为城市型社区的个别特征,具有个性、特殊性的意义。

就整个城市人口的结构亦即城市社区人口的普遍性特征来看,可以从以下五个方面加以概括:

一是人口的数量多而且密度大。这是城市人口不同于农村村落、集镇最直观的一个特点。

二是人口的质量普遍高于农村和集镇的人口。由于城市中集中了各类大中专学校、科研院所和文化艺术机构,加之各行各业劳动就业的专业技术要求较高,促使城市人口的受教育程度和文化素质明显高于农村与集镇。即使是城市之间,大城市人口的受教育程度和文化素质一般也要高于中小城市,中等城市高于小城市。

另外,由于城市的医疗卫生保健条件较好,故人的身体素质较好,人口的死亡率要低于农村和集镇,预期的和实际的人口寿命一般也要长于农村和集镇。

三是人口的流动性极大。与“安居乐土”的农村人口相比,城市人口的流动频繁、迅速。这种流动包括垂直流动、水平流动和结构性流动等多种流动形式。由于城市的分工较细,发展机会较多,各种限制较少,故人们相当重视向较高社会地位、职业的垂直流动。另外,市场经济的发展也使得个人在职业与行业方面的横向流动或水平流动频繁起来,如中青年“白领人士”的“跳槽”与职工的再就业等。而城市产业结构的调整也会引起人口的结构性流动,如20世纪90年代上海市数十万纺织工人的转岗就是这种流动的表现。当然,所有这些流动,都会导致人口在城市内部各个区域的工作地点与居住社区的更换。

四是人口增长以机械增长为主。农村人口的增长以自然增长为主。城市则不同,由于外来的移民(主要是离土离乡的农村富余劳动力)总是通过不同的渠道不断进入城市,故城市人口的增长具有自然增长与机械增长相结合,但以机械增长为主的特征。

五是人口的异质性强且差异性大。由于城市人口来自四面八方,流动性大,从事的职业与所处的社会阶层、社会地位相异,文化程度、技术水平、收入水平与社会声望各不相同,所以与农村人口和集镇人口相比,城市人口的异质性极强,差异性极大。当然,城市越大、人口越多,其异质性也就越强。

以上五个方面是各种城市以及城市中各种社区的人口所具有的普遍性特征,但这并不是说城市中各个社区的人口特征都是雷同的。事实上,普遍性、共性总是寓于特殊性和个性之中的,离开了特殊性、个性,也就不可能有普遍性和共性存在的理由及其现实性。这就要求我们,在把握城市社区人口的普遍性特征的同时,还需认真地研究各个社区人口的自身特点。各个社区在建设、管理的实践中,必须考虑到本社区人口结构的特点,更有针对性地开展社区工作,对此,至少可从以下三个方面来认识和把握。一是人口的性别与年龄结构性特点,包括各类学校学生、在职职工和退休人员之间的比例。人口老龄化的社区与人口年轻化的社区,社区工作的重点就自然不同。二是人口的文化素质构成特点。一般而言,居民文化程度越高的社群,其对社区工作的要求也就越高,期望值越高,对社区参与的内容、形式与效果的关注程度也不同于文化程度较低的居民。如1998年,上海市徐汇区大专以上文化程度的居民占全区总人口的20%以上,某些街道社区和居民小区文化程度高的居民比例更高,而有些属于城乡接合部的人口导入型街道或居民小区,这个比例却很低。这一实际情况说明,社区工作者和管理者,一定要从实际出发,不能搞"一刀切"的标准和要求。三是人口的流动性特点。除了人口流动的一般特征以外,各个社区的实际情况并不相同。相对来说,较成熟的中心城区的社区,流入的新居民可能少一些,而向外迁移的居民则可能多一些。城市边缘地带或郊区等地的社区的人口流动情况则相反,外来移民最多的也是这些地方。这种情况也昭示了社区管理与社区工作的难度、社会控制的难度等,都是很不一样的。

(3) 城市社区的社群和组织特征　城市社区的社群和组织,都是社区居民赖以实现人际社会交往的两类不同的载体。为了全面、科学地认识这两类载体的特质和特征,这里,有必要先区分一下"城市中的人际关系"和"城市社区内的人际关系"这两个概念。

所谓"城市中的人际关系",是指城市人口跨社区的、匿名性与非个性化明显、以业缘联系为主的社会关系。城市人口多、密度高、异质性强和流动性大等特点,使得人际社会交往关系形成了匿名性、非个性化和以业缘为主的社会关系特征。城市中的居民社会联系广泛、个人交际多,这种联系和交往大多是跨地域、跨社区且以业缘关系为主的。除同事、同学、朋友等很小的圈子以外,人们之间的交往很少涉及彼此的情感交流,很难详知、熟知交往对象的相关的具体情况,因此交往的匿名性很强。而这种匿名性的交往又是以利益交换和法理为基础的，故极易造成人与人之间的疏远和戒备，在交往时总是采取对事不对人的态度也体现出非个性化（亦称非人格化）的特征。

所谓"城市社区内的人际关系"，则是指居住在同一城市社区内的、以共同利益与兴趣爱好为纽带的、以社区内的社群与组织为载体的、具有一定情感交流的人际社会交往关系。虽然这种交往关系无不受到整个城市人际关系特质的影响，如人际关系冷漠、邻里之间可能存在相认不相识等问题，但它并不等于城市中的人际关系，且其具有自身的一些明显特征。下面分别从社会群体和社会组织两个方面论述。

就社区内人际交往社会关系载体之一的社会群体来说，其特征有四：一是主要以地缘和利益为基础（除以血缘亲情为主的家庭关系之外），因居住在同一社区，居民在房屋维护、环境保护、生态绿化、卫生保洁、社区治安、公共设施维护和公共道德形成等方面都有着共同的利益诉求；二是以利益或兴趣爱好等为纽带的社群种类、形式愈趋多样化，除邻里、朋友圈之外，像各种读书会、爱心团队、帮教小组、诗社、合唱团、晨练角（广场）、游泳协会等诸如此类的社群，随着社区的发展会越来越丰富；三是居民在这些社群内的交往并不排斥相互之间的感情交流，恰恰相反，这些社群是居民增进情感交流、抵制人际关系淡化、加强社区凝聚力和归属感的极其重要的载体；四是解决居民间的矛盾、纠纷和冲突时，虽不排除情感要素的介入，但主要依赖理性契约和法律的力量。需要强调的是，上述四个方面是城市社区内的人际交往及社群特征，不能将其与城市人口的人际关系及社群混同起来。某些学者之所以否定社区内居民的情感交流，原因就在于将"城市中的人际关系"和"城市社区内的人际关系”这两个具有交叉性的概念混为一谈了。当然,现代城市居民的社会交往并不会局限于社区内的关系,许多人的交往以业缘联系为主,其交往的兴奋点在社区外而不在社区内。但这一事实并不排斥“城市社区内的人际关系”之基本特征。

就社区内人际交往社会关系的另一个重要载体——社会组织——来说,其主要特征有以下三点。一是组织的数量众多、类型复杂。由于社会分工精细、人口异质性强,就需要不同的社会组织去整合社区居民的人际关系,化解矛盾和冲突,组织社区发展,提供社区服务。这里,既有政治性的组织,如政党、工会、政府机构、居民自治组织等,又有从事社区服务的各种经济组织;既有教育、科学、文化、卫生等组织,又有许多从事社会福利事业、慈善事业、公益事业的非政府组织(NGO)。二是组织功能的专业化。与传统社区社会组织稀少、功能未予分化的历史不同,立足市场经济和社会分工愈益细化的现代城市社区,各种社会组织因分工的原则而实现了功能的分化和专业化,大大提高了社区发展与社区建设的效能。三是组织结构严密的科层制。所谓科层制,是一种具有职业化与专业化功能、严格规章和权力分等的正规社会组织的管理体制。这种制度按照职能分工的原则,将社会组织的权力和业务横向地分科管理,以求各司其职;纵向地上下分成层级,分级管理,每一层级都有自己的权力和业务范围。城市社区的各类社会组织,不管是政府行政机构还是工商企业,不管是教科文卫单位还是社会服务团体,都有一套自上而下的决策与执行的科层化体制。总之,类型结构复杂化、组织功能专业化、组织体制科层化是现代城市社区社会组织的三大特征。

(4) 城市社区的文化特征　所谓“社区文化”,是一种特有的文化现象，既包括社区意识、社区心理、社区风尚、社区公德、社区教育、社区艺术活动、社区生活方式等精神层面的要素，也包括社区文艺活动场所、宣传橱窗、公益广告、艺术雕塑、标志性建筑以及环境绿化等物质层面的要素。它是社区地域、人口、组织、经济、科学技术等历史与现实的综合反映，也是社区发展的动力源泉。

那么，与农村社区文化和集镇社区文化相比，城市社区文化有哪些基本特征呢？概括起来，主要有三点：

第一，具有城市文化的一般特质。实际上，城市社区文化是整个城市文化系统的一个组成部分，必然受到城市文化的普遍性和共性的制约。因此，它同样具有理性化和多元化等城市文化的一些基本特征。例如，农村文化中比较注重的是权威的服从、血缘与家族的人脉关系以及土地和人身的依附关系。城市文化则不同，由于人口高度的异质性，加之市场经济规律的要求，人们在相互交往时则较尊重每个人的自由和权利，较易接受和遵守理性契约的平等思想，能够容忍传统的与现代的、本国的与外国的、主流民族的与少数民族的等多元文化的存在。人们在处理日常事务时，目的的功利性很强，一般以法律、法规和制度为交往准则，很少顾及情感因素，家庭、亲戚、同学、朋友等关系必须服从功利主义的理性。

第二，具有城市社区文化自身的特征。尽管城市社区文化不可避免地打上了城市文化一般特征的烙印，但由于社区人口构成的差异、宗教与种族的差别以及社会分层的因素等历史与现实的不同，各个社区之间必然会产生“文化差异”，形成各具不同特色的社区文化。在西方发达国家，普遍存在分属于不同的社会阶层或种族的社区，如富人区、贫民区、黑人居住区、亚裔人聚居区、犹太人社区、西班牙人社区、南美人社区等。2000 年前后，在我国，随着住房商品化制度的实施,一些城市中也逐步形成了社会分层特点鲜明的个性化社区,明显区别于各阶层混居的传统社区。由于不同的社会阶层、不同的种族,其社会地位不同、文化渊源不同、生活方式和兴趣爱好的差异,因而其居住区所属的社区文化特色也不尽相同。这些特色不仅可以从社区文化的精神层面表现出来,在社区的住宅风格、公共设施的状况等社区文化的物质层面,也都会有明显的区别。

第三,城市社区居民从"住所认同"到"社区认同",前提条件是社区环境与质量的状况。一般来说,农村居民由于土地的束缚和血缘的联系,其"住所认同"和"社区认同"是一致的。城市居民则不同。对于家庭住所这一休息娱乐、情感交流、繁衍后代、奉养老人、接受社会化且私密性极强的地方,城市居民的认同是毫无疑义的。问题是,他们对自己住所的认同,并不等于也不会导致他们对自己居住区域的"社区认同"。这里的前提条件就在于,社区能够提供怎样的生活环境和什么质量的社区服务。当居民们居住在一个环境优美、整洁卫生、管理到位、服务上乘、自由舒适的家园中时,其文化上的社区认同就是必然的了,就会有一种强烈的社区归属感和社区参与意识。反之,则会产生"社区冷漠"这一文化现象。由此可见,与农村的社区认同相比,城市的社区认同在文化意义上是一种建立在现代文明基础上的、更高层次的文化认同。

综上所述,城市是人们经济、政治、文化、教育、科学、卫生医疗及社会发展等各项活动的中心。城市社区的地域要素、人口要素、社群与组织要素、文化要素等,其构成的内容、机制、特征等,远比农村社区和集镇社区复杂得多。随着各国城市化的发展,人口必将向城市集聚,城市社区必将成为各类社区中占主导地位的居民生活区域。努力研究社区发展的一般规律,切实借鉴发达国家社区管理的经验,大力推动我国城市社区的建设与管理,就必须在理论联系实际的层面上,科学地把握好城市社区的基本要素和基本特征。

四、我国的街道社区

近年来,随着城市管理体制改革和社区建设的深入进行,“社区”“街道社区”等一系列相关的词语越来越流行。谈及社区,人们往往将其等同于街道。提到街道,人们通常又将其视为社区。现在,在许多人心目中,街道和社区是同一个概念。二者的叠加组合——“街道社区”,已逐步演变成颇具中国特色的城市社区的代名词。那么,“街道社区”能否作为一个科学概念而存在呢?作为城市社区的一种类型,街道社区又有哪些共性与个性的东西呢?这就需要我们先从街道的历史沿革谈起。

1. 我国城市街道的历史沿革

其实,“街道”的原始含义与“社区”是很不同的。最初的“街道”,实际上是一个行政学的概念,是政府借助于某一特定的道路名称而命名的、行使行政管理职能的城市区域。

大致说来,“街道”经历了三个发展阶段。

第一个阶段(1949—1966):建立与初步发展阶段。

中华人民共和国成立初期,为了搞好城市管理,在市辖区和不设区的市,按一定的管理区域设立了街道以及政府的派出机关——街道办事处。最初,我国城市的街道大部分是在废除民国时期保甲制度的基础上由接管委员会办事处演化而来的。当时,街道办事处管辖的范围不大,人口一般在2万~3万人,多的不超过5万人;办事处人员也较少,一般是2~3人;任务比较单一,主要负责户政、调解和救济等工作。当时及以后的一段时间内,之所以没有把街道作为一级行政区划并设立一级政府,除了照搬苏联的城市管理体制以外,另一个重要的原因就在于,党和政府的许多领导人认为,"随着国家工业化和向社会主义过渡,工人阶级以外的街道居民将日益减少,街道办事处的管辖对象将日益减少,因此,不需要在街道建立政权"。但在当时,为了把很多不属于工厂、企业、机关、学校的无组织的街道居民组织起来,减轻区政府和公安派出所的负担,需要在街道一级建立基层政府的派出机关。①

尽管"街道"最初是作为行政管理和社会管理的一个地方区域来对待的,尽管在较长一个时期内尚无"社区"的概念,但街道在实际的管理实践中自然地、逐步地具备了社区的某些雏形。从当时公布的一些法律法规的内容可以看出,街道办事处在从事某些具有社区工作性质的事务。例如,早在1952年6月,上海市人民政府公布的《上海市市区设置区人民政府办事处试行方案(草案)》明确了办事处为区政府的派出机关,任务是在区政府的领导下,以地区居民为主要工作对象,从事区政府下达的六个方面的工作:(1)组织发动辖区居民,推动与贯彻当前的中心任务;(2)对居民委员会进行领导,协助区政府开展里弄中的民主建设;(3)组织教育居民开展劳动生产并推行有关居民的福利工作;(4)推动居民

① 参阅王振耀、白益华主编的《街道工作与居民委员会建设》,中国社会出版社,1996年版,第4页。

文化教育，举办识字教育及文娱活动等；(5) 组织进行街道里弄公共卫生工作；(6) 贯彻区政府规定的有关居民工作。

1954 年 12 月，在总结上海及各地城市管理经验的基础上，第一届全国人大常委会第四次会议通过了《城市街道办事处组织条例》和《城市居民委员会组织条例》。在《城市街道办事处组织条例》中，街道办事处的任务规定为三项：一是办理市、市辖区人民委员会有关居民工作的交办事宜；二是指导居民委员会的工作；三是反映居民的意见和要求。

自 1957 年生产资料私有制的社会主义改造基本完成以后，城市街道办事处除了承担市及市辖区人民政府交办的日常工作以外，还积极组织以家庭妇女为主的闲散劳动力，发展里弄生产加工和修配服务站，开展社会福利事业，兴办托儿所、幼儿园等公益性服务机构。也正是在这一过程中，街道办事处的机构与工作人员逐步地增加和扩充，并在居民中培养了一大批热心街道里弄工作的积极分子。

第二个阶段(1976—1987)：恢复性发展阶段。

众所周知，历时 10 年的“文化大革命”(1966 年 5 月至 1976 年 10 月)是我国现代史上的一场灾难，“左”倾错误使我国的经济、政治和社会等各方面的事业均遭到严重的破坏，作为城市管理的街道工作也陷入了瘫痪状态。“文化大革命”以后，特别是 1978 年 12 月中国共产党十一届三中全会召开以来，我国进入了以经济工作为中心的现代化建设的新时期。正是在这一历史背景下，城市的街道工作也进入了一个恢复性的发展阶段。

1978 年 4 月，按照第五届全国人民代表大会第一次会议通过的新宪法，我国各个城市撤销了“文化大革命”时期建立的街道革命委员会,恢复了街道办事处和居民委员会的建制。次年2月,全国人大又重新公布了1954年的《城市街道办事处组织条例》和《城市居民委员会组织条例》,从而标志着我国街道工作管理体制的全面恢复。

从1979年起,各地街道工作的重点都开始转移到为经济建设中心任务的服务上来。随着城市经济体制改革的不断展开,街道办事处的工作和任务早已超出了1954年《城市街道办事处组织条例》的规定范围。到80年代中期,许多大中城市街道办事处的任务多则140多项,少的也有七八十项。鉴于这种情况,为引导和规范街道工作,天津市人民政府于1986年下发了专门性文件《关于加强街道办事处工作的意见》,其中规定了街道办事处必须做好的10个方面的工作。同年,上海市也召开了街道工作会议,提出了要把街道建设成"安定团结、环境整洁、方便生活、服务四化"的文明地区的目标。会后,上海市人民政府专门下发了《上海市街道办事处工作暂行条例》。此外,北京、长春、成都、杭州、宁波、厦门、沈阳、哈尔滨等城市的人民政府也先后对本地街道办事处的工作职能做出了比较详细的规定。

天津、上海以及其他一些城市的政府,对街道办事处的工作任务到底有哪些指引呢?概括来说,当时街道办事处至少担负着10个方面的任务:(1)城市管理的任务,包括市容管理、环境卫生管理、市政设施和绿化管理等;(2)民政工作方面的事务,如举办社会公共福利事业(敬老院、福利院等),做好优抚救济、拥军优属、婚姻登记等;(3)依法维护老年人、妇女、青少年、儿童和残疾人的合法权益;(4)发展和管理街道经济,包括以综合服务、劳动服务、生活服务为主的第三产业以及集体所有制工业企业、个体和私营的企业;(5) 人口管理工作,包括居民的计划生育、劳动就业、外来流动人口等方面的管理;(6) 社会治安综合治理工作,如治安保卫、普法宣传、人民调解等;(7) 社会主义精神文明建设工作,如民主法制宣传教育活动、科普教育活动、文化体育活动、卫生保健、邻里互助等;(8) 承办区政府交办的有关事项;(9) 指导居民委员会工作,向上级政府反映居民的意见和要求;(10) 加强街道党的建设。

以上列举的街道工作的10个方面的任务,实际上是与20世纪80年代中期以前我国城市经济体制改革的进程相一致的。当时的经济体制改革尚未涉及产权制度的变革,也未涉及社会福利、社会管理等体制的改革,企业和事业单位仍然承担着大量的社会福利、社会服务、社会管理和社会控制等方面的社会职能。不仅政府,也包括企业和事业单位,都未能摆脱统包统揽社会事务的模式,都存在着严重的"政社不分""企社不分""事社不分"的问题。由此,我国社会层面的发育,包括社区的发育,都无法启动,街道也无法成为社区。这样,当时街道工作的着眼点主要还在于履行政府管理城市的行政职能,不可能着眼于发挥社区功能(职能)的社区工作。另外,与过去相比,街道工作的目标和任务又确实有了较大程度的拓展。也正是在这个意义上,我们将这一时期的街道工作视为"恢复性的发展"。

第三个阶段(1987年至今):从社区服务到社区建设的新时期。

将"街道"与"社区"这两个概念融合起来,促使街道工作与社区工作结合起来,最初的契机是民政部倡导的在全国开展的社区服务工作,而最深刻的背景则是社会主义市场经济的大发展及其导致的社会变革。

1987 年,民政部在武汉主持召开了社区服务工作座谈会,由此,“社区服务”的概念逐步在城市中普及开来。为了推动社区服务工作的全面开展,民政部于 1989 年在杭州又一次召开了社区服务工作经验交流会,此后又召开了多次理论研讨会,举办了两期培训班。在民政部的推动下,各地民政部门在本地党委和政府的领导下,紧紧围绕经济建设这个中心工作,解放思想,转变观念,开拓创新,将社区服务作为深化城市社会福利事业改革的重大举措来实施,作为推动城市民政工作发展的重要任务来落实,作为建立社会保障体系、维护社会稳定的基础工程来构筑,作为调节人际关系、促进精神文明建设的重要方面来拓展,由此取得了很好的成效。一些地方自觉地将社区服务列入市政府为民办实事的项目,使社区服务在对象、内容、层次、规模等方面有了新的突破,受到市民的高度好评。

鉴于社区服务业发展需要加强管理和政策指导,1993 年,民政部会同国家计委、财政部等国务院 13 个部委联合颁发了《关于加快社区服务业的意见》。这个政策性文件,是社会主义市场经济条件下加快建立健全社会保障体系和社会化服务体系的重大举措,标志着社区服务业作为一种特殊的产业进入了新的发展阶段。

随着社区服务工作的不断开展,社区服务的对象已从传统的民政对象扩展到城市社区的广大居民及社区内的一些机构;社区服务的内容已从单一的、分散的服务发展为包括托老养老服务、残疾人服务、优抚对象服务、居民生活服务等在内的多层次、全方位的系列化服务;社区服务形式灵活多样,如无偿、低偿和有偿服务相结合,设施服务和互助服务相结合等;新建的社区服务设施不断增加,形成了大中小型并举、高中低档互补的格局;社区服务的队伍不断壮大,形成了愈益壮大的专职、兼职和志愿者相结合的服务队伍。对此,1994 年 12 月,民政部在上海举行的全国社区服务经验交流会上的评估是:“形成了以社区服务中心为骨干,以老年人、残疾人、优抚对象服务和便民利民服务为主要内容,以设施服务和社会互助为重要形式的社区服务新格局。”①

几乎在城市社区服务业轰轰烈烈开展的同时,我国社会主义市场经济的新体制开始逐步确立起来。随着新一轮产业结构的调整、产权制度的改革,政府和企事业单位的一些社会福利、社会管理职能纷纷剥离出来,单位人的社会管理模式开始向社会人管理新模式过渡。这就要求大力发展、培育社区和各种社会服务团体,以承托被剥离出来的社会职能,去管理逐步摆脱了“单位人”属性的“社会人”。由此,社区发展、社区建设、社区管理不可避免地成为 20 世纪 90 年代我国城市社区极其重要的课题。它不仅关系到社会主义市场经济新体制的运行与全社会的稳定等问题,也关系到城市居民的生活质量与生活方式、精神文明建设和基层政权建设等一系列重大问题。

就全国范围来看,上海市委、市政府不仅在社区服务业的发展中提供了富有创意和实践价值的经验,而且在社区建设与社区管理的实践中起到了示范性的带头作用。

从 1995 年第四季度到 1996 年第一季度,中共上海市委组织了一次规模空前的社区管理和基层政权建设的调研活动。之所以开展这样一次调研,是为了使社区发展与上海改革不断深入、开放不

---

① 阎明复:《大力发展社区服务业,建立健全城市社会福利服务体系》,载民政部社会福利司编《全国社区服务经验交流会议文件汇编》,1995 年 5 月,第 3~4 页。

断扩大、经济迅速发展和城市面貌发生深刻变化的新形势相适应,把党的建设、精神文明建设和政法工作(包括社会治安综合治理)三个三年(1995—1997)规划进一步落实到基层,切实加强社区管理和基层政权建设,在推动经济发展的同时推动社会进步,到2000年交出物质文明建设和精神文明建设两份满意的答卷。调研组成员在与各区党政领导共同分析研究社区建设与管理现状的同时,还深入街道、居委会听取意见和建议,累计召开各种类型的座谈会40多场。调查活动做到了五个结合,即上下结合、召开座谈会与实地考察相结合、集中调查与分散调查相结合、点线面调查相结合、定性分析与定量分析相结合。这次调研取得了丰硕的成果,形成了调查研究总报告和一批专题报告。此后,中共上海市委和市人民政府于1996年3月27日至28日召开了上海有史以来的第一次城区工作会议。黄菊在会上做了题为《加强社区建设和管理,不断提高城市现代化管理水平》的报告,对上海在新时期的社区建设和管理做了全面部署。会后,上海市政府各部门、各个区、街道、工青妇等群众团体,积极贯彻与落实会议精神,齐心协力,创造性地探索社区工作的新体制、新机制,街道、小区的居住环境、社会治安、物业管理、精神风貌和人际互动关系等也由此发生了根本性的、居民真心期待的变革。[①]

1996年初上海市召开的这次城区工作会议,引起了全国许多城市领导、街道工作干部和社会学家的极大关注,到上海一些走在前面的街道社区参观学习的人络绎不绝,《人民日报》、《解放日

① 参阅林流主编的《新时期社区建设与管理》,上海人民出版社,1996年版,第537~538页。

报》、《文汇报》、中央电视台等各大媒体也纷纷报道上海社区建设的思路和成功经验。在这之后，全国许多大中城市也都开始了街道工作和与社区相结合的社区建设与社区管理的热潮。正是在这个意义上，我们认为，上海市于 1996 年召开的城区工作会议是一个重要标志，标志着社区服务这一单项性的工作开始转到了整体性的社区建设与社区管理亦即社区发展上来，从民政部主管的部门性工作开始转变成全党和各级政府高度重视、全社会积极参与的社会发展的全局性任务。

值得一提的是，在 1996 年的时候，上海市委、市政府召开的这次会议被命名为“城区工作会议”。当时虽然试图将社区建设与社区管理有机地结合起来，但重点还是强调行政方面的管理，而且是城区的行政管理。经过 5 年的努力，社会各界对社区的地位、功能、作用等认识愈益深刻和科学，社区建设与社区管理也愈益深入人心。因此，到 2000 年 4 月，上海市委、市政府又一次召开社区建设与管理方面的会议，并将会议定名为“上海市社区工作会议”。从“城区”到“社区”，虽一字之差，却反映了几年来人们在实践和认识两个层面上的进步。正如黄菊在这次会议的报告中所指出的那样：“经过这几年的探索和实践，上海的社区建设和管理工作取得了较大进展，特别是在人们的就业形式和生活方式日趋多样化的新形势下，大家对加强基层基础工作必须紧紧抓住社区这个载体，认识更加统一；对做好社区建设和管理工作必须全社会参与，行动更加自觉。因此，2000 年上海市社区工作会议的重要任务是：回顾过去的工作，总结实践的经验，认清面临的形势，明确今后的目标，理顺关系，形成合力，注重实践，鼓励探索，进一步完善党政齐动手的工作格局，进一步形成全社会共同参与的良好氛围，把上海的社区建设和管理工作提高到一个新的水平。”①

2.“街道社区”：中国特色的城市社区

从上面关于历史沿革的叙述中可以看出，我国的街道社区是从最初城市内的行政区域逐步演变而来的。当我们说“街道社区”时，实际上就是指具有中国特色的城市社区。作为城市社区的一种类型，它具有十分丰富的内涵和鲜明的个性特征，体现了政府行政职能和社区社会职能的有机统一。概括起来，街道社区的特色主要体现在以下五个方面：

其一，就行政职能的角度来说，街道办事处的管理工作具有较强的综合性和复杂性。街道社区作为政府管辖的城市行政区域，其行政中心就是街道办事处——市或市辖区人民政府的派出机关。街道办事处在政府的领导下，行使基层政府的部分权力，办理本社区的各种政府行政事务。人们平时所说的“街道”，实际上就是指街道办事处。街道办事处虽不是一级政府，但作为政府的派出机关，又构成了城市社区的一级行政组织。办事处一般设主任1人，副主任1~3人，由基层政府委任。那时办事处一般下设民政科(含社会保障、社会福利)、市政卫生科、治保司法科、群众文体科、市场科以及经济管理办公室等科室，并负责督促、检查和协调政府有关职能部门派驻社区内的工商所、房管所、公安派出所、环卫所等机构。2000年前后，有的地方则将房管所、环卫所等划归办事处直接管理(或双重领导，以办事处领导为主)。虽然各地的具体情况不同，但随着城市现代化和社区建设的发展，体现街道办事处政

① 黄菊：《再接再厉，开拓进取，促进社区建设和管理工作再上新台阶》，载2000年5月24日《文汇报》第1版。

府行政职能的经常性工作项目却越来越多,如民政福利、失业与就业、人民调解、青少年保护、妇女儿童权益保护、老龄工作、社会治安综合治理、两劳人员教育、外来人口管理、计划生育、爱国卫生、市政管理、环境保护、绿化养护、社区科普活动、居民文体活动、防空、防灾、防汛、防震以及管理街道(社区)经济、指导居民委员会工作、处理居民来信来访等。由此可见,街道办事处的行政职能涉及社区的经济、政治、社会、文化教育、体育卫生、环境保护等诸多方面,有着相当强的综合行政特色。

其二,就社会职能的角度而言,街道社区是我国基层社会的重要载体之一。近年来,街道社区作为城市居民居住与生活的共同体,正在逐步地形成和完善有别于政府行政职能、企业市场职能的社会职能,如社会福利、社会保障、社会服务、居民自治、自助与互助以及职业化的社区社会工作等。社区的这些社会职能,正在被越来越多的、功能专门化的各种社区组织所承担,如社区服务中心、社区帮教中心、青少年活动站、心理咨询中心、法律咨询(或援助)中心、敬老院、托老所、职业培训与就业指导站、各类文体活动队以及各类志愿者组织等。无疑,这些组织所开展的活动,不仅对于城市基层社会层面的发育、发展,而且对于培育居民的社区意识、组织居民进行自助互助活动、提高居民的生活质量,都有着十分重要的现实意义。

其三,就社区自治来说,通过居民委员会来加强和完善社区居民的自治体制,是我国城市街道社区区别于其他国家的又一重要特色。虽然在城市社区中已有一些其他的居民自治组织(如居民房屋业主管理委员会等),但居民委员会却是目前社区中最有影响力的“居民自我管理、自我教育、自我服务的基层群众性自治组织”。按照便于居民自治的原则,一般在居民相对集中的居住区[①]设立一个居委会,所辖住户一般为100~700户,1 000户左右也可以。居民委员会主任、副主任和委员由有选举权的居民或居民代表直接选举产生。通过居民委员会这一组织形式,居民们对关系自己切身利益的社区公共事务和公益事业行使自己当家做主的民主权利,实现自我管理、自我教育和自我服务。此外,由于居委会作为城市基层的群众性自治组织具有广泛的群众基础,其理所当然地成了党和政府在社区中联系群众的桥梁和纽带,也成为基层政权的依靠力量。因此,居委会在街道办事处的指导下,应协助政府做好与居民利益密切相关的治安保卫、公共卫生、计划生育、优抚救济、青少年教育等工作,并及时地向政府反映居民的意见、要求,并提出自己的建议。

其四,就社区建设来看,提倡辖区内各类企业、事业法人单位参与社区共建,也是我国街道社区的一个鲜明的特色。在街道社区内,除了居民住户以外,还存在一些服务性、经营性的组织,如学校、医院、企业、商店以及其他一些政治性社会团体、专业性社会团体等。社区的环境状况如何,会不同程度地影响到这些单位的工作环境或经营环境。社区与这些单位的利益互动是不可避免的。因此,通过发挥社区建设管理委员会或社区共建委员会这类组织的纽带作用,动员、组织这些企业、事业法人单位一起来建设社区,如提高社区绿化率与改善卫生环境、治安环境、文化氛围等,不仅能造福于社区居民,对这些单位自身的发展也是极其有利的。

---

① 街道社区一般又可分为两个不同层次的社区,即整个街道管辖范围内的社区,以及居民委员会自治管理范围的居民小区,亦称小社区。

其五,就政治核心的角度来说,坚持中国共产党在社区建设与管理中的领导地位,加强社区的精神文明建设,是我国街道社区在政治上的一大特色。我国是一个社会主义国家,坚持和改善党对社区工作的领导,是搞好社区建设与社区管理的政治保证。因此,每个街道社区都设有一个街道党工委。党工委一般下设组织科、宣传科等部门,有的还设有社区党建委员会,以协调不属于自己领导的企事业单位党组织之间的关系。街道党工委的主要职责是:宣传和执行党的路线、方针和政策,讨论决定本社区发展中的重大问题,搞好居民区党支部、街道所属企事业单位党组织的思想建设、组织建设和作风建设,做好社区的思想政治工作,领导社区的精神文明建设等。

第三章　现代社区的社会功能：前提与特征

众所周知，我国在20世纪80年代以前，长期实行的是高度集中的计划经济体制和社会管理体制。在这种体制下，政府实际上成为社会唯一的利益主体。其他经济类组织、社会服务类组织、教科文卫类组织乃至政治性的社团组织，由于在运作目标、职责和利益上与政府保持高度的一致性，事实上成了各级政府下属的“单位”。工、农、商、学、兵等各行各业的单位，都是相对独立的、功能重叠的“小社会”，职工在经济、政治、社会福利、社会保障、文化教育乃至住房安置等方面，皆成为由单位安排包办的“单位人”。而人们居住生活的地区，亦因传统体制的束缚成了一种与居民耦合程度较低的“亚社区”，即社区的内在价值和功能难以实现的“前社区”发展阶段。这种状况的根本改变，源于我国的改革开放。改革开放和社会主义市场经济的发展，使得人们的利益需求愈益多样化，使得各种社会组织的功能开始分化并愈益多元化，使得社区的内在价值越来越清晰地凸现在人们面前，使得社区的社会功能的实现获得了丰厚的土壤与条件，“亚社区”由此开始了向现代社区的真正转型。

一、“亚社区”：计划经济体制下的特殊现象

科学认识和评价改革开放以前“居住地”在我国居民生活中的地位与作用，以及“居住地”在我国社会发展进程中的地位与作用，对于我们今天从事的社区建设与社区管理来说，其历史启示是确定无疑的。总体来看，改革开放前的居住地是一种功能萎缩、发育不全的“亚社区”。它是传统社会主义计划经济体制下的特殊的历史现象。

1. 何谓“亚社区”

其实，用什么样的名称、概念来表达改革开放前居民生活的居住地才更为确切，学术界的观点并不相同。有的人认为，当时的居住地并未承担社区的角色和功能，故不能称之为“社区”。许多学者则认为，虽然当时社区的角色不清、功能不全，但其仍不失为社区发展的一个阶段，应称之为社区。也有学者注意到了当时和现代两种不同的社区运行模式的区别，并用“外制式社区”和“内发式社区”来表达这种区别，认为那种以单一化、行政化为其主要特征的外制式社区模式“是当时整体社会运行模式的结果，它可以具体表述为：由于社区自组织系统内在发展动力不足，必须依靠外在力量，即行政力量强制推动社区来组织社会生活，进行社会管理，实现区域建设和发展的目标”①。

我们认为，上述一系列不同的观点都有其合理性，但其缺陷也

---

① “上海‘九五’社会发展问题思考”课题组：《上海跨世纪社会发展问题思考》，上海社会科学院出版社，1997 年版，第 173 页。

是明显的。例如,改革开放以前,居民的居住地已经具备地域、人口、社群与组织、文化等四大基本要素,且居民之间的互动也有着对环境卫生、服务设施等某些共同利益诉求的基础。只不过当时完全由政府主导,强调行政式的管理,而忽略乃至否定了社区自身的发展。但如果仅以这一点来否定社区的存在,理由似乎并不充分。又如,一些学者肯定当时社区存在的现实,认为其是社区发展的一个阶段,但又难以将当时的居民社区与当代中国转型中的社区做出明确的区分。与此不同的是,持“外制式社区”和“内发式社区”观点的学者试图用这两个概念来区分我国50年来存在着的两种不同运行模式的社区,这显然比第二种观点前进了一步,并且给我们许多启迪。但是,这种区分的依据也是有问题的。它将“外制式社区”归因于“社区自组织系统内在发展动力不足”,结果必须“依靠外在力量”。然而,事实恰恰相反,高度集中的经济、政治与社会管理体制是因,而社区自组织系统发育不足才是果。由此看来,用“外制式社区”来表述和概括我国改革开放前的社区似乎也不贴切。

那么,有没有更好的概念来表征过去那种发育不足的社区呢?笔者以为,“亚社区”可能是一个更加合理、更加贴切的概念。

需要说明的是,这里所讲的“亚”只是相对于完整、成熟而言的,具有非成熟、残缺和次级的含义;这里所讲的“亚社区”则是相对于比较成熟的、居民主体性特征明显的社区而言的一种表述。因此,可以给“亚社区”下这样一个定义:所谓“亚社区”是指中国及其他一些社会主义国家在计划经济年代国家管理地区社会(居民居住地)的一种模式,是指内在价值被严重低估、社会角色不清、社会功能萎缩、社会机制发育不良、居民参与度较低、单一行政化了的社区。

同样需要说明的是，在计划经济时期，尽管我国城市与乡村的二元化特征突出，但国家对城市和农村地区社会的管理模式、体制和机制基本上是一样的，城市和农村地区社会的“亚社区”特征也是一样的。所以说，“亚社区”这个概念具有较好的广谱性，既适合计划经济时代的农村，也适合计划经济时代的城市。

2.“亚社区”的基本特征及历史评价

如果同我们今天正在建设与发展的社区以及一些发达国家和地区的成熟社区相比较，不难发现，形成于计划经济时期的“亚社区”有着鲜明的特征。总体来看，“亚社区”的基本特征主要体现在以下三个方面：

第一，高度单一的行政化特征。在计划经济年代，为了维护社会主义国家的生存，在较短时间内建立起较完整的国民经济体系和国防工业，实现赶超型的经济发展战略，就必须能够集中起全国有限的人力、物力和财力等方面的资源，积极有效地整合和利用这些资源。这种客观的态势，实际上提出了对经济生活进行计划管理、通过计划手段来配置资源的客观要求。而能够胜任这种要求的，能够在宏观经济生活和微观经济生活等各个层面实施计划管理的，不可能是企业或其他组织，只能是政府这一国家的行政机关。只有政府有能力通过行政权力体系和计划控制手段将经济领域的管理权集于一身。也正因为政府拥有了集于一身的经济管理权，才能够对经济生活实施高度集中的计划式管理。同时，为了保证计划经济的顺利实施，必然要求政治生活和社会生活的体制与之相匹配，要求政府在政治和社会生活领域同样将管理权集于一身。由此，政府实际上成为国家利益的唯一代表，也是在经济生活、政治生活和社会生活等各个领域实施组织、领导和管理的唯一主体,当然也是社区管理的唯一主体。相对于其他功能萎缩、数量极少的社会组织来说,政府的行政职能逐渐走向一种"全能主义"。在社区生活中,政府根据统一计划、集中管理的原则,直接管理着社区的方方面面。对于社区的道路、卫生、绿化、文体设施等,政府既是投资方、建设方,又是管理者。即使是对社区居民的衣食住行、婚丧嫁娶等事宜以及家庭间的矛盾冲突、居民间的纠纷,政府也实施着直接的计划式管理,给予居民无微不至的关怀以及直接的行政性干预。在计划经济体制下,政府似乎是永远年轻的、无所不能的"爸爸妈妈",而居民和社区自组织则似乎是永远长不大的"孩子"。这是一种典型的"大政府、小社会"现象,一种典型的行政化社区。

第二,社区自组织严重萎缩、发育不良、功能异化。照理,经济社会生活越是发展,分工越是严密,人口的异质性就越强,人际关系的互助就越是依赖于各种社群和组织机构的整合,各种社会组织发育、发展的土壤就越是丰厚,各种社区自组织也就越是活跃。但是,在计划经济的条件下,在"亚社区"的状态下,由于政府的权能无所不在、无所不能,社区生活的一切都被纳入政府的行政管理体系之中,故社会层面的发育、社区自组织的发育必然遭到行政体系的抑制,极少数存在的社会团体和社区自组织参与社区整合的功能也必然遭到行政体系的排斥。即使是居民委员会这一具有明确法律地位的"居民自我教育、自我管理、自我服务"的社区自治性组织,在计划经济年代,在全能主义政府的阳光下,事实上也丧失了其自治特性,成为政府直接管理社区生活的一级"准行政式组织"。居民委员会的成员、经费、任务都由街道办事处这一政府的派出机关指派，故其民主的自治功能实际上异化为政府的行政功能。

第三，居民与社区之间缺乏积极的互动和耦合关系，居民的社区归属感、认同感极低。长期以来，在传统的计划经济体制下，我国工业、农业、商业、金融业等各类经济组织，科学、教育、文化、卫生、体育等各类事业性的社会组织，工会、妇联、共青团、科学技术协会、作家协会等各类群众性的半官方社会团体，均按照行政区划或行政系统被纳入各级政府部门的管辖范围。政府的计划和行政指令成为这些组织的任务和意志，而这些组织的活动则成为整个政府活动的组成部分，这些组织则成为政府推动经济、政治、文化和社会等事业发展的“附属单位”。在整个国家高度行政化的体制框架内，政府对公民的社会管理、社会服务、社会福利与社会保障等主要通过这些“单位”来实施。例如，在城市中，除无业居民由政府所在地区——“亚社区”——中的派出机关直接管理以外，在职职工的社会管理、社会福利、社会保障等均由自己所属的单位来承担，连在职职工子女的医疗福利乃至于住房、就学等事务也由职工所属单位统揽起来。在这种情况下，职工成为实实在在的“单位人”，职工及其家属对自己的单位具有高度的依赖感、认同感和极高的期望值，即使是职工的家庭矛盾、住房改善、子女就业等家庭事务，都由自己的单位解决。也正是这种“单位人”的身份和“单位意识”，使得职工更注重自己的单位属性，轻视或忽视了自己的居民身份。而单位化的行政管理体制，客观上又排斥着职工或居民与社区之间的积极的互动耦合关系，阻碍着居民的社区意识、社区归属感和社区认同感的形成。

那么，对于“亚社区”这一传统社会主义模式和计划经济体制下的历史现象,能否一概否定呢?换句话说,应如何正确认识和评价其历史作用呢?我们认为,采取历史的、辩证的和具体的态度与方法是极其重要的。根据这一态度和方法来审视"亚社区"现象,就可发现,在特定的历史条件下,"亚社区"既有其特殊的积极作用,也存在着不可克服的内在弊端。

一般来说,在社会主义国家建立初期和工业化初期,"亚社区"和整个传统的社会主义模式因适应了特定的历史环境,比较合理地反映了当时的国内外环境,反映了当时生产力、生产关系与上层建筑三者之间的内在关系,因而在经济增长、文化发展、社会稳定等方面发挥了积极的作用。就"亚社区"体制来看,其同计划经济体制、"单位人"体制是高度一致的。由于政府的高度介入和严格控制,"亚社区"对于当时的社会稳定、社会秩序的维护乃至于经济与文化事业的发展,无疑都发挥了重要的、不可替代的"稳压器"的作用。

但是,当国际形势逐步缓和以后,社会主义国家初步实现了工业化或初步奠定了工业化的物质技术基础之后,当经济与社会相互协调与可持续发展的紧迫性愈益凸显以后,传统社会主义模式以及"亚社区"体制的内在弊端和缺陷也逐步突出、严重起来。从政府的角度来看,由于政社职能混同,政府行政力量过度地介入了社区事务,一方面阻碍了政府、企业、事业单位、社会团体和社区等各种组织的功能分化,抑制了社区自身功能的实现;另一方面又使政府自己背上了沉重的经济成本、政治成本和社会成本包袱,且导致居民群众对政府的高度依赖性和过高的期望值。政府承担了极高的政治风险和社会风险。事实上,政府并不是全能的,当政府不能满足居民的某些要求与期望之时,也就是政府权威下降之时。

从居民的角度来看，由于政府全权管理着社区，客观上排斥、抑制着社区居民的自治组织、民间团体(NGO)的发育和发展，加之单位化体制的束缚，割裂了居民与社区在财产利益、社会福利与社会保障、文化和价值认同等方面的内在联系，致使居民难以形成社区意识和社区归属感，难以自主地参与社区事务。总之，当历史条件变化以后，当经济体制改革的号角吹响以后，“亚社区”体制便再也无法适应经济与社会发展的要求，其“社会稳压器”的作用也就荡然无存了。在这种情况下，改革“亚社区”体制，建设现代意义上的、功能完善的共同体社区，就成为一项紧迫的历史性任务。

二、社会职能分化与社区发展

从“亚社区”向现代的、完整意义上的社区的过渡和发展，有赖于整个经济、政治和社会发展模式的改革和转型。可以说，经济体制改革和社会主义市场经济的发展，是社区过渡和发展的客观性历史前提，而各种社会组织之职能的分化则是社区发展的必要条件。

1. 我国“亚社区”终结和现代社区生成的历史前提

在前面的论述当中，我们已经指出，“亚社区”的模式和体制是整个传统社会主义模式的一个组成部分，“亚社区”现象是依附于计划经济体制的一种特定的社会历史现象。因此，当传统社会主义模式和计划经济体制终结之时，也就是“亚社区”的终结之时及其向现代社区转型的开始。如果说计划经济体制是“亚社区”得以形成与运作的历史基础的话，那么，经济体制改革、社会主义市场经济的发展，则是现代社区在我国得以生成、发展的历史前提。

前文已经指出,计划经济体制和整个社会主义的传统模式是以经济生活、政治生活、社会生活、文化生活等领域的高度行政化来实现的。在革命与战争时代,在外部的国际环境极其紧张的年代,在生产力极其落后的时期,传统模式的行政化运作对于新生社会主义国家的生存与发展、国家工业化物质基础的奠定、社会秩序的维护与稳定等,都发挥了极其有效的积极作用。而且,这种积极作用又总是这样或那样地掩盖了或抵消了旧模式、旧体制的缺陷与副作用。换句话说,旧模式、旧体制的内在缺陷和弊端尚处于一种相对的“隐性状态”,尚未显性化和尖锐化。

但是,自 20 世纪 50 年代后期以来,社会历史环境先后发生了极其重要的变化。概括来看,这种变化主要表现在三个方面:其一,和平与发展已逐步成为时代的主题,国际环境逐步趋向缓和。由于经济全球化和高科技成果在各个领域的广泛应用,加之苏联、中国等也先后掌握了核技术,东西方之间的武力对峙和冷战逐步走向缓和,和平与发展的时代主题日渐突出。这就使得社会主义国家有可能争取到较长时期的和平环境,并根据和平时期的特点和经济发展的客观规律来进行社会主义工业化、现代化建设。其二,科学技术革命浪潮来势汹涌,科学技术已明显成为“第一生产力”,新的科技成果转化为产品且其产业化的周期越来越短。这种态势客观上要求各国主动把经济建设、经济增长转移到依靠科技进步和提高劳动者素质的轨道上来,要求经济体制具有主动吸纳科技革命成果的能力与活力。其三,社会主义国家或已初步实现了工业化(如一些东欧国家),或已初步奠定了工业化的物质基础(如中国已建立起独立的、比较完整的工业体系),经济建设的内部环境发生了明显的改变。这种情况客观上要求改变以往优先发展重工业和军事工业的单一速度型经济战略，转而实施能够较快提高人民物质文化生活水平的速度效益型经济战略。

面对历史环境发生的上述变化及其所提出的要求，传统的发展模式和体制显然是无法适应的，其根本缺陷和内在弊端也愈益严重和显性化，并成为生产力继续发展的严重障碍。这时，不从根本上改变传统模式就不能解放和发展生产力。由此，传统的模式和计划经济体制的终结就是势在必行、不可避免的了，推动经济体制改革、建立新的社会主义市场经济体制就是必然的了。

就我国的情况来看，经济体制改革的意义是非常深远的。一方面，经济体制改革将从根本上摆脱旧体制对生产力的严重束缚，通过建立社会主义市场经济的新体制，在尊重客观经济规律的基础上合理高效地配置资源，促使企业形成主动吸纳现代科技革命成果、不断创造新生产力的能力与活力的有效机制；另一方面，经济体制改革也必然要求政治体制、社会体制（社会福利、社会服务和社会管理体制等）进行相应的改革，同时在客观上又为整个社会层面的发育和发展以及“亚社区”向现代社区的过渡与转型提供了丰厚的社会历史前提。

之所以说我国的经济体制改革是社会发育和“亚社区”向现代社区转型的历史前提，这是因为：第一，传统的计划经济不可能也不需要催化社会层面尤其是基层社会的发育和社区的发展。在计划经济体制下，为了维护“计划”的权威与效能，政府积极推行单一行政化的政府全能主义是理所当然的事情。这种体制在价值理念上和实践过程中必然遏制社会层面的发育和发展，排斥人口合理的流动、人口的异质化与社会分层，轻视和否定非政府社会组织在整合人际关系上的积极功能,轻视社区在人的社会化与再社会化、社会福利、社会管理及社会民主等方面的积极功能。第二,只有打破了单一行政化体制的新的社会主义市场经济体制,才需要催生社会化与非政府的社会福利、社会服务、社会组织、社会管理等要素的发育和发展,催生现代社区的发育和发展。一方面,市场经济必然要求政府与企业、政府与事业单位在组织的目标与功能上实现合理有序的分工,在制度和机制上明确地实现"政企分开""政事分开"和"政社分开",从而为资源的有效配置和经济目标的实现提供制度与机制的保障;另一方面,市场经济发展所要求的组织功能的合理分工,同时意味着发展社区、建设社区和完善社区之结构与社会功能成为必然,意味着社区必须承接和加强其社会福利、社会保障、社会服务、社会管理、社会整合以及人的社会化等方面的功能。第三,只有社会主义市场经济的发展才能呼吁全社会确立"以人为本"的价值观,重视居民的生活方式与生活质量,启迪居民的社区意识和参与精神。社会主义市场经济要求尊重人的主体价值和社会属性。随着改革和社会主义市场经济的发展,人的属性必然由过去的"单位人"转变为"社会人"。人们享受的社会福利、社会保障与社会服务等,人们的生活方式与生活质量等,同社区的关联度等,均有了不同程度的改善,并已成为社区生活不可或缺的重要组成部分。同时,由于人们即居民在社区中的物业所有权等财产利益获得了普遍的和法律的承认,也由于人们即居民愈益重视自己的社区环境和社区生活质量,所以,居民的社区意识和社区参与精神得以不断地养成和丰富,居民参与家园建设和管理的积极性得以催生与高涨,居民在基层社会中的民主精神也得以养成和高扬。

2. 社会职能分化：社区发展的必要条件

如上所述，经济体制改革和社会主义市场经济的发展，是现代社区在我国得以生成和发展的客观历史前提。没有这个历史性前提，就不可能导致“亚社区”模式的终结，也不可能有我们今天正在从事的社区建设、社区管理和社区发展。但是，有了这个历史前提，并不等于现代社区的模式、体制与运作机制会自动生成。社区过渡和社区发展的实现还需要一系列主客观条件的配合，其中的一项必要条件是，政府、企业、学校、医院、社会团体等各种社会组织所承担的社会职能（与功能）实现合理有序的分工、分化与专门化。

这里所说的社会组织的社会职能，涵盖了政府、企业、学校、医院、社会团体乃至军队等各种组织，是它们在整个国家的经济、政治、文化、社会等各个领域的角色定位以及彼此区别的组织目标、结构、功能和任务等。而社会职能的分化和专门化，则是指社会组织根据社会分工的原则，建构符合自身特点的组织目标与组织结构，扮演特定的社会角色，承担专门化的组织功能与任务。

当然，在不同的历史条件下，社会组织所承担的社会职能及其表现形式的差别是很大的。例如，在原始社会阶段，由于生产力水平极其低下，没有或很少有劳动分工与社会分工，氏族部落既是部落成员群居生活的共同体，又是共同进行劳动的生产单位，也是对外作战的军事单位。也就是说，在这一阶段，氏族部落的组织职能尚处于混沌的、未分化的一体化状态。到了农业社会，由于社会分工的发展，社会组织按农业、手工业、军事、政治等行业或领域开始了职能的专门化过程。即使如此，有些组织仍处于功能重叠、混同的状态，如农村社区中的某些家庭，就既是生产单位，又承担了整合人际关系的一部分政治职能、社会职能和宗教文化职能。而在以市场经济为基础的工业社会当中,与国家、市场、社会相对应的各类社会组织,根据专业化的要求,分别承担着诸如政府行政、大众政治、企业经营、学校教育、科学研究、社会福利、社会服务等各自的职能。在这里,国家、市场、社会三个部门的界限清晰,结构功能均比较发达,互动要求也比较高,隶属于每一部门的组织不能与另一部门的组织产生职能、功能的交叉重叠。作为地区社会的社区(并非社会的边缘地带),它是居民有着自我利益之所在、实现自我生命价值的重要场所,故社区内各类组织所承担的职能也是清晰可见的。

传统模式下的社会主义国家,虽然也处于工业社会时期或正在进行工业化建设,但由于其运作基础是计划经济体制,依赖单一行政化的架构去保障经济发展战略的实现,用政府行政力量和行政标准去统摄工业、农业、商业、教育、科学、文化、卫生等各行各业,统摄农村、城市及基层社会的社区,由此必然混淆国家、市场、社会三者之间应有的界限,并在计划、政府的权威下排斥分属于市场与社会的各类组织职能、功能的专门化。其最突出的景象是,一方面,政府企业化、社会化,即政府不仅是一个规划者、监管者,还是一个直接经营者,直接管理和经营着工商企业、教育、文化、科学、卫生、社会团体等各类组织的运作,政府既是裁判员又是运动员,政企职能、政社职能以及政事职能等混同重叠且严重错位;另一方面,工商企业等各类经济组织及教育、科学、文化、卫生等各类事业单位作为政府的附属单位,按照政府的指令,也承揽了许多社会管理、社会福利、社会保障和社会服务等政府与社会部门的职能,从而成为具有行政、经济和社会等多元功能的相对独立又小而全的“小社会”。计划经济体制下的这种独特的“政企不分”与“政企合一”、“政事不分”与“政事合一”、“政社不分”与“政社合一”的社会组织结构和组织职能，其最直接的结果是弱化了各类组织自身应有的职能，导致了组织功能的畸形发育。同时，这种组织结构和组织职能，因行政化、单位化体制的约束，使得各类利益和资源都集中在政府及其附属单位手中，社区的社会功能极度萎缩。社会成员或居民在社区中既无重大利益需要追求，又无或很少有可以寄托、交流自己情感的社群组织。这样，社区和社会发展的价值、意义自然无从谈起，虽然“人们居住在社区，但利益却在单位；人们生活在一个地域，但却分属不同的利益团体（单位）；人们生活起居于社区，但这里既无政治参与的舞台，也无市场搏击的战场，更缺社会活动的结构和空间。人存在于这样的社区，没有依存感、归属感、休戚与共感，感情上疏远、漠然、实用主义，这都是很自然的。这样的社区只是一个地方，没有社群性，没有团体感，没有同胞爱和情感纽带，是 place，而不是 community”①。

改革是发展的根本动力。在中国，改革和社会主义市场经济体制的建构，决定了社会组织的结构及其功能调整的必要性和紧迫性。

对国家或政府来说，必须按照“政企分开”的原则，剥离以往对企业直接行政式干预和管理的职能。只有这样，国家或政府才能在法律化的轨道上，高效率地关注、促进与规范市场的发育和发展，促进资源的有效配置，建立一个健康有序的和有效率的经济环

---

① 谢遐龄等：《社区居民自治研究》，载《社区发展的理论与实践——上海市社区研究优秀成果汇编》（林炳秋主编），上海交通大学出版社，1999 年版，第 37 页。

境。同时,国家或政府还必须按照“政事分开”“政企分开”的原则,解决以往“政事不分”“政社合一”“以政代社”的体制弊端,剥离掉那些政府不该管、无力管、管不好的具体事务与职能。只有这样,国家或政府才能以立法者与行政者的身份,推动教育、科学、文化、卫生、社会福利、社会服务等各类组织的发育和发展,推动“大社会”的形成与发展。所有这些,意味着政府的“轻装上阵”,意味着政府职能的专门化和效率化。这也是“有所为,有所不为”,“不为”是为了更好地“有所为”之道理的体现。

对企业来说,只有按照“政企分开”“政社分开”的原则,解决小而全的“政企合一”“政社合一”的封闭式行政化体制的弊端,剥离以往所承担的大量的社会职能,才能实现企业职能的专门化,真正成为独立自主的参与市场搏击的主体。从企业身上剥离出来的那些社会控制、社会保障、社会福利、社会服务等职能,一部分应返还给政府,另一部分则应返还给社会和社区。由此,必然要求有更专业化的社会分工体系,要求有功能专门化的社会团体、机构和功能完善的社区来承接这些剥离出来的社会职能。

对教育、科研、卫生、文化等公共事业性机构来说,只有按照“政事分开”“事社分开”的原则,解决以往“政事不分”“事社合一”的封闭式行政化体制的弊端,才能实现事业性机构职能的专门化,从而更好地服务于市场、服务于社会。同样,从这些机构身上剥离出来的一些职能,应分别转交或返还给政府或社会。也由此,必然要求有功能专门化的社会团体、机构和功能完善的社区来承接这些剥离出来的社会职能。

对社会这个相对于国家和市场的“第三部门”来说,经济体制改革、政治体制改革和社会体制改革,意味着社会层面的发育和发展成为必然，意味着第三部门各种社会组织的发育和发展也成为必然。但这种必然性要变为现实性，就必须按照“政社分开”“社企分开”“社事分开”的原则，着力解决以往这些机构数量少、力量弱的问题，着力解决其职能对政府和企事业单位的“依附性”以及“行政化”的体制弊端，着力实现这些组织职能的专门化。只有走向或实现了自身职能的专业化、专门化，第三部门的各种组织才能发展壮大起来，才能承接政府、企事业单位剥离出来的那些社会职能。同时，由于这些组织的活动场所主要在社区，因此，社区的社会职能的发育和完善当是应有之义的了。

总之，经济体制改革与社会转型为社会和社区的发育提供了历史的必然性和可能性，而“政社分开”“企社分开”与“事社分开”的实现，则改变了社会组织原来的全能主义结构与职能，开始成为功能分化和专门化的组织。正是社会组织职能和功能的这种分化与专门化，使得社会层面的发育和社区的发育成为现实。

3. “政社分开”：社会职能分化的核心

在现代社会，分属于国家、市场和社会三大部门中各类组织的职能与功能的专门化及专业化，既是必然的也是必需的。这也是国家、市场、社会三者良性互动与相互促进的必要前提。只有实现了组织职能与功能的专门化、专业化，国家、市场、社会三者之间以及各部门内的组织之间，才能达到良性互动、相互促进和共同发展。而要实现组织职能与功能的专门化、专业化，就首先要求其职能、功能实现分化，解决隐性或显性存在的职能重叠与功能错位问题。从我国的情况来看，需要解决的问题主要是政府职能与企业职能、社会职能的重叠与错位，以及企业职能与社会职能的重叠与错位等。对于社会发展和社区发展来说，解决政府职能与社会职能的重叠与错位问题,实现政社职能的分开,则是各类社会组织职能分化的核心。

如何理解政社职能分开乃社会组织职能分化的核心?

一般而言,工商企业、教科文卫等事业性组织,在政企分开、社企分开、政社分开与事社分开等组织职能分化的问题上都有着内在的积极性与主动性。对于这些组织来说,组织职能、功能的分化与专门化,是其组织目标实现的根本前提。没有这个前提,就没有自己区别于其他组织的特征,就没有符合自身特性的目标定位和运作机制。尤其是在市场经济的环境中,没有组织职能的分化与专门化,那些具备经济、政治、社会等多种职能的工商企业就难以获得和提高自己的竞争力,难以在激烈的市场竞争中立足与生存下去。同样,集多种职能于一身的教科文卫单位及社会团体等事业性组织,如不能实现其组织职能的专门化,就不可能获得和保持组织自身的活力与创新机制,也无法有效地服务于市场、国家和社会。因此,在社会转型时期,在市场经济的大潮中,工商企业以及各类事业性组织和社会团体,势必要求自身职能实现专门化、专业化,要求将政府行政化的职能以及其他与自己角色相冲突的职能剥离出去,从而在整个社会的分工体系中得以轻装上阵,获得持久发展的动力,更好地实现自身的目标。从这个意义上来说,组织职能的分化、专门化与专业化,对企业、事业性组织及社会团体而言,是求之不得的题中之义,不存在利益上的障碍;对社区而言,组织职能的分化和专门化,意味着许多社会职能回归社区的开始,意味着社区社会职能及相关组织发育和发展的开始。

然而,对于政府部门来说,解决"政社合一"的弊端,实现组织职能的分化与专门化,并不是一件轻而易举的事。从理论上来说,政府是经济体制、政治体制和社会体制的规划者、指导者，是改革与发展的重要动力之一。没有政府的推动，改革与发展、社区建设与社区发展、社会福利与社会保障体制的建立等，都是不可想象的。而且，实现政社职能分开，剥离政府原来承担的社会服务职能或直接从事和经营的社会事业职能，将政府行政的全能主义（以政代企、以政代社等）变为单一化的行政职能，既可以减轻政府所承担的经济成本、政治成本和社会成本，又可提高政府的行政权威与行政效率。从这个意义上看，政社职能的分开及其专门化，对政府是百利而无一害的。对于解决这个问题，政府理当有动力、有激情、有能力。但是，在社会转型和社区发展的过程中，在改革旧体制、建构新体制的进程中，一些政府部门的实际运作效果并不令人满意。其突出的景象，一是不愿放弃旧体制下所形成的利益格局和利益机制。政社职能的分开与专门化，意味着政府职能部门的精简、行政权力的约束，这自然会引起某些政府部门及某些官员自觉或不自觉地拖延和阻碍。二是习惯于用行政手段或行政化的机制去干涉、控制各类非政府的社会组织及社区组织的运转。在计划经济时期，各类社会组织依附于单一行政化的政府运作体制是理所当然的，政府以自己的意志代替和支配工商企业、教科文卫和社会团体等组织也是理所当然的。这种旧体制所造成的旧观念、旧习惯和旧文化，在社会转型初期，一般皆具有滞后性，从而成为政社职能分开过程中具有副作用的文化力量。三是担心政社分开以后，一些专门化的社会机构和社区组织难以胜任由政府部门剥离出来的社会职能。在计划经济体制下，政府承揽了本应由其他组织承担的许多职能，政府与其附属单位的关系如同父母与未成年子女的关系。政府像父母那样，总是不放心未成年子女，总是担心他们出什么差错。附属单位似乎是永远长不大的孩子,永远被政府管头管脚管吃管穿,什么都要被管住。即使一所学校要建一座厕所、改建一个花坛或移植一棵树,都必须经政府职能部门批准。在社会转型和社会体制改革初期,政府的这种东方父母式的观念和心态并不会轻易地消失,故对政社分开的体制改革实践总是有些患得患失。

上述景象的深层次原因,在于我国的经济体制、政治体制和社会体制改革尚未到位、尚不彻底。由于改革尚未到位、尚不彻底,加上旧有的思想观念、文化和习惯等因素的影响,政府在社会发展和社区发展等问题上,往往扮演了相当矛盾的角色,即一方面是改革与发展的指导者和推动者,另一方面又习惯用单一行政化的手段去指挥、约束甚至代替非政府部门去做相应的工作。即使是在高度重视社区建设、社区管理和社区发展的今天,情况也是如此。譬如,居民委员会的法律定位是城市居民"自我管理、自我教育、自我服务"的自治性组织。充分发挥居民委员会的自治功能,对于培育社区组织的发展和居民的社区意识,加强基层社会的社会主义民主,密切党和政府同社区居民的联系,降低党和政府的政治成本与社会成本,全面推进社区事业,无疑有着极其重要的现实意义。然而现实的情况是,居民委员会仍然是政府的下属组织。无论是居委会成员的产生,还是居委会主要工作的安排及考核,背后均可发现政府职能部门和街道办事处的强力影响,可见政府行政化职能的威力。此外,几乎所有的居委会成员都知道居民委员会组织的自治性质,同时,几乎所有的居委会成员又都视居民委员会为政府的一个下属组织,且是承担某些政府职能的下属组织。居委会在现实生活中所扮演的行政化组织的角色,与其法律规定的自治组织的角色之间，出现了明显的矛盾和冲突。而这种角色矛盾和冲突，归根到底又是由政府的角色矛盾所决定的。政府职能部门以及居民委员会的角色矛盾，实际上是“政社不分”在今天社区建设实践中的一个写照，是“强政府弱社会”在新的历史条件下的一个缩影。正是这种新的“政社不分”，影响了社区自组织的发育和发展，弱化了居民参与社区建设和发展的主动性、创造性，并且使今天的社区留下了令人遗憾的“亚社区”的尾巴。

总之，相对于国家与市场来说，社会层面的发育和发展，包括社区的发育和发展，有赖于体制改革的深化和各类社会组织职能的分化与专门化，而其核心要求则是“政社分开”，即政府行政职能同社会服务组织、事业性组织及社会团体等的社会职能在分开、分化的基础上，实现各自的专门化和专业化。同时，体制改革的深化和“政社职能分开”的实践，还需理论与思想观念的配合。只有从理论和观念上充分认识“政社分开”的革命性意义，各级政府官员才能成为主动的改革者与创新者，“亚社区”向现代社区的真正转型也才能获得观念与文化方面的保障和支持。这也是笔者一再强调“政社分开”的意义之所在。

三、现代社区的社会功能及其特征

与“亚社区”的单一行政化体制及功能不同，建立在各类社会组织职能的分化和专门化基础上的现代社区，在国家、市场、社会三大部门或三大领域中，有着丰富多样的、积极的社会功能。科学地认识和把握这些社会功能及其基本特征，对于我国的社区建设与社区发展无疑是十分重要的。

1. “社会功能”的概念及其在社区中的应用

从早期的社会学家 A.孔德、H.斯宾塞、E.迪尔凯姆,一直到现代社会学家 T.帕森斯、R.默顿和 N.卢曼以及马克思主义的社会思想家,许多人都非常重视对社会结构、要素、行为等进行功能的分析和研究。今天,功能分析已被社会学界“公认为解释社会研究材料最有成效和最有前途的方法。同时,功能分析又是西方社会学者探索社会稳定的重要理论工具”①。当然,关于“社会功能”的解释,乃仁者见仁、智者见智的事情,存在着不同的见解。概括起来,对“社会功能”主要有以下三种理解或视角:一是立足社会成员需求的满足程度,考察社会制度、组织、文化等的作用和功能,即把“满足需要”作为界定社会功能的尺度;二是立足人们的社会关系,考察容纳于此种关系之中的人际交往的行动、行为的功能;三是立足社会的结构,考察构成社会结构的诸要素的功能以及诸要素相互作用而产生的整体性功能。

此外,R.默顿还将社会功能做了“显在的功能”(显性的功能)与“潜在的功能”(隐性的功能)之区分,以及“正功能”与“反功能”(负功能)之区分。他认为,社会结构之构成要素或单位的功能,既可以是“显在的”(可以意识到和看到的),也可以是“潜在的”(未意识到和未看到的)。例如,小学的显功能之一是使学生打下阅读、计算等学科技术的坚实基础。然而,小学的一个潜功能却是教给学生诸如合作与组织这样一些重要的社会技术。另外,如果社会结构的某一部分阻碍社会需求的满足,则被视为反功能。如果学生们在学校里从其他小伙伴那里学到了社会所不希望有的行

① 宋林飞:《西方社会学理论》,南京大学出版社,1997 年版,第 83 页。

为，那么，学校也就具有了反功能。[①]

应该看到，上述对“社会功能”的三种理解以及 R.默顿对“社会功能”类型的区分，都有着科学的合理性，都有助于人们从不同角度去科学认识社会结构、社会现象和社会问题。重要的是，不应过度强调某种视角而轻视或否定其他的视角。也正因为此，我们认为，可以在综合各种视角、理解的基础上，尝试对“社会功能”做一个综合性的界定。这里，我们的尝试性界定是：所谓“社会功能”，是指社会结构及其构成要素、社会组织以及社会成员的人际关系等在社会变迁、社会运动过程中的现实能动作用，包括社会结构整体对诸要素、社会组织和社会成员个人等的制约作用、促进作用以及需求的满足，也包括社会诸要素、社会组织与社会群体、社会成员个人等对社会结构的稳定与社会进步的现实能动作用。正是这些现实的能动作用，维持了社会的稳定，推动了社会的进步与发展。

当然，本书对“社会功能”界定的价值基础是正面的、积极的。下面所讨论的现代社区的社会功能，也都是从正功能的意义上展开的。

那么，对于地域社会或微观社会的现代社区，包括我们今天正在建设和发展的社区，该怎样来认识和概括其特定的社会功能呢？换句话说，怎样将社会功能的概念和分析方法运用于社区研究与社区实践呢？这里，可从以下几个方面展开讨论：一是应重视研究和发掘社区的整体结构及其诸要素对于宏观层面经济、政治与社

---

① ［美］戴维·波普诺（David Popenoe）：《社会学：第十版》中译本（李强等译），中国人民大学出版社，1999 年版，第 18 页。

会发展方面的积极意义;二是应重视研究和发掘社区的整体结构及其诸要素对于满足社区居民物质与精神生活等方面的意义和功能;三是应重视研究和发掘社区构成的诸要素或各个部分对于社区整体发展方面的现实功能;四是应重视研究和发掘居民的人际互动和社区参与活动在社区建设、社区发展中的现实意义和功能;五是在研究社区的“显性功能”的同时,还应注意发掘和揭示那些尚未受到关注或尚未现实化、显性化的潜在的“隐性功能”。

根据以上思路去研究和认识社区,就会发现,现代社区包括我国目前正在推动建设和发展的社区,的确具有极其丰富的、多元化的社会功能。例如,在满足社区成员即居民的需求方面,它具有社会服务的功能、社会保障的功能、人的社会化的功能、文化的功能等;在人际交往与人际互动方面,它具有社会互助的功能、人际协调与社会整合的功能、社会参与的功能、社会民主的功能等;在国家生活领域,它具有政府行政的功能、社会控制与社会稳定的功能、政治动员和政治参与的功能等。此外,我国目前的农村社区还具有组织和发展经济的功能。当然,在现实的生活与实践中,所有这些功能往往是交叉的,具有很大的包容性,你中有我,我中有你,互为前提,互相促进。

值得注意的是,近年来我国城市的社区建设与社区管理,一般较重视公共设施、卫生、绿化等硬件方面的建设以及政府对社区的行政管理,但对社区的功能开发则重视不够。从发达国家和地区的成功经验来看,只有将硬件建设和功能开发有机地结合起来,才能有效地提高居民对社区的认同感,更好地发挥社区对国家经济、政治和社会发展的积极促进作用。

下面,将重点列举社区在社会服务、人的社会化、社会参与和社会民主、社会控制与社会稳定四个方面的功能及其主要特征。

2. 社会服务功能

社区的社会服务功能，即“社区服务功能”。这里，社区服务是一个综合性的概念，其基本含义是指，在政府的资助和政策扶持下，根据居民的不同需求，由社区内的各种法人社团和机构以及志愿者所提供的具有公益性质的社会服务。这种公益性质的社会服务主要表现为无偿性的服务，以及不以营利为目的的微利、微偿性的服务。至于社区服务的外延，则有狭义和广义之分。狭义的社区服务，主要指面向残障人士、老年人群、遭受家庭暴力困扰的妇女、受侵害的少年儿童、处于困境中的外来人口等弱势群体提供的帮助和服务，以及面向那些回归社会的刑释人员、有不良行为的青少年等社会边缘群体提供的有关帮助和服务。狭义的社区服务，还包括为社区中的烈士家属、现役军人家属等提供的优抚性服务。广义的社区服务，除上述服务工作以外，还包括面向社区全体居民所提供的公益性服务，如计划生育和公共卫生、职业培训与就业指导、体育锻炼与文化休闲等。

社区服务的形式和层次则有专业性服务与非专业性服务之分。专业性的社区服务，是指社会工作者、医护工作者、法律工作者等专业人士，用其专业性知识、方法和技能等向社区提供的专业化服务，如在社区服务中心、社区助老养老机构（如敬老院等）、社区青少年服务机构、社区康复机构等社区组织中，社会工作者运用个案工作、小组工作（团体工作）、社区工作、社会矫治等专业方法提供的助人自助性服务，法律工作者提供的维权服务，等等。非专业性的社区服务，则是指社区内的一些组织和志愿者提供的大众化的、科学与专业知识含量较低的助人服务活动，如帮助孤老和残障人员打扫卫生、洗浴、公园观光、人际沟通、购物等活动,以及在社区公共设施(如图书馆、健身房、健身场等)的利用和管理方面的无偿性或微偿性服务,等等。

具有争议性的问题是,诸如家用电器的修配、房屋的维修、小饮食店的开设、副食品菜市场的开设、家政服务、缝纫理发服务等,能否列入社区社会服务的范畴?对此,我国一些地方的政府,包括城市的街道办事处,一般都持肯定的态度,并且将其列入政府的工作计划和工作业绩。笔者的意见则是:第一,社区社会服务的范畴不应也不能包括上述内容。这是因为,我们讲的社区服务,通常是指那些在社区里开展的具有公益性质的社会服务,是有别于国家和市场的第三部门——社会领域——的特定的活动,是国家无力满足居民多样化的生活需求、市场又不愿以非营利的途径去满足这些需求的社会领域的服务。而上述家电维修、家政服务、缝纫理发、小饮食店和副食品菜市场以及杂货店的开办等,实际上都属于第三产业的范畴,都是市场化的行为,发挥的是市场经济的功能。居民通过市场,完全能够购买到这些服务。这些第三产业的业主,也只能通过市场去提供服务,并追求最大化的利润。概括社区社会服务与第三产业的区别,可以发现,二者的性质不同,目的不同,提供服务的主体和渠道也不同。第二,在社区建设与社区管理中,既要搞好第三产业的网点建设和管理,更要搞好社区社会服务的规划、组织建设、项目建设及资金的投入。不同的是,前者完全可以通过市场经济的体制和机制加以实现,并辅以政府税收政策进行调节;后者则必须通过政府的政策扶持、资金投入和社团组织、志愿者队伍等的共同努力来实现。而且,政府在社区发展上的工作重点也应放在社区社会服务方面。

此外，还需强调指出的是，在社区的各项社会功能中，社区服务是现代社区最基础也是最重要的社会功能。这是因为，社区是居民居住生活和人际互动的共同体，以人为本、满足居民的各种生活需求总是其首要任务。而且，这种公益性的社会服务，受益者不仅是社区中的各类弱势群体和边缘群体，同样包括全体居民。对于社区居民来说，公益性的社区服务与自己有着最为直接的、最为感性的联系。所以，立足社区服务功能的开发，为居民提供优质、完善的专业化和非专业化的社会服务，最大限度地满足社区居民的有关需求，应当成为社区建设与社区管理的中心任务、中心工作。只有搞好了这个中心工作，才能切实改善社区居民的生活方式，提高社区生活的质量。也只有搞好了这个中心工作，才能保持社区这一地域社会、微观社会的稳定，有效地化解居民生活中的许多矛盾和冲突，调动居民参与社区建设和社区发展的自主性与积极性。

3. 人的社会化功能

“人的社会化”是社会学上的一个重要概念，表达了个人与社会之间的一种关系，意指作为生物体的自然人逐步成长为社会人的过程；通过这个过程，个人不断学习和掌握社会生活的经验、技能和社会规范，扮演与自己成长阶段相适应的社会角色，而社会文化也得以承上启下、延续发展。在现实生活中，人的社会化又可大致区分为早期社会化和继续社会化两个阶段。早期社会化，亦称儿童与青少年时期的社会化，是个人学习社会生活、接受社会规范、健全个性与人格、融入社会关系体系的初始阶段。继续社会化则是成人阶段不断社会化的过程，是成人适应社会生活变迁、调整社会关系、提高生存能力、扮演新的社会角色的过程。如从农村涌入城市寻找工作的农民工,城市中已失业或已再就业的职工,到达法定退休年龄而退休的公务员、教师、医生及企业职工等,都有一个继续社会化的任务。此外,由于某一阶段正常社会化过程的中断或失败,也会有一个再社会化的任务。再社会化是一种特殊性质的社会化,通常指对违法的社会成员实施的一种具有强制性特征的教化过程,通过这个过程,违法的社会成员得以重新回归社会,被社会重新接受。

在人的社会化过程中,社区具有怎样的地位和作用呢?

从历史和现实的角度来看,随着社会分工的扩展和人们社会交往的不断扩大,人的社会化的载体和渠道也呈现出愈益丰富多样化的趋势、愈益丰富多样化的特征。学校、工作场所、社会团体、家庭、社群、社区、娱乐场所乃至广播电视、报纸杂志、通信工具等,都成为人的社会化过程的重要载体。尽管大众传媒对人的社会化的影响越来越大,以至“大众社会”“信息社会”逐步成为我们今天社会的一个鲜明的特征,但它们并不能取代社区在人的社会化过程中的地位和作用。事实上,无论发展水平如何,社区仍然是现阶段人的社会化最重要的载体和场所。

之所以强调社区是现阶段人的社会化最重要的载体和场所,主要原因有以下几点。(1)人的早期社会化的场所主要在社区。作为人们居住与生活的共同体,社区对于每个人的早期社会化往往具有决定性的意义。人一来到世上,首先接触、面对和学习的社会经验、知识与规范是自己的父母及其他家庭成员的语言和行为,其次是社区的社会与文化环境以及亲戚、邻居传递的社会信息,再次就是幼儿园、小学和中学生活的学习。离开了这些社区的组织、社群和环境,从自然人向社会人演进的早期社会化是我们无法想象的。也正是因为这些社区组织、社群和环境，儿童和青少年才得以学习、理解和接受社会所普遍要求的道德规范、价值观念、行为方式及其他生活知识与技能，并内化为自己的人格和行为准则等。(2) 在人的继续社会化的过程中，社区也是重要的载体和场所之一。社会总是随科学技术和经济的发展而处在不断进步与发展的历史长河之中。社会的每一次进步、每一次转型，必然要求人们与其相适应，要求人们主动自觉地完成继续社会化的任务。即使是一次工作岗位的调动、一次被资方（企业）的解雇、一次社会角色的重新扮演等生活的变动，客观上也要求人们主动自觉地完成继续社会化的任务。这里，继续社会化的核心是学习和接受与社会进步相适应的新的生活方式和新的价值观，学习和掌握扮演新的社会角色所必需的社会生活知识与技能，不断地调适自己与社会的关系。而社会的进步、转型和变动，新的价值观和生活方式，新的社会生活知识和技能，新的人际关系模式，必然会不同程度地反映在人们的社区生活中，影响和改变着社区的组织、社群、家庭和文化，并通过社区的这些要素及其变化影响着人的继续社会化过程。当然，人们的工作场所、所属的政治与社团组织乃至于社区以外的人际关系网络，皆是继续社会化的重要载体，但社区的重要作用也是毋庸置疑的。(3) 社区是人的再社会化过程中不可或缺的重要场所。由于多种社会因素的作用，某些社会成员的社会化过程遭到失败或中断，成为危害公共利益、公共安全的违法分子与犯罪分子。这就需要对他们进行强制性或半强制性的再社会化工作。通过再社会化，使他们在学习和改造的基础上，摒弃反社会的行为规范，矫治扭曲的思想和行为方式，使他们逐步回归社会，重新做一个合格的社会成员。如对一些不法青少年进行半强制性改造和学习的“工读学校”、对犯罪分子进行强制性改造和服刑的劳动教养所和监狱等,都属于强制再社会化的机构。但是,这些强制再社会化的机构与合格社会成员组成的社会之间毕竟存在着一定的距离和阻隔,再社会化对象接触的毕竟不是活生生的现实社会。当这些违法分子或犯罪分子从再社会化机构出来以后,实际上还存在着一个回归社会、被社会重新接纳的“过渡期”。而这个过渡期实际上也就是继续完成再社会化的阶段。在这个过渡期中,社区无疑是最重要的再社会化的载体和场所,而社区帮教、社区矫治则是再社会化最有效的一些方法。正因为如此,包括我国在内的许多国家和地区,现在愈来愈重视过渡期的社区帮教和社区矫治,甚至把社区帮教和社区矫治的方法引入犯罪分子的服刑期。[①]

其实,人的社会化不仅对个人学习社会(规范)、适应社会、融入社会具有决定性意义,而且对社区精神文明建设、社会控制和社会稳定都具有重要的作用。这就要求我们,高度重视社区在人的社会化方面的功能,充分发挥社区组织、社会群体、专业化机构以及志愿者等在社会化方面的积极作用。

4. 社会参与和社会民主功能

社区建设、社区管理和社区发展,离不开政府的规划、投入、指导、管理等社区行政职能的实现,也离不开广大居民对社区公共事务的社会参与。只有政府的积极性,没有广大居民参与社区公共事务的积极性,那是“亚社区”的特征。现代社区的建设、管理和发

① 2000年3月,笔者曾应邀参观了香港壁屋监狱和壁屋惩教所(负责监管25岁以下的青少年犯)。笔者亲见一些社区社会工作者到监狱进行帮教。而监督(相当于内地的监狱长)则以实物资料介绍说,他们学习了内地的社会帮教经验,定期组织一些轻刑犯去社区劳动,接受社区帮教和社区矫治,效果相当不错。

展，必须重视居民的社会参与和社会民主的精神及实践。

社区的社会参与和社会民主功能，其基本含义是指，社区发展为人们参与社会事务提供了区域社会的场所以及民主建设与民主管理的机会，同时，社区发展也有赖于居民的社会参与和民主管理。积极推动居民的社会参与和社会民主建设，对于提高社区生活质量、搞好精神文明建设和人的社会化，维护社会稳定，从而整体提升社区发展的水平，都是非常重要的。

从实践的观点来看，社区是人们认识社会、参加社会生活的第一场所。人们参与公共事务无疑也应先从社区开始，而参与社区的公共事务正是参与全社会的公共事务和国家政治生活的前提。就这个意义而言，“社区是人们涉足公民参与、学习参与的首要场所，也是人们走向更大、更广泛的公民参与舞台的起点”①。而且，人们参与社区的公共事务，实际上也是在社会领域内开始民主建设、民主管理即“社会民主”的实践。因此，可以这么说，社会参与和社会民主是居民主动介入社区生活与社区管理实践同一事物的不同表述而已，二者紧密关联，不可或缺。其中，社会民主是居民社会参与的内核与价值要求，而社会参与则是社会民主的实践体现，二者集中统一于居民自我管理、自我教育、自我服务的社区自治实践之中。

这里，我们有必要对社区的“社会民主”概念做进一步的界定和解释。

本来，民主是个政治属性的概念，主张的是政治上的自由和平

① 孙慧民：《城市社区发展》，载《上海跨世纪社会发展问题思考》，上海社会科学院出版社，1997年版，第205页。

等的权利。马克思曾对近代资产阶级反对封建贵族阶级的革命给予了高度评价,认为资产阶级革命的胜利是一次政治解放,初步实现了人们在政治上的自由和平等。但马克思也认为,资产阶级推动建立的民主是非常有限的,其政治上的自由与平等掩盖了人们在经济生活和社会生活领域严重的不平等、不自由。他指出,只有无产阶级领导的社会主义,才能真正消除经济和社会领域里不平等、非自由的现象,从而实现政治、经济和社会各个领域中的民主与公正,实现人民群众参与和管理政治生活、经济生活和社会生活的自主权。可见,在马克思眼里,民主绝不仅仅是一个政治概念,它同时又是一个经济概念和社会概念。

总体来看,社会民主是社会责任与社会权利的统一体,既体现了社会成员(公民)对社会发展、公共事务的一种责任,又体现了其享有社会福利与社会保障的权利、劳动与就业的权利、受教育的权利以及参与管理社会公共事务的权利。如果将社会民主概念引用到社区发展中来,那么,它集中体现为居民对社区责任的分担、对社区公共事务的参与以及对社区发展成果的分享。

对政府来说,提倡和鼓励居民的社会参与和社会民主,一方面可以增强居民对政府的信任和支持,有利于实施政府制定的社区发展政策;另一方面则可以将潜在的社区资源发掘出来,成为现实的人力资源和智力资源,并转化为社区建设、管理和发展的强大动力,又可以适度地降低政府在经济、政治和社会等方面的成本支出及可能的风险。

对居民来说,积极参与和民主管理社区的公共性社会事务,一方面可以培养健康的社区意识和公益精神,增进居民之间的关怀与情感交流,消除现代社会常见的人际冷漠、人际阻隔现象,形成感性的、见得着也摸得着的“我为人人，人人为我”的新型社会主义价值观；另一方面，则可以发掘和发挥自己的潜能，更好地体现和实现自己的社会价值与人生意义，塑造丰富多彩、健康向上的生活方式，提升自己和家人的生活质量。

从当前我国社区发展的现状来看，社区的社会参与和社会民主功能的开发或实现情况并不能令人满意。虽然许多城市和农村的社区在建设与发展过程中，在指导思想上都相当重视居民的社会参与，但居民们的社区意识仍普遍淡薄。除退休职工及孤寡老人、残障人士等弱势群体以外，大多数社区居民仍普遍缺乏参与社区公共事务和民主管理的热情与积极性。即使是具有参与社会事务热情和积极性的居民，很多人的参与实践往往带有被动参与的特征，而非以社区主人翁地位及精神状态投入参与实践。

之所以会产生如此令人尴尬的现象，其深层次的原因在于遗留下来的“单位人体制”以及社区发展中的政府“行政权力本位制”仍然发挥着主导作用。

当然，我国社会正处于转型过渡时期，经济体制改革和社会福利、社会保障体制的改革已动摇了长期以来单位制组织体系，社会成员的社会身份正由“单位人”向“社会人”转变。但时至今日，社会毕竟还处在转型过渡期，尚未完成这种转型过渡，社会成员毕竟还处在“单位人”向“社会人”的转变期，尚未完成这种转变。因此，职工的政治身份管理、社会地位的获得或提高主要还依赖于自己的工作单位。同时，职工的许多福利待遇仍有赖于单位提供。在这种情况下，职工更多地认同自己的单位是不奇怪的。

如果说已经受到冲击并正在转变的“单位制”“单位人”是影响居民参与社区公共事务和民主管理的积极性的外在原因的话，

那么,社区建设、管理与发展中的“行政权力本位制”则是影响居民社会参与和社会民主的内在原因。事实上,“行政权力本位制”必然导致“以政代社”“政社不分”,并在客观上抑制居民的社区意识和主人翁意识。近年来,不少地方的街道办事处和居委会设计的社区活动项目,因离居民的实际需求较远,故难以吸引居民参加。即使是面对居委会成员的选举这一事关居民切身利益的大事,一些社区的居民也兴奋不起来。他们并不关心谁当选,也不知道谁当选。为什么?原因就在于目前尚未形成有利于居民自主参与、自主管理的社区体制与机制。笔者曾荣幸地受聘为自己所在社区居委会选举活动的顾问,并作为列席代表观察了居委会成员的选举。选举领导小组的干部(均为小区党支部书记和原居委会成员)非常重视这次选举,三番五次做居民小组长的工作,动员居民代表参加选举日的活动。令人惊讶的是,新当选的 5 位委员竟无一人是本小区的居民,绝大多数居民并不认识他们(虽然他们极其热心社区工作)。很多居民在投票画圈时并无主人翁的感觉。可以发现,“行政权力本位制”的社区组织架构抑制了居民社会参与的机会,抑制了社区民主建设的进步。

我们认为,在社会转型和“单位制”这一外在原因短时期内无法改变的情况下,应着力从社区发展的内因上去面对和解决“行政权力本位制”的弊端,积极构造具有中国特色和本社区特点的、引导居民参与社会事务和民主管理的新体制、新机制。只有这样,我们的社区方能获得可持续发展的根本动力。为了更好地认识这一新体制、新机制的重要性,下面引述的这段推论是不无裨益的:“通过人人参与,创造优美舒适的生活环境,提升人的生活质量,达到人与自然和谐统一,社区才呈现为‘生活共同体’。通过人人参与,频繁的交往与沟通，形成祥和、团结、合作的社会环境，达到人与社会的和谐统一，社区表现为一个‘社会共同体’。通过人人参与，互助共济，构成一种‘我为人人，人人为我’的理想的道德境界，达到人与人的和谐统一，社区又表现为一种‘道德共同体’。通过人人参与，发掘潜力，发挥已能，充分实现人的全面人格的发展，达到人与自己的和谐统一，社区方能体现为一种‘情意共同体’。通过人人参与，提倡奉献精神，实现美好的社会理想，提升人生境界，达到天、地、人相和谐，社区便成为一个‘信念共同体’。”①

5. 社会控制与社会稳定功能

社会控制、社会稳定是同社会秩序紧密相关的两个概念。任何社会，要发展经济、政治、文化以及人们的社会生活，必须保持社会结构的有序性、政策的连续性和发展的协调性，即维护社会自身的秩序，并要求人们尊重和服从这种秩序。而社会控制、社会稳定的着眼点也在于社会秩序。进一步讲，社会控制的目的就是要人们遵从通行公认的社会规范，维护已有的社会秩序。狭义的社会控制是指对不良行为、违法犯罪等反社会行为的控制，广义的社会控制则还包括对影响社会秩序稳定的社会矛盾、社会冲突及其他非稳定因素的控制。至于社会稳定，表达的是社会秩序的保持以及对各种非稳定因素的化解和可控制状态。

社区的社会控制与社会稳定功能，是指社区在维护社会秩序、解决社会问题、化解社会矛盾与社会冲突、控制各种非稳定因素等方面，具有自身特色的结构、地位和作用。同时，社区的这些工作

① “上海‘九五’社会发展问题思考”课题组：《上海跨世纪社会发展问题思考》，上海社会科学院出版社，1997 年版，第 210 页。

做好了,也有利于促进和维护全社会的秩序与稳定。

社区的社会控制与社会稳定功能,首先表现为拥有一套政府行政管理与社区组织相结合的社会控制体系及运作机制。例如,由城镇社区中心的行政执法机关、物业公司聘用的社区保安队伍、居委会的治安员以及志愿者等所组成的社区治安网络,在防范和打击治安案件、维护社区安定安全方面,具有较高的效能。又如,乡、镇、街道等社区普遍建立起来的包括治安保卫、人民调解、法制宣传以及老人、妇女和儿童等群体合法权益的维护工作等在内的社会治安综合治理运行机制,在打击和预防违法犯罪行为、提高居民的法律意识和自我保护能力、缓解与化解民间纠纷和冲突等方面,也都起到了非常重要的作用。

其次,社区的社会控制与社会稳定功能表现为拥有一套社会帮困、社会救助与社会保障体系和运作机制。这一体系和机制,有助于缓解社会不公现象及其引起的社会矛盾,有助于控制潜在的和现实的非稳定因素,从而实现社区的稳定,并促进整个社会的稳定。通过国家的社会保障体系以及各种渠道建立或筹集到的社会救助、社会帮困基金,社区负有保护和帮助社区弱势群体的责任,使他们最低限度地分享经济发展的成果,并与其他社会阶层平等地享有社会发展的成果。这样,可以弥补市场分配的不足,适当兼顾市场发展之结果的公平,保障社会权利的公平,进而维护社会的秩序和稳定。

最后,社区的社会控制与社会稳定功能,还蕴含在社区文化与精神文明建设、社区参与和民主管理、社区服务、人的社会化、社区生态建设与环境保护等社区发展任务之中。也就是说,社会控制与社会稳定绝非抽象简单化的概念,不能仅仅局限于社会治安综合治理等具体事务方面。积极的社会控制与社会稳定，有别于消极的社会控制与稳定，是发展中的控制与稳定。这就要求我们，必须立足于发展，通过社区发展去追求社会控制与社会稳定。因此，只有社区的各项发展事业做好了，居民的生活环境、生活质量提高了，居民的社区归属感、认同感增强了，再加上政府行政的高效化，社区的社会控制与社会稳定才有了坚实的基础，才有了可靠的保证。

第四章　社区发展规划与发展指标

自联合国于20世纪50年代中期倡导以社区发展推动社会全面进步以来,社区发展课题受到越来越多的国家和地区的重视。社区发展实践对各国及地区经济、社会和居民的利好作用,已被越来越多的人所认同。政府部门、社会团体、学者和居民自己介入社区发展的积极性越来越高。尽管不同的组织和个人介入的目的、渠道、手段及方法不尽相同,但根据本国和本社区的特点以及当代社会发展的指标要求,通过国际的比较、区域的比较和社区的比较,从整体发展或项目发展上去设计、规划社区的未来,考察和评价社区的现状或发展结果,已成为研究和实践的基础性工作。对于政府规划与管理部门以及社区工作者来说,厘清社区规划与城市规划(也包括区域规划)的异同,了解社区规划的基本原则与目标要求,掌握规划和衡量社区发展水平的指标体系,无疑是十分必要的。

一、社区规划的特征与意义

我们知道,城市、农村、集镇、社区等都是广义的人类社会的组成部分。然而,从规划的内容与评价的尺度来看,社区规划并不等同于城市发展规划、农村发展规划和集镇发展规划。这里,我们将重点通过与城市规划的比较,来论述社区规划在内涵与外延、行为主体、价值尺度以及功能与作用等方面的特征。

1. 城市规划及其对社区规划的影响

从地域上来看,城市和农村均可划分为一系列大小不等、类型不一的社区。因此,社区发展及其规划与城市、农村的发展及其规划之间有着天然的紧密联系。认识和把握城市发展规划对社区发展规划的影响,有助于我们全面科学地制定社区发展规划。基于这种思路,下面我们先简要介绍一下城市发展规划的基本内容及其特点。

城市规划是城市发展规划的简称,又叫都市发展计划。它是研究和规划城市的未来发展、探索和追求城市的合理布局、综合安排城市建设的总体性计划,是一定时期内城市发展的蓝图以及建设和管理的前提与依据。

城市规划的任务是:根据国家有关城市发展和建设的方针、经济技术政策,国民经济和社会发展长远计划、区域规划,以及城市所在地区的自然条件、历史状况、现状特点和建设条件,科学地制定城市在规划期内的经济与社会发展目标,确定城市的性质、规模和布局,合理地利用城市的土地,综合布置城市的经济、教育、科学、文化、公用事业等各项建设,保证城市可持续地协调发展。

《中华人民共和国城市规划法》[①]于 1989 年 12 月 26 日由全国

---

① 2007 年 10 月 28 日,第十届全国人民代表大会常务委员会第三十次会议通过了新颁布的《中华人民共和国城乡规划法》,自 2008 年 1 月 1 日起施行后,《中华人民共和国城市规划法》同时废止。——编者注

人民代表大会第十一次常务委员会通过,1990年4月1日起正式实施。这是中华人民共和国成立以来城市建设领域的第一部国家法律,标志着我国的城市规划活动进入了法制化的新阶段。该法第十八条规定,编制城市规划一般分为总体规划和详细规划两个阶段。

城市总体规划的主要内容,一是确定城市的性质和发展方向,划定城市规划区范围;二是确定人口现状、人口发展规模和城市用地规模;三是按功能特征确定城市各分区的类型,如工业区、金融商贸区、行政区、公共活动中心、居住区等;四是确定城市交通系统的设施、规模、位置、道路、容量等布局;五是确定和协调城市各项基础设施的发展目标与布局。此外,大中城市在总体规划的基础上,可以编制分区规划,进一步对土地利用、人口分布与公共设施、城市基础设施的配置等做出安排。城市总体规划的期限一般为20年,作为其组成部分之一的近期建设规划,期限一般为5年。

城市详细规划是总体规划的延续和具体化。它以总体规划或分区规划为依据,详细规定建设用地的各项控制指标和其他规划管理要求,或直接对建设做出具体的安排和规划设计。根据规划地段建设用地性质的不同,详细规划又可分为以居民生活为主的小区规划或居住区规划、以第三产业为主的中心商业区规划或商业街规划、以发展金融服务业为主的金融区规划等。然而不管怎样,城市详细规划的核心是建设用地的确定。

为了搞好城市发展规划与城市建设,在制定城市发展规划时,应确立这样的指导思想,即首先必须从实际出发,切实做到与国家和地方的经济社会发展计划相协调,与城市的历史人文地理相协调,与城市自身的经济社会状况相协调。其次,必须坚持保护城市生态环境和历史文化遗产的原则，重视城市绿化、美化、市容卫生等的作用，努力追求城市建设与发展中经济效益、社会效益和环境效益的有机统一，追求城市的可持续发展。

一般来说，城市规划的制定主体是政府，故城市规划是一种政府行为。城市规划一经制定并获得批准，便具有强制性的法律约束力。从我国的情况来看，城市规划实行分级审批制。中央直辖市的城市总体规划，由直辖市政府报国务院审批。省会城市、城市人口达 100 万以上的城市以及国务院指定的其他城市等制定的规划，由省、自治区政府审查同意后，报国务院审批。其他城市和县政府所在地城镇的总体规划，报省、自治区、直辖市政府审批。城市人民政府和县级人民政府在向上级人民政府报请审批城市总体规划前，须经同级人民代表大会或其常务委员会审查同意。另外，城市分区规划和详细规划，由城市人民政府审批。根据城市经济与社会发展的需要，城市人民政府可以对总体规划进行局部调整，如涉及城市性质、规模、发展方向和总体布局等重大变更的，须经同级人民代表大会或其常务委员会审查同意后，再报原批准机关审批。

那么，城市发展规划的制定和实施，同社区规划与社区发展又有着怎样的联系和影响呢？概括来看，这种联系与影响主要表现在以下三个方面：

第一，城市发展规划和社区发展规划在制定的依据和指导思想上有许多共同点。作为城市的一个部分，城市社区在制定发展规划时，在指导思想上也必须从实际出发，切实做到与国家和地方的经济社会发展计划相协调，与城市的历史人文地理相协调，与城市自身的经济社会发展状况相协调。同时，社区在制定发展规划时,也必须重视绿化、市容卫生等工作,努力追求经济效益、社会效益和环境效益的有机统一,致力于社区的可持续发展。此外,还需将国家的经济社会发展方针与政策,以及社区自身的自然地理条件、人口状况、社区建设的现状等,作为社区发展规划制定的重要依据。

第二,城市发展规划所确定的目标、性质、任务及建设项目,是社区发展规划制定过程中必须考虑的区域性前提。由于城市社区是整个城市在区域空间上的组成部分,城市是全局,社区是局部,因此,城市发展规划所涉及的许多内容和项目必然会这样或那样地对社区规划及其实施产生重要的影响。社区规划在制定过程中,应充分考虑城市规划对自己的影响。例如,城市规划中有关交通道路、公共广场、大型标志性建筑、公共绿地或绿化带、排水与排污设施乃至企业用地等方面的具体安排,属于涉及整个城市发展的总体性、系统性规划,故是制定社区规划时必须考虑或遵循[①]的前提条件。又如,城市详细规划中关于各个居民小区的功能定位以及人口、学校、文化活动中心、社区服务中心等方面的用地计划和建设用房安排,既会对某一特定社区的发展规划产生制约性影响,同时也可能同该社区的发展规划在具体内容上具有一定的交叉与融合。

第三,城市规划的近远期计划和项目安排及其实施,对社区建设的某些方面的走向具有一定的导向性。这种导向性体现在对社

① 这里,笔者之所以使用“考虑”“遵循”这两个含义不同的术语,根本原因在于城市发展与社区发展有时也会产生某些利益冲突,有些社区认为城市规划的某些内容损害了自己的利益,从而以“社区行动”来抵制城市规划。在多数情况下,这种抵制行动会被瓦解进而失败。当然,如何协调好城市与社区的利益关系,是城市规划制定过程中须认真对待的一个问题。

区人口的构成、人口的流量、文化的流量、生态环境与社会环境的影响等方面。例如，城市规划关于某一居民区是高档住宅区还是居民动迁区的功能定位，必然引起该居民区人口的文化构成和社会分层的变动。导入高档住宅区的居民往往具有较高的收入和文化水平，社会声望较高，人口的同质性较强。导入居民动迁区的居民，其人口构成则要复杂得多，其社会地位、社会声望和收入水平具有多元化特征，人口的异质性也要明显得多。所有这些变动和区别，都是社区规划必须适应和认真对待的课题，并且可能是社区规划和社区建设形成某些自身特色的客观动因。当然，城市发展规划与社区发展规划的影响并不是单向的。在许多情况下，社区的文化遗产、人口的数量及其构成、社区的发展计划等，也会对城市管理的决策者、城市发展规划的制定者等产生一定的影响。换句话说，社区的历史、现状和未来的发展走向，皆是城市规划过程中需要认真考虑的课题。

2. 社区规划的含义及其特征

相对于城市规划这一全局性的宏观规划来说，社区规划则是涉及城市局部区域发展的微观规划。但是，局部毕竟不是全局，社区规划毕竟不同于城市规划，城市规划也不能取代社区规划的地位和作用。20 世纪 90 年代以后，随着社区建设热潮在我国许多城市的兴起，制定社区发展规划以推动社区建设的重要性，也愈益为人们所认同。许多地方的政府或社区，对社区发展规划的热情也越来越高。然而，由于我国的社区正处在“亚社区”向现代社区的过渡期和转型期，人们对社区和社区规划的认识往往受到了以往“亚社区”体制的影响。因此，要推动社区的良性发展，就必须对社区规划的含义、结构性内容及其基本特征等，在科学理性的层面上加以把握。

我们认为,现代意义上的社区规划是关于一定时期内社区发展的目标、社区发展的框架、社区发展的主要项目等的总体性计划及其决策过程。从内容上看,社区规划主要包括社区服务、社区保障、社区文化、社区卫生、社区环境、社区教育、社区矫治、社区体育、社区安全、社区组织、社区社会工作、社区自治和社区参与、社区管理等方面的要素。从时间上看,社区规划一般可分为1年至2年的近期发展规划和5年左右的中长期发展规划。从层次上看,社区规划又可分为指导社区全面发展的总体性规划,以及社区的专项发展计划。

为了进一步认识社区规划的本质属性和应有的内容,下面我们将通过与城市规划的比较,从社区规划的概念、评价的尺度、制定的主体等三个方面来论述社区规划的主要特征。

第一,就概念而言,社区规划不同于城市规划的本质属性在于其第三部门的特征。前文已述,城市规划这个概念在内涵上涉及的是一定时期内城市的经济与社会发展目标及城市性质、规模和布局的确定,城市的各行各业建设项目的综合规划与安排;在外延上涉及的则是整个城市以及城市与郊区的若干关系。相对于城市各行各业的发展规划、市辖区的发展规划及社区发展规划来说,城市发展规划是宏观性规划,是跨行业、跨区域的全局性规划。至于社区规划这个概念,主要是一个社会的概念、第三部门的概念。这是因为,在现代城市体系中,连接与贯穿各社区的公共道路、交通设施和供水、供电、供气等设施,有线电视网、学校教育网等文教设施,并不具有社区形态或社区所属的独立性。而驻社区的各类工商企业都是独立的法人单位,其对营利目标的追求都是自负盈亏的市场行为，并不承担满足所在社区居民生活需求的责任和道义，社区对企业的经营活动不能也不应该随意加以干预。[①] 因此，社区规划这个概念主要与居民有关，其基本内涵在于地域社会、微观社会的社会发展规划。社区规划在制定过程中，需要考虑城市基本建设、文教设施建设和工商企业活动对本社区的影响，但规划的重点应该立足居民生活质量和社区参与度的提高，制定社区发展的总目标以及一定时期内社区服务、社区保障、社区工作、社区组织、社区民主、社区环境、社区文明和社区管理等方面的具体计划。

第二，就评价的尺度而言，社区规划不同于城市规划。城市规划的评价与检验尺度在于城市的整体发展水平，是城市工业、商业、交通、能源、运输、医疗卫生、科学技术、教育、文化、生态环境等各行业硬件建设的整合。换句话说，城市规划的评价标准、检验标准主要是硬件标准，且是跨部门、跨行业的硬件建设标准，亦即我们通常所说的城市建设水平。至于社区规划的评价和检验尺度，则主要是一种社会发展水平意义上的评价标准和检验尺度，主要通过社区发展的成果来体现，既包括社区组织、居民素质、社区工作等软件建设方面的成果，也包括公共设施及社区环境等硬件建设方面的成果。

第三，就制定的主体而言，社区规划不同于城市规划。城市规划的制定主体、批准主体、实施主体在于各级政府，其操作与实施皆具有一定的强制性，任何人不得随意改变和破坏。社区规划的

---

① 目前，一些人习惯将我国城市的街道经济等同于“社区经济”，这是很不确切的。所谓“街道经济”，只是由区政府派出机关——街道办事处——具体管理的一些工商业经济。一些地方将街道经济的税收超额部分或税收的全部返还给街道办事处，以用于城市管理和社区建设，这实际上是一种政府行为或政府对社区建设的投入，与企业对社区的行为无关。

主体则不同于城市规划的主体。社区规划的制定与批准既可以由政府来承担,也可以由社区居民及其自组织来承担,其操作与实施不具有明显的强制性。也就是说,城市规划一定是政府行为,是政府必须承担的责任,而社区规划既可以是政府行为,也可以是民间行为、非政府行为。社区规划的这一主体性特征,实际上是社区的居民生活共同体这一本质所要求体现的。

3. 社区规划的功能和意义

由于社区主要是一个有第三部门属性的范畴,因此,社区规划的制定、实施及其功能和意义主要体现在社会发展的领域。综合来看,社区规划在现实中的功能和意义是多方面的,但就社区发展本身来说,其功能和意义可概括为以下四个方面:

第一,社区规划是提高社区发展自觉性与能动性的前提条件。社区规划反映的是社区历史、现状及未来走向规律性的认识以及未来发展的基本思路和政策选择,体现了人们推动社区发展的主观自觉性和能动性。因此,在社区建设和社区发展的过程中,政府或社区组织有无科学的规划,情况大不一样。一般而言,缺乏科学的自我认识与规划的社区,其发展进程必然是充满盲目性的自然进程,发展的社会成本与社会代价必然是高昂的。与此相反,具有科学规划的社区,其发展进程在相当程度上则是自觉自为的,用于社区发展的资金和人力资源所形成的社会效益也是最为经济的。从西方发达国家的情况来看,由政府牵头对各个社区进行整体性规划的并不多见,多数情况下,主要由有关的社区组织或社会工作机构自主地制定社区发展规划或社区行动计划、社区工作项目计划等。从我国的情况来看,社区规划是20世纪90年代左右才发生的事情。在"亚社区"时期,由于社区的各项社会功能极度弱化,无论是政府及街道办事处,还是居委会及数量极其有限的一些社会团体,都没有制定社区发展规划的动力和责任。20世纪90年代中期以后,随着社区建设在全国的兴起,社区规划逐步被一些基层政府和理论工作者所重视。一些富有前瞻性的街道社区根据自身的特点和任务,逐步推出了各具特色的社区建设规划或社区工作规划。从现有的资料来看,上海市卢湾区①瑞金街道、普陀区曹杨新村街道于1992年制定的《瑞金街道社区综合发展规划》《曹杨新村街道社区综合发展规划》,可谓我国城市街道社区最早制定整体性社区发展规划的两个案例。从社区规划实施的效果来看,由于目标明确、措施落实注重社区内各项事业的协调发展,故社区发展的自觉性较之以往大大提高,社区建设和发展的质量大大提高。例如,到2000年初,上海市约三分之二的街道社区获得了市委、市政府颁授的“文明社区”称号。当然,我们也应清醒地看到,目前我国城市社区规划主要还是一种政府行为,社区发展的自觉性和能动性主要集中于街道办事处、街道党工委,社区居民和居民委员会在多数情况下只是表现为一种被动性的参与。因此,如何在制度和机制上使社区规划由单一的政府主体行为变为政府、居民和社区组织等的多元主体行为,切实培育和发挥社区发展进程中政府、居民和社区组织等各方面的自觉性与能动性,应成为今后我国社区建设和社区发展必须解决的制度性课题。

第二,社区规划对于社区建设实践和社区的工作实践具有重要的指导作用。在社会转型期,社区人口、社群关系、社会服务、社会保障、社团组织、社区文化等各种社区要素,都处在急剧的变化

---

①　现已被并入黄浦区。——编者注

与变迁过程之中。尤其是在“亚社区”向现代社区转型和过渡的时期,社区建设千头万绪,社区工作纷繁复杂,亟须科学规划的指导。而科学合理的社区发展规划,既可以通过其制定的中期、短期目标和任务去规范和指导人们的社区建设实践、社区工作实践,也可以通过其确定的一定时期内的发展项目和措施去规范与引导社区建设、社区工作进程。此外,科学合理的社区发展规划,还可以通过其一系列发展指标去规范与指导有关的政府、社区组织、社会工作机构和广大居民的社区实践活动。根据社区规划去推动社区各项事业的发展,用社区规划去规范和指导社区发展的实践,既是社区发展良性运行的客观要求,也是社区发展自觉性与能动性的内在体现。

第三,社区规划对于社区结构及功能的优化、社区内外关系的协调和资源的整合等,具有重要的推动作用。以社区发展规律性认识为基础的社区规划非常注重对社区各要素的分析以及各要素之间的合理关系,注重现代社区之社会结构的建设及其功能开发。因此,在社区建设和社区发展的实践中,社区规划无疑有助于促进社区服务、社区救助、社区保障、社区文化、社区教育、社区矫治、社区康复、社区卫生、社区安全等各要素的良性互动与协调发展,有助于社区这一基层社会之社会结构的重建。同时,社区规划也有助于促进社区内外关系的协调和各种社会资源的整合。一般来说,从属于社区共同体的各种社会关系可被称为社区的内关系,即自我属性的关系,如邻里关系、居民之间的关系、社群关系、居民与社区组织的关系、社区组织之间的关系等。这些关系的协调与整合,社区规划及其实施的重要内容,是社区建设与发展实践的重要内容。至于那些和社区有着地域关系但不具有共同体属性之关系的企业、法人社团等,社区规划和社区工作也应重视这些组织的资源性影响以及社区同这些组织的互动关系。这是因为，这些企业和法人社团虽然不是社区共同体的一员，与社区之间没有紧密的利益纽带关系，但它们坐落于社区，同社区有着不可分割的地缘联系，其规模大小、数量多寡、经营活动方式等对社区的环境、交通乃至人际关系都有着这样或那样的、直接或间接的影响，而社区环境的好坏对这些企业、法人社团的发展也有着这样或那样的影响。这些企业和法人社团同社区的关系虽然只是一种地缘性的社会关系，而非逐利性、营利性的关系，但将这种关系的整合利用纳入社区规划和社区实践，无疑有助于社区建设资源的开发和利用，有助于形成所谓"社区共建"的机制。

第四，社区规划有助于增强居民的社区归属感和社区认同感，有助于调动和发挥居民社区参与的积极性和能动性。当然，科学合理的社区规划应充分发挥社区居民的聪明才智，高度重视社区居民的利益诉求、文化诉求、服务诉求及社区参与的价值需求，高度重视居民在社区建设与发展中的主人翁地位。社区建设和社区发展，说到底就是人的发展，即居民生活质量的提高、生活方式的改善、居民素质的提高、人格与个性的发展以及社区参与能力、社会民主能力的提高。因此，科学合理的社区规划及其实施过程，意味着居民在社区建设和社区发展过程中知情权、决策权和选择权的实现，意味着居民的社区参与积极性和能动性的实现与发挥，而这些也必将增强居民的社区意识、社区归属感和社区认同感。

二、社区规划的基本框架

社区建设与社区发展是个复杂的系统工程。作为社区建设和发展的自觉性、能动性反映的社区规划,自然也是一个系统工程。从结构和基本框架的角度来看,社区规划这个系统工程至少应该包括以下四大要件:现实依据、中长期目标、硬件建设项目、软件(含体制、机制、组织机构等)建设项目等。与城市发展规划相比,社区规划最大的不同之处在于:一是其规划的性质与主题是社会发展,或者说围绕社区社会发展这一主题来制定规划;二是不仅要规划硬件建设的目标和项目,还要规划社区发展在体制、机制和组织机构等软件方面的建设目标和项目。可以说,整个社区规划的基本框架都体现了社区社会发展这一主题及根本特征。

1. 社区规划制定的现实依据

凡是科学合理的发展规划,无不具有主客观的现实依据。就社区发展规划来说,其现实依据包括理论认识和现实条件等两个层面的内容。这里的理论认识是指关于社会与社区发展规律性的科学思想和人文精神。依据一定的理论认识而制定的社区规划,实际上体现了一种价值取向、一种社会发展观和社区发展观。这里的现实条件把握则是指关于社区的历史基础、现实状况等客观条件的分析和把握。依据自身的现实条件制定的社区规划,是社区建设和社区发展得以有序推进的客观要求。当然,现实的社区规划的制定过程与实施过程,实际上是一个致力于理论认识与现实条件有机结合的过程。这一有机结合做得越好,社区规划的前瞻性、科学性、可控性、有序性也就越强,社区建设和发展的效果可能更好、水平更高。

对于处在现代化建设和社会转型期的我国来说,为了加快"亚社区"向现代社区的转型和过渡,切实推进社区建设与社区发展,必须将社区规划的制定和实施建立在科学性与现实性的基础之上,亦即建立在科学的理论指导和对现实条件的正确把握的基础之上。这是社区规划对现实依据的必然要求。具体而言,政府、社会工作机构或社区组织在制定社区发展规划时,有必要把握和遵循以下三点要求:

其一,确立和坚持科学的指导思想及人道的社区价值理念。社区是一个地域性的社会,是整个社会的组成部分。社区的建设和发展,各项社区工作,都离不开一定的社会发展理论的科学指导。而邓小平理论这一当代中国的马克思主义学说,则是各级政府和社区组织制定社区规划、从事社区建设与发展实践最基本的指导思想。这里尤其需要将邓小平理论体系中这样一些思想作为社区规划与实践最根本的理论依据,即关于社会主义的根本目的是提高人民群众物质文化生活水平的思想,关于物质文明与精神文明两手抓、两手都要硬的思想,关于发展社会主义民主的思想,关于社会稳定的思想,关于经济、政治、社会、环境等协调发展的思想,等等。虽然这些思想都是宏观性的社会发展理论的内容,但对于社区这一微观性地域社会的建设来说,均具有重要的指导意义,且有助于引导人们确立和坚持富有时代气息的、科学与人道的价值理念,如以人为本的社区发展观和社会工作价值观,以民为本的社区民主观,关怀人、重视人、尊重人的社区道德观,注重人与环境协调发展的社区生态观,等等。坚持和贯彻这些指导思想和价值理念,社区规划及其实践就会获得广大居民的认同和支持,现代社区生活共同体的营造也就获得了科学和人道的基础及氛围。

其二,积极吸取和应用各门社会科学的理论、知识及方法。作为地域性且不断变动发展中的社会,社区建设与社区发展广泛涉及人口、家庭、教育、卫生、文化、环境、劳动就业、社会服务、社会保障、社会治安、社会矫治等社会领域。在这些领域,中外社会科学家们通过社会学、社会工作学、人口学、心理学、管理学、政治学、教育学等相关学科的研究,已获得了许多科学理论、科学知识和科学方法。积极吸取和应用这些理论、知识与方法,于社区规划及其实践不仅是必要的,也是极其重要的。忽视和排斥这些社会科学的理论、知识与方法,社区规划及其实践就会陷入经验主义的狭隘之中,社区建设与社区发展的自觉性也就无从谈起,社区工作的质量和水平也不可能迈上新的台阶。因此,社区规划的制定者和决策者,需要懂得和掌握一些有关的社会科学理论、知识和方法,同时应主动听取和采纳各学科专家的有关意见与建议。此外,应积极研究和借鉴我国香港社区工作的成功模式与经验。到 21 世纪,我国香港在社区工作的本土化与国际化方面积累了许多成功的经验,并形成了富有特色的社区工作模式。我国内地各地城乡的社区建设、社区工作当然也要走出一条本土化与国际化相结合的道路。研究和借鉴我国香港的成功模式和经验,可以避免走不必要的弯路,降低社区建设与社区工作的经济成本和社会成本。

其三,坚持从社区的客观实际出发,实事求是地制定社区规划及其实施方案。社区规划与社区建设当然需要科学理论的指导、科学方法的帮助,也需要从本社区的各方面实际出发。脱离本社区的实际情况而照抄照搬科学的理论和方法,必然犯教条主义的错误,使社区规划成为中看不中用的空中楼阁。只讲本社区的实际情况而忽视或排斥科学理论与方法的指导和帮助,必然陷入经验主义的泥潭,使社区规划及其实践成为缺乏内在自觉性的盲目过程。坚持从实际出发是一个理论联系实际的过程,是真理的普遍性与特殊性相统一的过程,是运用科学的理论、知识和方法制定具有自身特色的现代社区规划及其实施方案的过程，是充分研究和把握社区的历史基础、现实状况、未来发展要求等客观条件的过程。具体而言，在社区规划及其实施方案形成之前，制定者或决策者必须运用科学的理论和方法，对本社区的历史条件有一个充分的认识，对本社区的地域条件、人口要素、社会分层及其需求、文化与道德氛围、人际关系状况、社群状况、各类组织状况、社会治安状况以及社区公共空间和公共设施等现实资源有一个全面的把握。只有对本社区的历史条件和现实资源等客观条件进行科学的认识与把握，才能制定出具有科学性和现实性的社区发展规划及其实施方案。

2. 社区规划的基本原则

社区规划及其实施方案的制定，必须依据科学理论的指导和对社区现实条件的正确把握。理论联系实际是制定社区规划及其实践方案的根本要求。此外，要使社区规划科学化和人道化，还需遵循一些基本的原则。概而言之，这些基本原则主要为以下4项：

(1) 前瞻性原则　所谓前瞻性原则，是指组织或个人在规划发展计划和具体项目时，应充分考虑未来的发展趋势，充分考虑近期发展与未来发展趋势的吻合度和衔接度。就社区规划来说，前瞻性意味着其发展目标、计划等既要反映当前的实际，更要吻合社区发展的未来趋势这个即将到来的实际。也就是说，理性层面上的社区规划，既来源于实际，又高于实际，对社区建设实践具有指导和引导的作用。无论是公共空间等硬件设施的规划与建设，还是社区组织、社区活动等软件项目的规划与发展，既要从现有的条件出发，更要考虑到未来社区人口结构、素质、规模和生活方式的变化,以及这些变化所引起的居民对社区生活的新需求、新期望。由此,规划就应该体现出适度的超前性、战略性,为未来发展留有充分的余地。

(2) 协调性原则　所谓协调性原则,是指任何事物作为一个系统,其良性运行必然要求其内部各个部分或子系统之间处于协调有序的互动结构状态。结构决定功能,有什么样的结构就会产生什么样的功能,协调有序的系统结构就能产生持续协调、高效的功能。就社区规划来说,应该用系统论的眼光,将社区及其各个要素视为母系统及其一个个子系统,每一个项目的建设均应纳入总的发展规划之中,每一个项目的实施应充分考虑到其同其他子系统的互动关系。要围绕满足居民物质生活、文化生活、社会生活等需求这一中心工作,充分考虑社区内人口、环境、文化、组织、制度等各方面事业的协调发展。此外,社区规划也应考虑与城市规划中的某些涉及社区建设的项目的衔接和协调。

(3) 可操作性原则　所谓可操作性原则,是指一定的规划、计划必须具有可以付诸实施的阶段性目标、指标要求、数据要求、工作步骤、应对措施、法律依据及人力、财力和物力方面的条件等。就社区规划而言,可操作性原则体现在硬件建设项目上的要求,就是要求有具体的土地安排、公共设施建设、生态环境建设、资金筹措等社会事业的发展项目以及这些发展项目构成的形态规划;可操作性原则体现在软件建设项目上的要求,就是要求有具体的自治组织、社会工作或社会服务机构等社区组织建设项目、精神文明和社区参与等建设与发展项目,以及这些项目建设的人力资源保证和资金保证。与城市发展规划相比,社区规划在软件建设方面的可操作性要求更能体现自身的社会事业特征。

（4）第三域原则　所谓第三域，亦称第三部门，特指不同于国家领域（公域）、市场领域（私域）的社会领域，包括社会福利、社会保障、社会服务以及大众教育、医疗卫生、文化体育等与人们的社会生活密切相关的社会性事务，以及由这些社会性事务所表现、所要求的人际关系和组织形式。相对于市场领域，第三域或第三部门的基本特征就在于其社会事务的公益性和非营利性，它的组织及其活动“根本上为了社会目的而存在，而并非实现营利的目标”①。相对于国家领域，第三域开展的公共社会事务弥补了政府行政机制的内在缺陷，其组织及其活动具有不同于国家活动的非政府特征。在许多国家，第三域的发展“尽管由政府提供财政支持被认定是关键的，但通常是使用私立的非营利组织去提供由政府支持的服务，这样的结果就是形成了一种复杂的政府和非营利领域合作的模式”②。就我国的社区规划与社区建设而言，第三域原则主要体现在两个方面：一是非营利特征，即规划与建设的项目均应是公共性、公益性的，而街道经济等第三产业的项目不应纳入社区规划；二是社会性特征，即社区规划中的公共服务项目均应由非政府的社会组织、社会团体去实现，即使许多规划项目由政府制定并提供财政支持，政府也不应扮演直接实施者的角色。坚持政社事务分开，是现代社区发展的必然要求，也是降低政府行政成本、提高政府投资社会效益的必然要求。

---

① 迈克·赫德森（Mike Hudson）：《非营利管理》第一章《未被开发的领域》，转引自李亚军、于海编选的《第三域的兴起：西方志愿工作及志愿组织理论文选》，复旦大学出版社，1998 年版，第 54 页。

② 莱斯特·M.赛拉蒙（Lester M.Salamon）：《美国的非营利部门》第一章，转引自李亚军、于海编选的《第三域的兴起：西方志愿工作及志愿组织理论文选》，复旦大学出版社，1998 年版，第 38 页。

3. 社区规划的主要内容

社区作为地域性的社会和居民生活在其中的社会共同体,是一个不断变迁和发展着的复杂系统。从结构与功能的角度来看,包括基本要素体系的发展和支持体系的发展。而作为体现社区发展自觉性、能动性的社区规划,则主要由历史与现状分析、发展目标规划、基本要素体系与支持体系规划等四个层面构成。

(1) 历史与现状分析　历史与现状是社区发展的既得前提和基础。科学地把握和分析社区的历史与现状,是实事求是地制定社区规划的必要条件。立足社区的历史变迁和现实状况,运用调查和统计的方法,对社区的基本要素和支持体系进行指标化的数据统计分析,可以获得对特定社区之发展阶段、发展要素、发展条件和发展水平等的科学认识。没有这种科学认识,就不可能确定既具前瞻性又合乎实际的社区发展目标。

(2) 发展目标规划　发展目标规划是社区规划的总纲,是社区发展实践的指南,是基于社区历史与现状科学分析及对社区发展未来趋势科学预测的结果。社区规划的目标具有长期性和阶段性的双重特征,是长期性目标和阶段性目标的有机构成。长期性目标亦称战略性目标,是对社区发展与建设实践的总指引和总要求,时效一般在5年以上。阶段性目标是社区发展战略性目标的分步骤的体现,是战略目标在特定时间段内的要求和指引,时效一般为1年至2年。此外,社区规划的目标还有总目标与子目标之分。总目标即社区发展的总体性任务,而子目标则是社区诸方面发展的目标和任务,如社区服务目标、社区环境发展目标、社区文化建设目标、社区自组织建设目标等。总的来看,社区发展的目标规划对整个社区的规划和建设具有重要的导向作用,故必须精心设计、科学规划。

（3）基本要素规划　基本要素规划是整个社区规划的主体部分，是根据社区发展的总目标对包括社区居民（社区人口）、社区服务、社区教育、社区文化、社区矫治、社区安全、社区生态、社区参与以及社区组织和中介机构等要素的发展任务的规划。这里，需要强调的有：一是社区人口规划的目标或重点在于居民素质的提高，而非去规划社区人口的数量和年龄结构等；二是社区组织和中介机构的发展也是社区规划与社区实践的重要内容，没有非政府的社区组织和中介机构的发展，就不可能完成“亚社区”向现代社区的转型和过渡，因而当前应重点规划发展或引入职业化与专业化的社会工作机构；三是依据“第三域”原则和社会性原则，不能也不应将市场经济的原则引入社区服务（社区社会服务），由街道办事处、居民委员会等创办的工业企业或第三产业等“街道经济”“社区经济”不能也不应成为现代社区的基本要素之一，社区服务应坚持公益性与福利性相结合的原则；四是根据自治性原则，从我国城市社区的实际出发，应努力规划好有利于社区自治和共同体意识形成的社区参与体制和机制的建设目标。

（4）支持体系规划　社区的支持体系既是整个社区规划的重要组成部分，也是整个社区规划的保障条件，包括社区的管理体制、运行机制、组织结构、道德规范、公共设施与公共空间、政党支持等六大部分。这里，需要强调的是：其一，社区的管理体制由政府行政管理体制和居民自治管理体制两个部分组成，建设现代型社区，不仅要理顺政府在社区中的管理职能和角色定位，更要努力建立具有中国特色的居民自治体制，社区规划应对此予以高度重视；其二，在运行机制的规划方面，应注重社区发展资金良性运作体系的建设,以便争取更多的经费支持,争取最大的社会效益;其三,注重社区道德规范体系的建设,尤其是具有时代特点的、足以调动居民社区参与积极性的道德评价体系和价值导向机制的建设,从而真正形成“社区是个家,大家都来关心爱护它”的文化和道德氛围;其四,积极探索社区建设的政党支持体制。我国的社会主义制度决定了中国共产党在社区建设中的领导核心地位。在坚持中国共产党领导地位的前提下,应积极探索各级各类党组织和在职党员参与社区建设、支持社区建设的新体制与新途径,探索坚持党的领导与支持社区自治管理有机结合的新机制。此外,还应鼓励各民主党派积极参与和支持社区建设的伟大实践。

三、规划与衡量社区发展的社会指标

在现代社会,考察和评估社区的历史与现状、社区发展规划的制定与实施、社区工作的检查与考核,都离不开一定的尺度或标准。这种尺度或标准,就是社区发展的指标体系,或者说是社会指标体系在社区发展过程中的运用。科学地把握社会指标的内涵与功能,积极构建具有时代特征和中国特色的社区发展指标体系,是社区建设与发展实践的重要课题之一。

1. 社会指标思想兴起的背景

有关社会指标思想的形成及其应用,源于社会统计实践和社会现象研究的需要。实际上,人类的文明史就是一部通过社会统计手段获得新的信息、评价社会发展、制定社会政策的历史。早在古代中国、古代埃及和古希腊罗马时代,就有许多围绕人口、土地、徭赋、兵役等所进行的统计活动。不过,古代人们所做的这些基本上还是经验性的简单的数字统计，尚未形成理性的社会指标概念和方法，尚不具备评价现状和预测未来的科学功能。只是到了近代，随着资本主义工商业的发展，作为科学的统计学和社会指标思想在欧美国家逐步形成并发展起来，并且逐步衍生出解释社会现象、评价社会发展、预测未来的多重功能。例如，19 世纪中后期，以恩格尔、克尼斯和梅尔等为代表的德国社会统计学派，极其重视用统计数字去解释社会现象，著名的“恩格尔指数”就是在这一背景下提出来的。1920 年，英国著名的经济学家庇古在其出版的《福利经济学》一书中提出了“边际私人纯产值”和“边际社会纯产值”及“社会代价”等概念，用以说明私人福利和社会福利的关系及公共政策的选择。几乎与庇古同时代的美国著名社会学家威廉·奥格本首开社会指标研究及应用之先河，在其著作《社会变迁》(1922)一书中，在其主编的《美国社会学杂志》(1928、1929)以及其指导的、提交给美国总统的报告《合众国的最新社会趋势》(1933)中，广泛涉及人口、自然资源、发明与发现、劳动就业、公众健康与医疗、娱乐休闲、群体与社区组织、家庭、宗教、种族、妇女、职业、犯罪等领域，并提供了大量的数据。威廉·奥格本认为：“利用对过去的情况及其趋势的精确测量可以大大缩短我们与未来的距离。”①

到了 20 世纪 60 年代中期和 70 年代，全球范围内已形成了一场有众多学者参与研究的“社会指标运动”。这一时期，美国及其他一些西方国家在科技革命的推动下，其经济持续增长，整个社会的物质生活水平也有了较大的提高。一些新兴的工业化国家和地

---

① 威廉·奥格本：《1928 年之社会变迁》，转引自郑杭生等著的《社会指标理论研究》，中国人民大学出版社，1989 年版，第 9 页。

区的经济也开始起飞。在经济发展的同时,这些国家也产生了众多社会问题,如生态与环境污染对经济与社会发展的负面影响愈益突出、种族矛盾与冲突尖锐化、吸毒贩毒现象有增无减、离婚率不断上升、心理与精神疾病患者不断增多、水资源和能源问题日趋紧张等。显然,这些问题仅仅依靠经济的增长是无法解决的,仅仅依靠经济发展指标也是无法科学评估和预测的。要解决这些问题,首先需要形成一种可以衡量、评价社会现实状况和预测未来发展的科学尺度,需要一套有效的社会指标体系。由此,人们方能制定科学合理的发展计划以及有效解决社会问题的社会政策。正是在这一背景下,美欧等西方国家、一些新兴的工业化国家和第三世界国家愈益重视社会问题和社会指标的研究,并纷纷着手构建各自的社会指标体系。而联合国统计处和联合国教科文组织通过社会指标研究的学术交流、进行社会指标应用工作的人员培训以及后来定期开展的年度人文发展报告,也有力地推动了社会指标运动在全世界的拓展。

就我国的情况来说,对社会指标的研究和应用工作是在 20 世纪 80 年代以后才开展起来的。尽管 1949 年以后,国家也组织进行过一些社会状况的调查和统计工作,但使用的方法或指标基本上是经验型的或简单借用别人的。至于对社会指标的研究,直到 70 年代末基本上还是一张白纸。1982 年,国家在编制第 6 个五年计划时才开始真正重视经济与社会的全面发展。1983 年,国家统计局起草了《社会统计指标体系》。在 1985 年出版的《中国社会统计资料》中,共设计了 15 个大类、1 000 多个指标。这以后,国家开始每年出版《中国统计年鉴》,而一些省、市、自治区也编纂出版本地区的统计年鉴。与此同时,学术界也开始重视社会指标的理论及应用研究,并出版了一些较有影响力的著作,如郑杭生等著的《社会指标理论研究》(中国人民大学出版社 1989 年版),何建章等编著的《中国社会指标理论与实践》(中国统计出版社 1989 年版)。许多学者还运用社会指标的理论和方法,帮助一些地方政府或社区编制地方社会发展规划或社区发展规划。随着我国现代化进程的不断深入,经济与社会协调发展的思想、社会现代化的思想愈益深入人心,社会发展指标在评价与衡量社会发展状况、规划与指导未来社会发展中的作用也愈益突出。随着社区建设与社区发展在全国各地的展开,社区社会发展指标的功能和应用也愈益为人们所重视。

2. 社会指标的概念及功能

尽管联合国、各国政府和学术界越来越重视社会指标在社会发展进程中的积极作用,但如何去界定社会指标的含义和特征等,至今并无统一的意见,有关的定义多达数十种。例如,有的人认为任何一种社会统计都是社会指标,更多的人则认为具有普遍社会意义的社会状况的指数方可成为社会指标;有的人强调社会指标所具有的数量特征及其可计量性,有的人则强调社会指标是社会现象及其过程的质量与数量特征的综合性反映;有的人突出强调社会指标作为衡量社会发展状况之尺度的功能,有的人则认为社会指标既具有衡量社会发展状况的尺度功能,又具有预测未来发展及社会后果的尺度功能和影响社会政策的功能。

综合各家的观点,根据“社会指标”在社会生活中的实际功能,我们认为可以给“社会指标”的概念做出这样一个界定,即社会指标是评价与监测社会发展现况、预测未来社会发展及其后果、具有科学量化功能的标准化数据体系,是政府和有关社会组织制定或选择社会政策的重要依据,也是人民大众了解和认识社会现状及其变迁的重要尺度。

由上可见,本书关于"社会指标"的定义,实际上是一个功能主义的定义。那么,应该怎样去认识和把握社会指标的实际功能呢?概而言之,社会指标的功能主要体现在评价功能、监测功能和预测功能等三个方面。

第一,社会指标的评价功能是指其具有比较社会发展状况、衡量社会发展水平的尺度作用。通过一定的社会指标体系,人们可以对一个国家、地区、城市和乡村的社会整体状况或部分状况,进行横向或纵向的比较,从而获得社会发展阶段、状况和水平等的认识及社会政策选择与制定的依据。例如,运用人均订阅图书报刊费用、人均住房面积、人均公共文化设施和公共绿地面积、人口受教育程度、个人健康指数、每百人拥有的职业医生人数、居民闲暇时间的分配等社会指标,将某一地区同另一地区进行横向的比较,就可获得对这两个地区的社会发展现况与社会发展水平的评价性认识;而运用这些指标对某一地区不同历史时期的发展进行纵向的比较,则可认识该地区在特定时期内社会变化或社会进步的状况。对社会指标进行纵向比较或横向比较的结果,是公共社会政策制定或调整的重要依据。

第二,社会指标的监测功能是指其具有对社会运行过程与状态进行描述和监测的作用。社会运行过程和状态既是可描述的,又是可监测的。当然,这些描述和监测需要以人口、家庭、住房、环境、教育、卫生、健康营养、社会安全、劳动就业、社区服务、休闲活动、社会流动、犯罪率等一系列社会指标来进行。由于社会在变迁和发展过程中总是会出现这样或那样的社会问题,故在可控制的范围内对这些社会问题采取补救措施，是政府和有关社会组织的重要课题。这就要求人们根据一定的社会指标，经常性地对社会运行的各个方面进行监测和监控，并及时地、有针对性地采取有效的对策。从这个意义上说，社会指标的监测功能实际上同其“预警功能”是一致的，社会指标实际上是人们监控社会运行状态的一种有效的“预警器”或“报警器”。

第三，社会指标的预测功能，亦称预计功能，是指运用一定的指标对未来社会发展或某一领域发展结果的测算。这种测算表现在两个方面：一是预测可能发生的社会问题，如在20世纪70年代，罗马俱乐部成员根据若干指标及世界各地的表现，预测到不久之后全球许多国家将遇到能源紧张、水资源短缺、土地沙漠化等问题；二是预测未来的发展，即运用一定的社会指标预测未来社会或某一社会领域可能达到的发展状态或发展目标，并根据有关的预测来制定未来的发展计划，例如，根据一个地方人口的规模、结构及增长等具体指标，可以预测若干年内该地初等教育与中等教育的未来需求状态，从而可根据这种预测来制定该地未来若干年内的教育发展计划。总之，运用社会指标预测问题，可使人们及早采取措施，防患于未然；运用社会指标预测发展，可使人们更科学地制定未来的发展计划。

3. 社会指标的特征与类型

由上可见，社会指标具有反映社会现象、评价社会发展、描述和监测社会运行、预测未来发展等多重功能。为了更深入、更具体地了解社会指标的含义及其功能，有必要进一步认识社会指标的基本特征和主要类型。

根据国内外众多学者的观点，社会指标具有具体性、可计量性、可解释性、综合性、关键性等基本特征。下面,分别予以简单说明。

社会指标的具体性特征,是指它不是用一般的、含混不清的名词去反映、概括社会现象,而是用具体明确的,可经验、可感觉到的指标去反映和概括社会现象。与理论、方针、政策和发展目标相比,社会指标的最大特点就在于其特有的具体性。如现代化理论、现代化任务的实现,必须落实到人均 GDP、人均住房面积、每万人大学生数、闲暇时间的分配、公共空间与公共设施的建设等一系列具体的社会发展指标上来。

社会指标的可计量性特征,是指无论客观的社会现象如人均收入、住房、医疗健康、教育、文化设施等,还是人们的心理状态、价值认同等主观的精神现象,都可以用数量概念或量化方法来表达。也就是说,社会指标并不存在能否计量、能否用数量表现的问题,只存在怎样计量、怎么表现和怎么表达的问题。正是这一特点,使得社会指标不同于一般的非数量评价方法。

社会指标的可解释性特征,是指作为一种科学的描述与评价尺度,它具有一种特有的“指示器”作用。这种“指示器”不是对社会现象、社会运行过程机械式、照相式的反映,而是解释和说明并指引人们了解社会现况的标尺。也就是说,社会指标并不等同于社会现象本身,而只是社会现象的替代或替代性解释、尺度性解释,如就业率与失业率指标可用以解释劳动就业状况及其变化乃至整个经济的景气状况,犯罪率指标可用以解释社会安全水平及其变化,等等。

社会指标的综合性特征,是指作为一种科学的评价、监测和预测尺度,它是对社会运行状态与社会现象内在联系的反映、解释和评价,其赖以运用的是综合性的数据,而非个别的、细小的与分散的社会现象的反映、解释和评价。正是在这个意义上,社会指标不同于一般的社会统计数字及其变量,尽管社会指标需要以一定的综合性的社会统计数据为基础。也就是说,并不是所有的社会统计数据都是社会指标,只有综合性的、反映内在联系和本质属性的社会统计数据方能成为社会指标。

社会指标的关键性特征,是指只有那些反映社会运行状态和社会现象的关键性的、有着重要意义的事实与数据方能构成社会指标的要素。实际上,所有的社会统计数据都是对社会现象和社会运行状态的反映,但并不是所有的社会统计数据都能成为社会指标。这是因为,许多统计数据仅仅是对某一个别现象的直接反映或简单复写,属于一般现象性的统计数字,而非能够解释和说明社会本质属性与内在联系的重要事实。人们在衡量和评价社会运行状态与社会现象时,不能也无法运用所有的统计数据,而只能运用那些有着重要意义的关键性数据。

至于社会指标的类型,根据其特定的功能,可以区分为描述性指标,评价性指标,监测性指标,肯定性、否定性与中性指标,客观性与主观性指标以及“投入—产出”指标等若干基本的类型。下面分别进行简单介绍。

描述性指标是对社会运行状态和社会现象的一种简单的叙述。由于这些指标并没有与一定的目标和价值判断相联系,故仅仅具有简单反映事实本身和监测运行状态的功能,并不具备评价的功能。例如,某一社区新建一块绿地及新建一些公共文化设施的具体数据,就是对该社区绿化事业和公共文化事业发展的简单的客观性描述。如果这些数据并不用作纵向与横向的比较,那么它就无法成为评价发展之尺度的数据,而仅仅是描述而已。

评价性指标是人们对社会发展水平和社会运行在某些领域、方面之利弊得失进行诊断或分析的指标,故又称诊断性指标、分析性指标。如根据人均国民收入、每百人拥有的电话和汽车数、每万人拥有的医生人数、每万人中的大学生比例、每万人中的社会服务人员的比例等一系列综合性的评价指标,可判断出一个国家、地区或城市的现代化程度。而犯罪率的高低、青少年犯罪的比例等指标,则可分析或诊断出一个地方或城市的社会稳定状况以及青少年教育工作的状况。当然,评价性指标运用的结果必须通过纵向比较或横向比较才能获得,即通过历史的比较或者现实横向之间的比较才能获得正确的评价结果。

监测性指标是政府和其他社会组织为了一定的目标或任务,对社会、社区或社会组织等的运行状态进行监控和测量的指标。当这些指标显示社会、社区或社会组织运行不足或者发生偏差之时,政府或社会组织等监测的主体就可根据实际情况,采取相应的对策,进行必要的矫治或推动。如环境污染指数、家庭暴力与社区冲突、居民的社区参与度、社会犯罪率、老年人在总人口中的比例等,都可构成监测性指标的要件。

肯定性、否定性与中性指标是三个不同又相互关联的价值判断型指标系列。其中,肯定性指标亦称社会进步指标或社会发展指标,如人均收入增长率、教育经费增长率、人均绿地占有率、人均文化消费增长率等。否定性指标亦称问题性指标,其上升表明了社会负面因素的增长,其下降则表明了负面因素的降低和社会发展成绩的增加,如犯罪率的高低、失业率的高低、自杀率的高低以及社区人际冲突率的高低等。中性指标则是一种介于肯定性指标和否定性指标之间的、很难做出价值判断(好与坏)或者很难形成共识性价值取向的指标,如一国或一地人口的民族构成、人口的性别比例、离婚率高低等。[①] 不过,在实际应用中,中性指标的数目是很少的,大多数指标都可归类为肯定性指标或否定性指标。

客观性与主观性指标亦称非感觉指标和感觉指标,是基于社会指标的主客观属性而做的一种分类。其中,客观性指标、非感觉指标是指表达和表述客观的社会运行状态和社会现象的指标,如有关生态环境、社会福利与社会保障、社会治安、社区公共设施、社区服务、社区自治等方面的指标。主观性指标、感觉指标则是表达人们对客观社会运行过程及社会现象的主体感觉的指标,如不同人群的心理状态、情绪、爱好、愿望、满意度等。长期以来,人们一直比较重视客观性指标的应用。但在20世纪60年代以后,主观性指标的研究和应用愈益兴盛,其对于经济发展、社会进步、政治民主以及政策选择等实践的重要意义也越来越明显,如国民关心的社会热点调查、职业社会声望的调查、大学教育收费的社会心理评价、医疗保险制度改革的社会心理反应、青年择业倾向变化的调查、居民社区认同度与归属感的调查等。

投入与产出指标是经济学上“投入—产出”指标及其理论在社会领域中的一种借鉴或延伸。根据这种理论,社会及其各个领域都可视作“投入—产出”的过程。在这里,投入指标是指在特定的社会运动过程中可发挥作用的“可供资源”,如可用于城市公共绿化的资金、土地、人力资源等。产出指标则是一种结果性的指标,

---

① 事实上,由于人们价值取向的不同,对上述中性指标的理解也往往是不同的,最明显的是,人们对离婚率究竟多高或多低才是正常值,至今无法达成共识。即使是人口的性别比例这一中性的描述性指标,也可被引作说明社会的进步状况。

以评价、测量某一政策或资金投入所形成的结果,如城市公共绿化投入后人均公共绿地面积的增长情况、所产生的生态效应以及公众的反映等。

需要指出的是,社会指标体系的分层、某一领域内指标及模型的设计、社会指标的具体运用(如有关的评价、测量、预测和预警等),在理论和实践中都有着非常丰富的内容与科学的原则要求。对此,本书不可能逐一细述。具有重要意义的是,如何借助社会指标来推进社区发展和社区建设工作。这也是我们下面将要重点讨论的问题。

4. 选择与建构社区发展指标的基本原则

社区发展、社区建设作为整个社会发展的重要组成部分,需要适合自身的指标体系。可以这么说,社区指标或社区发展指标是社会指标在社区领域中的应用,是根据社区发展实际和内在发展要求而总结与建立起来的科学手段。从实践的角度来看,社区指标应当贯穿于社区规划、社区实践和社区评估等社区发展的全过程。从功能的角度来看,社区指标可以帮助人们科学准确地描述社区发展的现状和水平,从而为科学决策提供客观依据;可以帮助政府和有关的社会组织科学分析和预测社区发展实践的趋势及具体走向,从而提供管理与服务的科学依据;可以帮助政府和有关的社会组织及时准确地监测社区发展实践中的一些易变因素,采取及时有效的对策性措施,从而维护社区的稳定和有序发展;可以帮助人们科学地评价、评估社区发展的过程和结果,包括社区的总体发展和各个部分的发展过程及结果,从而更好地总结经验,全面认识发展的现状、成绩和不足,以促进社区健康发展。

那么,怎样来选择社区发展指标?怎样来建构社区发展的指标体系？对此，应坚持以下五项基本原则：

第一，坚持中国特色、本地特色和社区发展一般规律有机结合的原则。这里的中国特色，既包括中国社会主义制度的特色，如共产党领导下的多党合作制、社会主义民主与法制等在社区生活中的体现，也包括中国文化发展的特色。这里的本地特色，则主要包括本社区的文化传统、人口结构、人文地理条件等一系列因素。这里的社区发展的一般规律则是指当今世界各国、各地区之社区发展中的某些共同的规律性特征和客观性趋势，如社区人口的老龄化趋势、社区服务的职业化与专业化要求、社区生活的自治性和民主化等。

第二，坚持社区发展的社会属性。社区是居民休息与生活的共同体，而非追逐利润的市场。因此，社区的性质在于其社会性，而非经济性、逐利性。一般条件下，不能将经济指标作为社区发展的指标来加以使用。诚然，当代社区中几乎都存在数量不等、规模大小不一的工商企业，且这些企业在不同程度上总会这样或那样地同社区的居民及社会组织等产生特定的互动关系。这种互动关系可以列入社区社会发展的考察与评价指标体系，或列入整个社区发展进程来考察，如企业排出的废水、废气或释放的噪声等形成的环境污染、人际关系的紧张等后果，以及环境污染的治理，企业与社区居民社会冲突的化解，等等。也就是说，上述互动关系的性质在于其社会性而非其经济性。

第三，积极推动和促进社区社会发育与发展的原则。这一原则同前述“坚持社区发展的社会属性”的原则要求是根本一致的。众所周知，我国由于长期实行了一套高度集中的计划经济体制和社会管理体制，行政全能主义无所不在，各种社会组织的职能分化与发育进程受到明显的遏制。改革开放为我国社会的转型注入了强大的动力,社会的发育和社会组织的职能分化及专门化成了客观的必然要求。这种客观的必然要求在社区发展实践中的表现是多方面的,如政府职能与社会中介组织职能的分开、社区自组织的发育和成长、居民社区意识和社区参与能力的增长或增强等。因此,社区发展指标的选取和建构必须有利于促进社区社会的发育和发展。根据这一思路,像社区自组织的发育程度(包括其数量,职能专门化程度,居民对其依赖度、满意度等)、居民社区参与程度(包括对社区的认同度,每千人中参与社区公益活动、文化活动、政治活动的比例等)等都可设定为专门的评价性指标。

第四,社区发展指标的可比性原则。在社区规划和社区发展的实践中,社区发展指标体系的建构及具体指标的选取,必须遵循可比性原则,即社区之间的可比性及本社区历时性的纵向可比性。这是因为,社区发展是有规律的过程,这些规律对于每个社区来说均具有内在的客观制约性和普遍的共同性。自觉地遵循客观规律的要求,就能避免走弯路或少走弯路,降低不必要的代价,更好地发展社区、建设社区。社区发展的这种客观规律性,决定了各个社区在选取发展指标、建构指标体系的时候,必须选择普遍具有的发展要素来设计和建构社区指标体系,使得这些指标具有普遍的共同性和区际的可比较性。显然,这种客观的规律性和普遍的共同性,也就是社区发展的某种客观的共同性标准。只有建立在这种客观的共同性标准基础之上的社区指标体系,方能进行社区发展的可比较研究和评价,方能科学准确地在区际的横向比较中与历时性的纵向比较中定位不同社区之不同的发展阶段、发展水平,更好地实现社区发展规划的既定目标。

第五,指标的数量化和计量化原则。作为社会发展的一个部分,作为社区规划、发展和建设的应用性工具,社区发展指标必须尽可能准确地反映、记录和衡量社区的发展变化过程及其基本特征。这就决定了社区发展指标是一种可以且必须用数量来描述、计量和统计的指标体系。换句话说,缺乏数量和统计数据支持的社区发展指标,无法用数量来表示和说明的社区发展指标,就是一种无法应用的指标。因此,在建构社区发展指标体系时,应尽可能地使所选取的指标数量化和可计量化。

此外,像社区发展和建设的整体性与专门性、社区的功能开发与完善、以人为本的社区价值观等,都应成为社区发展指标选取和建构过程中的重要原则或重要依据。限于篇幅,这里不再一一叙述。

5. 社区发展指标体系的基本结构

根据以上几项基本原则和我国社会发展的实际要求,21 世纪初,不少学者选取下列八类指标来建构社区发展的指标体系。这八类指标大体上体现了社区发展指标体系的基本结构。

(1) 社区人口指标,包括人口的自然变动和机械增长情况、人口分布的疏密度、老年人口比重、生育率、人均预期寿命、大专以上文化程度居民的百分比等。

(2) 社区生态环境指标,包括人均绿地面积、绿化覆盖率、垃圾的文明化处理程度、空气质量指数、水污染及其治理程度、噪声污染及其控制程度等。

(3) 社区生活质量指标,包括人均住房面积、人均年收入、恩格尔系数、户均电话拥有量、户均电脑拥有量、户均汽车拥有量、家庭生活燃气化程度、可饮用自来水普及化程度、每万人口商业服务网点数、公共空间与公共建筑配套设施满足程度、物业管理服务的满意度、公益性社会服务的满足程度等。

(4) 社区社会保障指标,包括居民最低生活保障线救助率、享有或参加社会医疗保障的人口比重、特困与孤老家庭的救助和保障情况、残疾人和老年人等的权益保障度、每千人拥有的医务人员数和医疗床位数、军烈属优抚及其满意度等。

(5) 社区社会服务指标,包括每万人拥有的各种社会福利设施床位数、每万人拥有的社区服务专业人员数、每万人中的志愿服务人员数、社区社会服务机构的数量及其专门化和专业化程度、居民对社区专业化社会服务的依赖度和满意度等。

(6) 社区文化指标,包括人均公共图书馆藏书拥有量、公共文化活动场所数量、人均年文化消费支出额、户均电视机拥有量、居民对互联网的利用度和依赖度、居民对社区文化体育活动的参与率、居民对社区文化及体育的满意度等。

(7) 社区公共安全指标,包括刑事案件发案率和破案率、居民纠纷及冲突调解制度化情况、防火措施落实率、家庭防盗设施拥有率、青少年不良与越轨行为的社会矫治情况、刑释与解教人员的再社会化情况、居民对社区安全的满意度等。

(8) 社区自治与社区参与指标,包括社会服务机构在内的各种社区自治组织的数量、居民委员会成员的直选率、各类社区自治组织管理的民主化和自主化程度、各类社区自治组织在社区增权和维权方面的活动情况、居民对社区自治事务的参与率、政府和居民对社区自治组织及其活动的满意度等。

当然,上述八大类指标及其子指标均可采用一定的单位数值来计量和统计。同时,这八大类指标的应用,还可通过社区自身的历时性比较以及区际的比较乃至国际的比较,来获得更详细、更全面的数据资料,从而为社区评价和社区发展的实践提供科学而又全面的借鉴和参考。

第五章　社区管理中的政府角色

社区规划、社区发展和社区建设的实践，需要科学和高效的社区管理。从一定意义上来看，社区规划、发展和建设的过程，实际上也是一个社区管理的过程。随着经济体制改革和社会管理体制改革的不断深入，我国原有的那套“亚社区”的管理体制已不适应社区发展和社区建设的时代性要求，单一的行政全能主义管理模式的合法性和权威性日趋衰竭。与此同时，社会层面的不断发育以及社区组织体系与结构的功能性分化，居民对社区需求度和依赖性的不断增强，使得社区管理的内涵在质变的基础上迅速丰富起来，变政府全能主义管理为政府主导型管理成为社区发展和建设的必然要求。调整政府在社区管理中的角色，构筑政府主导与社区自治相结合的管理模式，成为现代社区管理体制的目标。

一、社区管理范畴的历史性

社区管理是一个内涵相当丰富、外延相当复杂的范畴。由于人们所处的历史条件、文化传统不同，也由于社区的结构、功能和发展水平不尽相同，故社区管理的内涵与外延并不是一成不变的。

也就是说,社区管理是一个历史性的范畴,是一个随着时代变化而不断发展着的范畴。社区管理范畴的这一历史性特点,充分体现在社区管理的性质和要素、实施管理的主体、管理的边界(外延)等不同的方面。

1. 社区管理的属性、要素和对象

顾名思义,社区管理就是(相关主体)对人们所赖以居住和生活的地域共同体进行管理的行为。然而,这只是一种现象性的表述,尚不足以揭示社区管理的内在属性,也不足以说明社区管理的构成要素。对此,有必要从历史进程的角度加以考察。

在人类社会的早期,抑或说在原始社会阶段,人们聚集在一起生活的部落群体可谓社区的最初形态或原始形态。那时,由于生产力水平的极度低下,部落群体的主要任务是通过狩猎或耕作获取食物,通过对异族部落发起战争来获取领地、食物、俘虏(以补充人力资源的不足),通过人口的再生产以繁衍部落群体的后代。与此同时,也由于生产力水平的极度低下,人们在部落内部的分工主要局限于性别、体力强弱等自然属性的分工,极度缺乏社会性的分工,故除了部落群体自身这一组织形态以外,其内部并不足以发育出功能分化的社会组织。因此,如果说原始形态的部落群体社区存在着原始的管理活动的话,那么这种管理活动的内容仅仅是一种简单的生产活动、军事活动和人口生产的管理,且这种管理活动的对象仅仅是部落内部的个人而非社会性的组织。当然,这种管理活动具有鲜明的原始民主管理的性质。

到了原始社会末期,特别是进入私有制的奴隶制社会和封建社会以后,由于畜牧业、农业和手工业分工的逐步实现,由于体力劳动与脑力劳动分工的扩大,由于统一的民族国家的形成,也由于国家生活、经济生活和社会生活等领域组织功能的分化与专门化，形成了城镇(城邦)与农村等两种地域性的社区。其中，农村社区主要表现为自然村社区、集村社区和领主庄园等三种形态。除部分城镇社区(如古希腊时期的城邦)和领主庄园等具有某些分封割据式的自治管理特征以外，大多数其他类型的城镇社区和农村社区由国家直接进行管理，并辅之以基于血缘关系的农村中的家族或宗族管理。管理的要素主要包括经济活动、财产关系、婚姻关系、社群与宗族关系、政治活动和意识形态等方面。此外，人们对土地的高度依赖性，人口的流动性低，人口的同质性极强而异质性较低，使得整合人际关系的社会组织的种类和数量都很少，且主要为家族和宗教性组织。也正因为此，社区管理的对象主要是作为居民及少数流民的个人，也包括家族(宗族)和宗教组织。

当人类进入资本主义社会和社会主义社会以后，由于工业革命和科技革命的推动，社会生产力步入了飞跃发展的时期，社会分工的程度愈来愈细化、愈来愈严密，人际关系愈益摆脱了土地和血缘的束缚，人口的迁徙和流动频率愈来愈高，人口的异质性也愈来愈强。由此，人际关系的社会化、组织化程度大大提高，整合人们的经济关系、政治关系、社会关系和文化关系的功能性社会组织大量涌现。同时，在日益发达方便的交通工具、通信手段和传播媒介的基础上，形成了一个超越社区的“大众社会”，人们的工作、学历教育、社会交往活动等需求及其实现愈益超越地域、社区的局限。但在另一方面，“大众社会”的到来却又凸显了社区在社会福利与社会保障、社会服务等社会发展事务和政治发展方面的作用。例如，人们的房屋财产权的维护与实现、人们的文化休闲与体育健身活动、人们的社会服务需求、人的社会化过程、弱势人群的社会帮助、政党和专业性社会团体的活动范围等，都愈益依赖社区，愈益需要社区。这个时候，社区管理的属性愈益体现为社会性管理以及与此相关的政治性管理，而奴隶制和封建制社会等农业时代社区管理的经济属性则随着经济活动被纳入市场经济体系而日趋淡化。换句话说，在市场经济条件下，社区管理的经济属性日趋淡出社区管理的范畴，社区管理的社会属性由此上升为范畴的核心或中坚，而政治属性则表现为与时代相符合的民主发展与政党政治的态势。因此，那时的社区管理的要素主要表现为社区服务、社区保障、社区救助、社区物业、社区环境、社区公共卫生与保健、社区文化、社区体育健身活动、社区治安、社区风尚及社区增权、社区民主和社区宗教事务等。那时的社区管理的对象也有扩大的趋势，既包括作为社区居民的个人及有关的流动人口，也包括家庭、社群组织、宗教社团、社会服务机构以及介入社区事务的政党及其他政治性团体。

综上所述，可以给社区管理下这样一个定义，即社区管理是一个历史性的范畴，随着时代条件的变化和发展，社区管理的性质（属性）、要素和对象也在不断地变化和发展；在工业化与后工业化的时代条件下，现代社区管理的性质是一种社会事务的管理以及与此相关的政治事务的管理；社区管理的要素或主要内容包括社区社会服务、社区社会保障、社区社会救助、社区物业、社区环境、社区公共设施、社区公共卫生与保健、社区文化、社区体育健身活动、社区治安、社区道德与社区风尚、社区增权、社区宗教事务以及社区社会民主与政治民主等；社区管理的对象则包括个人、家庭、社群、宗教社团、社会服务机构、政党及政治性团体等；社区管理的实践贯穿于社区规划、社区建设、社区发展和社区工作的全过程。

2. 社区管理的主体

任何时代的社区建设和社区发展都离不开社区管理的实践,而社区管理又离不开实施这种管理行为的主体。在不同的时代条件和历史环境下,社区管理的主体是不一样的。但从总的发展轨迹和发展趋势来看,社区管理的主体呈现为由最初的单一性不断走向多重性的历史过程和历史形态。

如前所述,在原始社会的部落群体,由于生产力的极度落后与社会分工的极度低下,人们不得不依赖生产资料及生活资料的公有制来维持生产活动、繁衍后代、抵御外族的侵略和恶劣的自然环境以及整合部落内部的人际关系。在这种情况下,部落群体的管理表现为原始民主基础上的权威式管理,即由部落或成员大会选举产生的部落首领实施单一主体的权威式管理。这种单一主体的权威式管理的实质,在于其原始的民主管理和极度不发达的社会生产力状态。

在以私有制和农业生产为基础的奴隶社会与封建社会,由于土地的买卖和分封,也由于统一的民族国家的形成,原来的部落群体演变为一个个农村社区和城镇社区。与此相应的是,社区管理的主体也开始走向多样化。原始的民主管理传统被某些城邦的贵族式民主所替代,且其在多数情况下已丧失了存在的基础。国家作为管理不同阶级之经济生活、政治生活和社会生活的权威,发挥着至高无上的统治者作用,并且以行政化的权力体系管理着城市和农村的广大社区。某些受分封的贵族的领主庄园则享有部分自治式专制管理的权力。而广大农村中的家族、氏族和宗族,却依赖着血缘关系的传袭,在国家权力之外,对本社区行使着专制主义的统治。这些城邦贵族式民主管理、领主庄园式专制管理和宗族式的专制主义管理(的实施者),一方面和国家一样,都是社区管理的主体实施者,尽管它们的权威性不及国家强大和有力;但在另一方面,它们作为社区管理的不同主体,事实上在同国家争取并享有部分自治的权力,尽管这种自治权力大多表现为专制主义的或是为少数贵族服务的。从历史的进程来看,与原始社会单一的管理主体相比,这一管理主体的多重性态势一定程度上体现了社会的进步趋势。

在以市场经济和现代工业为基础的资本主义社会,由于贫富两极差距的扩大化、人口流动的加快以及若干次移民潮等历史原因,逐步形成了贫富特征明显的社区如富人居住区、贫民居住区,民族或种族特征明显的社区如黑人居住区、犹太人社区、亚裔人社区、唐人街,文化地理特色鲜明的社区如大学圈社区、高尚区、临江或临河式社区等。这些不同社会阶层、不同族裔、不同文化形态的社区,不可能形成或适用单一的社区管理模式,也不可能依赖单一的管理主体来实施社区管理。这样,整个国家和不同社区自身发展的实际需求,使得社区管理形成了分权的态势,并在此基础上出现了多个管理主体。其中,国家主体依据其承担的责任行使着部分行政、司法、道路交通、公共卫生、公共安全以及社会福利与社会保障等方面的管理职责;社区居民自治组织这一主体则不仅享有涉及社区发展规划与目标、社区文化、公共道德建设、社区增权等方面的决策权与管理权,还享有对国家和政府以及专业机构社区管理事务的建议权、监督权和弹劾权;而介入社区发展事务的大量的社会服务和社会工作等专业机构,在接受国家委托或社区委托及其监督的基础上,也承担着对自己从事的专业性社会服务和社会工作事务的管理职责,如老年人服务、残疾人服务、青少年工作、社区矫治工作等。显然,这种多重管理态势和多重管理主体的实践,具有许多突出的历史优势和现实的激励作用:其一,因其初步实现了国家、社区和专业机构的分权,有利于调动各方面从事社区建设、发展和管理事务的积极性;其二,国家因其下放了部分权责,明确了自己管理社区的权责,一方面可以提高对社区管理的效率,另一方面则降低了在社区管理上的经济成本、政治成本、道德成本和社会成本等;其三,社区因其实现了一定的自治,既有利于塑造居民的社区精神、推进基层社会的民主,也有利于监督和推进国家与专业机构在社区发展中的工作;其四,有利于调动社会服务机构、社会工作机构及社会志愿者参与和介入社区发展事务的积极性,从而提高社区工作的职业化和专业化水平,促进居民社区生活质量的不断提高。

至于社会主义国家,由于历史的原因,至今尚未形成一种与现代市场经济和工业化及后工业社会相适应的长期稳定有效的现代社区管理模式,至今仍处在一种初步的探索阶段。尽管如此,但由计划经济体制下国家直接治理社区这个单一的主体,向与社会主义市场经济和社会主义民主相适应的社区管理的多重主体转变,则是一种必然的历史趋势。就我国的情况来看,现代社区的建设和发展尚处于初始阶段。由于现阶段专业性的社会服务机构与社会工作机构的资源性稀缺,由于社会成员的“单位人”属性依然很强,由于居民的社区认同感仍然较弱,也由于社区自治组织资源的缺乏,国家仍然是推动社区建设、发展和管理最重要的主体。然而,在国家这一主体之外,像社区居民代表大会、居民委员会、村民委员会、业主管理委员会等社区自治组织也正在成长发展起来,并开始学习扮演社区管理主体的角色。此外,从政府行政机构、社会事业团体等单位剥离出来的或新建的一些社区服务机构也正在成长起来,其中许多机构正在走向职业化和专业化,并且也开始学习和扮演社区服务与社区管理的主体角色。从这些情况中可以发现一个比较清晰的脉络,即随着我国城乡社区建设和社区发展的推进,随着整个社会要素的发育和生成,像国家(包括行政机构和司法机构)、社区自治组织以及专业性社区服务与社会工作机构等现代社区所必需的三重管理主体的构架已在形成过程之中,且该三重主体之间的权责互动关系也处在初始的磨合阶段。

3. 城乡社区管理的边界

社区管理除了涉及其基本要素、管理对象和管理主体之外,还有一个重要的内容,即社区管理的实际边界或区域范围。事实上,无论是国家对社区的行政管理、司法管理,还是居民的自治管理或专业机构的专业化管理,都存在如何确定其管理的边界或区域范围的问题。

社区管理的边界实际上是由社区自身的边界范围所决定的。每个社区的自然地理条件和人文地理条件都是各不相同的。正是这种不同,可以通过经验的方法告诉人们或者让人们得以辨认某某社区。问题在于,如何科学界定社区或社区管理的实际边界?对此,学术界和管理部门都不乏认识和意见相左的答案。例如,有的人认为小到一个村落、大到一个城市乃至一个国家,都可被视为一个社区;有的人认为,可以将农村乡一级的行政区划和城市街道办事处实际管理的区划作为社区及社区管理的边界;也有的人认为,应将社区及社区管理的边界划定在农村行政村的范围之内和城市居民委员会辖区范围之内。

我们认为,讨论和确定社区及社区管理的边界,只有遵循科学的原则才能获得科学的答案。那么,有哪些原则应成为我们研究和讨论这个问题的基础呢?这里,有必要特别强调这样三个观点。(1)社区是一个微观的地域性社会。人们居住生活的某一区域之所以被称为社区,就因为它是一个微观的地域性社会,并且因其特定的自然地理条件和人文地理条件而同其他社区相区别。如果将社区等同于一个城市或一个国家,那社区的概念就无存在的必要了,科学也就失去客观的基础了。(2)现代社区是一个具有较健全的公共服务设施和服务机构、较完善的整合人际关系的社会组织体系的微观地域性社会。放眼当今世界各国,现代型社区大多有着较好的公共道路、公共图书馆、邮局、文化活动中心、健身中心、卫生保健机构、社会工作机构以及从政府到民间的各种社会组织。(3)现代社区是一个有利于国家、各类自治组织和各类专业化机构进行活动与管理的微观地域性社会。对国家来说,能够有效地行使其行政和司法的管理权责。对社区自身来说,具有相对充裕的有利各类自治组织活动的人文地理空间和人力资源。对各类专业化机构(如环境卫生机构、医疗机构、社会工作机构)来说,能够派出其分支机构并常驻在社区提供专业化服务和专业化管理。

根据以上三个观点,结合当今各国社区发展的实际,特别是我国社区建设与社区管理的实际,可以得出以下四点结论性意见:

第一,既然社区是一个微观的地域性社会,既然各个社区有其特定的自然地理条件和人文地理条件,那么将社区或社区管理的边界确定为一个城市、一个省或一个国家,都是极不合适、极不科学的做法。

第二,既然现代社区是一个具有较健全的公共服务设施和服务机构、较完善的整合人际关系的社会组织体系的微观地域性社会，那么将农村乡镇级行政区划和城市街道办事处实际管辖的区划作为社区或社区管理的边界是比较合适的。如果将边界仅仅限定在农村行政村和城市居民委员会辖区，那显然是不“合适”的。而且，行政村和居委会辖区难以提供必备的人力资源和组织资源，也无法承受相应的财力负担。更何况，如果要求在人口和地域有限的行政村、居委会辖区按照完善的社区形态或社区管理体系来建设，必然造成人力、财力和组织资源的极大浪费。而且，“居委会辖区”的提法并不科学，因为居委会仅仅是社区自治组织的一种形式，如果强调这个提法，实践这个提法，很可能会抑制其他社区自治组织的产生和运行。

第三，既然现代社区是一个有利于国家、各类社区自治组织和各类专业化机构从事活动与管理的微观地域性社会，那么在农村乡镇级行政区划范围内和城市街道办事处管辖的行政区划范围内，相应主体就能够提供相对充裕的地域空间、相对丰富的组织资源和人力资源，并且能够合理有效地利用这些资源。就此来说，将农村的乡镇和城市的街道的行政区划与社区及社区管理的边界统一起来，当是科学的，也是合理的。反之，如果将村和居委会辖区视为社区管理的边界，则并不符合上述要求。

第四，城市中的居委会辖区和农村中的村落当然是我国现阶段城乡社区的组成部分，社区建设、发展和管理需要以它们为基础。但是，这些村落中的绝大部分以及居委会辖区并不具备社区的完整形态，不能也无法提供功能分化和资源整合的社区组织以及社区服务、建设、发展和管理工作。恰恰相反，现代社区的建设与发展应该是跨村落、跨居委会辖区的。只有乡镇社区、街道社区才具备现代社区的完整形态和整体性功能。因此,现代社区的边界应以乡镇社区和街道社区为限。当然,如果需要的话,我们也可以在层次上将社区形态进行通俗的划分,即将乡镇社区与街道社区视为一级社区、大社区,将村级小区与居委会所辖小区视为二级社区、小区(小社区)或子社区。事实上,目前我国一些地方的官员、社区工作者和社区居民,已经在使用这些提法。这些提法通俗形象,有利于居民在感性上认识社区、认同社区,也有利于政府和有关社会团体开展社区建设、社区服务和社区管理工作。

二、我国社区管理体制的历史与现状

社区管理体制,亦称社区管理制度,是由社区发展动力、利益主体、权力结构、运行机制和监督机制等多方面内容构成的综合性、系统性的管理制度。一定的社区管理体制,总是特定的历史环境和时代条件的产物。我国的社区管理曾经长期实行了一套行政全能主义的“亚社区”管理体制。改革开放以后,尤其是进入 20 世纪 90 年代以后,这种体制的弊端才愈益为人们所认识,构建与社会主义市场经济相适应的现代社区管理体制的必要性和紧迫性,才愈益为人们所理解。我国城乡的一些地方通过社区建设和发展的实践,也在社区管理体制的改革与创新上做了许多富有成效的探索。

1. 行政全能主义的“单位人管理”与“地区管理”

行政全能主义的“地区管理”,实际上是我国在计划经济时代所实行的“亚社区”式的管理模式或管理体制。一些社会主义国家在 20 世纪曾经实行的计划经济体制和高度集中的社会管理体制、政治体制，实际上就是现代行政全能主义的重要表现或实践模式，而对职工和农民的“单位人管理”，以及对微观地域性社会的“地区管理”，则是这种模式的重要组成部分。

如本书第三章所指出的那样，改革开放以前，我国城乡的微观地域性社会尚不足以成为现代意义上的社区共同体，而只是人们居住的地区，是一种社会功能萎缩、社会机制发育不良、社区角色不清、居民参与度极低的单一行政化了的“亚社区”。那时，国家对地域社会的管理并不是“社区管理”，而被称为“地区管理”。这种称呼一直到20世纪90年代中期以前还相当盛行。这种现象与我国曾经实行的计划经济体制有着不可分割的内在联系。

众所周知，中华人民共和国成立以后不久，面对严峻的国际环境和“一穷二白”的经济底子，为了维护社会主义国家的生存，也为了在较短时间内建立起较完整的国民经济体系和国防工业，加快生产力水平的升级，客观上要求国家有计划地对全国有限的人力、物力和财力资源等加以集中管理并有效地整合与利用。正是在这一历史背景下，国家通过行政权力体系和计划控制手段统揽了经济领域的管理权，建立起依靠计划控制手段配置经济资源的、高度集中的计划经济体制。与此同时，为了保证计划经济体制的有效运转，必然要求人们的政治生活和社会生活的管理体制与计划经济体制相匹配，要求采取高度集中的政治体制和社会管理体制。由此，政府作为国家利益的代表，也就成了组织和管理经济、政治和社会生活的唯一主体，当然也就成为地域社会管理的唯一主体。至于各类工商企业、事业单位和社会团体，包括农村的人民公社和生产队，实际上都成为执行政府计划与意志的“附属单位”。在这种情况下，国家或政府的行政权力与职能走向“行政全能主义”也就是十分自然的了。

国家行政全能主义的支配地位,体现在人们的经济生活、政治生活、文化生活和社会生活等各个方面。在通常情况下,这种支配地位又总是通过人们的工作单位来实现。由此,产生了一种特殊的"单位人"现象。所谓的"单位人"现象,就是在整个国家高度行政化的体制框架内,国家通过职工所在的单位实现对公民的社会管理、社会服务、社会福利与社会保障等,通过农民所在的生产队①实现社会的管理以及社会保障(如一度存在的"赤脚医生"和统筹医疗制度、"五保户"制度)等。单位在这里不仅成为国家与民众现实关系最重要的中介体,同时也成为职工与农民的身份、地位及人身依附关系最重要的载体。对于职工和农民来说,单位不仅是他们工作谋生的基本场所,也是他们获取社会支持和社会保护最基本的场所。也正因为此,他们对于自己所属的单位有着高度的依附性与依赖性、强烈的认同感与安全感,而对于自己的居住地则始终无法生成社区归属感、社区认同感和社区意识,当然也谈不上居民意识。

那么,在高度行政化的体制框架内,国家对于人们的居住地这一微观地域社会又是如何实现其全能主义的支配地位的呢?其时,国家在体制上采取的是"地区管理",而非"社区管理"。对此,大体上可从三个层面来看。其一,地方政府的基层组织对于没有工作的城镇非在业者、丧失劳动能力的残疾人、无子女赡养的孤寡老人以及军烈属,既提供基本的社会救助、社会保障等社会支持,

① 我国改革开放以前的农村生产队尽管是集体所有制的经济组织,理论上应有发展经济的自主权,但实际上却受控于政府的行政化体系。从这个角度来看,生产队也是一种"单位"。

又进行直接的社会管理。其二，通过城市政府的有关职能部门、街道办事处这一政府派出机构、居民委员会这一居民组织，对在业者、非在业者、在校学生等所有的居民及其居住地进行计划性极强的地区管理。其内容主要表现为流动性极差而身份特征极强的户籍登记与户籍管理、社会治安管理、计划生育管理、环境卫生管理、刑释与劳教解除人员管理等。其三，通过政府的有关职能部门和人民公社这一政治、经济、军事、社会、教育等多项职能合一的准政府机构，对农民进行计划性极强的地区管理，且其内容与城市地区管理的内容有颇多的相同或相似之处。

上述行政全能主义的“单位人管理”和“地区管理”现象，凸显了国家或政府在人们的经济生活、政治生活和社会生活中无所不在、无所不能的地位和角色，反映了当时的政府和民众一样也没有生成社区意识以及管理现代社区的能力，说明了在行政全能主义的体制下，人们的居住地只能是一种“亚社区”而非现代型社区。

2. 社会转型期社区管理的体制性矛盾

如果说在计划经济年代，在整个国家高度行政化的年代，不可能形成现代意义上的社区结构、社区发展和社区管理的话，那么在改革开放和社会转型期的今天，改革行政全能主义的旧体制，推动现代社区的生成和发展，就是一项紧迫的必然性任务了。然而，社会转型期意味着旧的体制弊端尚未革除，新的体制又尚未建成，意味着社区建设、社区发展与社区管理尚处于新旧体制的矛盾之中。着力解决这种体制性矛盾，既是一项艰巨的任务，又是一门操作性极强的艺术。

何谓社会转型？一般而言，社会转型是指社会的动力体制、结构形态、发展模式与体制由传统向现代的转变，不过，社会转型有广义与狭义之分。广义的社会转型包括经济、政治、文化、科学技术、教育及社会等“大社会”意义上的全面转型。狭义的社会转型则是指社会福利、社会保障、社会管理、社会控制等狭义社会概念层面上的变革或形态变化。

我国的社会转型是同发端于20世纪70年代末的改革开放紧密联系在一起的。社会转型的基本内容和目标在于,实现计划经济体制向市场经济体制的转型,传统农业社会向现代工业社会和后工业社会的转型,传统封闭的单一行政化社会向现代开放的功能分化的多样化社会转型。无疑,人们的居住地这一微观地域社会从“亚社区”向现代社区的转变,是传统封闭社会向现代开放社会转型进程中极其重要的组成部分。

如前所述,在计划经济年代,整个国家处于高度集中的行政化之中。国家通过其行政体系对经济、政治和社会生活等实行全能型或单一行政化的管理,而企业、学校、医院、文化场馆、农村生产队等社会的基础组织,不过是附属于政府的一个个单位,是实现政府全能主义管理的基点。单位制或单位人的管理,可谓政府全能主义管理的主渠道,而地区管理实际上是对单位制管理的一种补充。由此,现代社区的内在价值淹没于行政全能主义单位制管理的汪洋大海之中,现代社区的社会功能根本无从实现。然而,在经过了70年代末到90年代初约十多年的经济体制改革以后,随着90年代以来经济体制改革的深入,我国的社会转型开始由单兵突进的经济领域改革向社会领域改革拓展与延伸,从而产生了社会福利、社会保障、社会管理等一系列的改革。

社会领域的转型与改革,打破了行政全能主义的绝对支配地位,客观上提升或凸显了社区的内在价值及其与人们的内在联系,并为现代社区管理新体制的营造奠定了坚实丰厚的基础。其一，随着经济体制改革的深入和现代企业制度的建立，企业开始改变"政企职能不分""社企职能合一"的单位制架构，开始剥离原来承担的大量的社会服务、社会保障与社会管理的职能，还这些职能于社会、社区。换句话说，现代企业制度的建立必然要求社会与社区的发育与之相匹配，要求不断发育成熟的社会及社区能够承担企业剥离出来的那些社会性职能。其二，与现代企业制度要求相似的是，市场经济的发展也要求教育、科学、文化、卫生等事业单位按"政事职能分开""事社职能分开"的原则，将原来承担的社会服务、社会保障和社会管理等职能剥离出来，使其回归社会和社区。其三，市场经济的发展和教育、科学等事业的发展，要求政府为其营造适宜发展的体制性环境，要求革除行政全能主义，要求重新构造政府与企事业单位的合理性关系。因此，作为管理者的政府，应适时地改变原来的全能主义角色，按照"政企分开""政事分开""政社分开"的原则，将属于企业、事业单位和社会团体及社区等的职能剥离出来，使之回归本来的角色。这一剥离与回归的过程，一方面促进了市场经济的发展，另一方面则促进了社会与社区的发育和发展。其四，随着市场经济的发展，随着人们由"单位人"向"社会人"的转变和过渡，人们的生活方式、行为方式和社会需求必然趋向多元化，人们与社区的联系也愈益紧密。人们不仅要求社区为其生活质量的提高、人的社会化和继续社会化的实现以及社会福利、社会保障与社会安全等提供可靠的社会支持，同时也要求社区能够成为他们参与各种社会事务、实现不同社会价值的重要场所或重要载体。

事实上，自 20 世纪 90 年代以来，我国的社会发展长期滞后于经济发展的局面开始扭转过来,社会发展不仅成为经济发展的重要保障,而且也成为我国现代化事业的基本任务之一。正是在这种历史背景下,经济与社会的协调发展、建设可持续发展社会的思想和理念开始为人们所普遍接受。也正是在这一背景下,现代社区的建设与发展在我国的广大城市和一些乡镇掀开了崭新的一页,社区的内在价值和重要功能终于被越来越多的人所认识。

当然,社区建设与社区发展包含着社区管理,社区建设与社区发展的进程也是构建社区管理新体制的过程。不过,由于我国目前仍处于社会转型期,我们是在社会转型期从事现代社区的建设与发展工作的,这一背景决定了我国的社区建设与发展不可避免地存在着新旧两种管理体制的矛盾,决定了政府在社区管理中角色冲突的难以避免。科学认识这一体制性矛盾和角色冲突,对于有针对性地改革旧体制的弊端,解决政府角色扮演上的冲突,科学理性地推进社区建设与发展的实践,无疑是极其重要的。

概括来看,当前我国社区管理的体制性矛盾主要表现在以下三个方面:

第一,单一行政化的管理主体与多元化管理之现实需求的矛盾。在计划经济体制下,政府作为全社会利益的唯一合法代表,自然可以对全社会实施单一行政化的全能主义管理。但在市场经济条件下,随着“单位人”向“社会人”的转变,逐渐形成了具有不同利益需求的个人主体以及组织化的新的利益主体。这些个人和组织,已经不再是政府的附属单位和具有人身依附关系的个体。这些个人和组织,由于身在社区,利益上与社区的关系愈益紧密,因而自然地有着表达自己的利益诉求和参与社区管理的内在需要、内在冲动,有着营造社区自治管理新体制的强烈愿望。但在另一方面，尽管政府通过“单位”全面干预社会生活的地位和职能有所弱化，但因囿于政府部门自身利益的考虑，加之出于对社会稳定的担心，政府作为单一行政化的管理主体在社区建设与社区发展的实践中却不同程度地得到了强化。这种单一行政化管理主体和社区自治组织与居民个人参与社区管理之多元化需求的矛盾，通常以牺牲社区自治、强化政府职能之权威为解决问题的代价。而政府权威的强化，无不要求政府承担更多的经济成本、政治成本和道义成本。这既不利于新时期政府权威之合法性的塑造与维护、行政效能的提高，也不利于现代社区管理多主体的有机构成及其所属社会资源的有效配置与利用，不利于居民和各类社区组织之多方面社会需求的满足。

第二，政府行政体制在社区管理中“条”与“块”之间的矛盾。这里的“条”是指行政权力的纵向体系，亦即各级政府职能部门自上而下的运作和管理，如民政、公安、司法、环境卫生、文化等依据各系统上级部门对社区实施的管理。这里的“块”则是指行政权力的横向体系，亦即在街道社区、农村社区、集镇社区等基层社区层面上政府或其派出机构的综合运作和横向管理。在计划经济体制下，政府对地区的管理是以条为主、以块为辅，街道办事处及乡、镇政府的权力相当有限，故在地区管理上，条块之间的矛盾并不突出。在市场经济条件下，随着城市现代化、农村现代化及乡村城市化（如小城镇建设）进程的加快，随着现代社区建设和发展事业的推进，各级政府及其职能部门下放权力以强化基层政府（包括街道办事处）的权力及其管理能力成为必需。上海以及其他一些城市所实施的“两级政府、三级管理”体制，就是这种权力重组实践的范例。尽管如此，但因现代社区的建设与发展毕竟还处于起步阶段，适应社区发展的新体制尚处于探索阶段,且新体制又不得不依靠原有的行政组织去实现,因此,政府行政架构中的条块矛盾就无法避免。政府行政在社区管理工作中的矛盾,最突出的表现就在于条块分割、各自为政、相互扯皮、缺乏协同与相互制约机制。尤其是某些上级政府的职能部门,或囿于本部门的利益而不服从基层政府(包括政府派出机构)的协调工作,或因脱离社区的实际而随意行政,以致该管的不管,不该管的强管,管了的又管不好。至于"块"上的综合性行政权力机构,特别是城市街道办事处,则因法定的管理职能和权力的有限性,往往很难有效地协调各个"条"在社区管理上的工作。这种体制上的条块分割与矛盾,必然降低社区行政管理的效能,造成行政资源的浪费和行政效率的下降。

第三,社区建设实践中政府行政机构在组织职能上的"政社不分""政社混淆"的矛盾。这里的"政",是指政府在社会服务、社会福利、社会保障以及社区文化、社区自治与社区民主、社区环境、社区安全等社会事务方面承担的依法行政的管理职能。这里的"社",则是指由专业机构、专业社团、社区自治组织等非政府组织所承担的社会服务、社会福利、社区文化、社区环境、社区自治等社会事务的事务性职能。在一个相对成熟的工业社会里,在现代社区中,政府对社会事务的发展具有义不容辞的职责。但是,这种职责并不等于由政府部门直接开展那些事务性工作(如环境卫生、社会服务、社区文化以及志愿者活动等)。在绝大多数的情况下,按照"政社职能分开"的原则,政府只是通过政策导向和项目竞标及过程管理等形式,将社会性事务交由或委托给专业机构和专业社团等非政府组织去经营、去实施。结果就形成了"小政府、大社会"的格局,即政府机构既精简又高效,而各种专业化机构和社团则相当发达；政府与非政府组织之间既分工又合作，处于一种良性互动的状态和不断追求双赢的过程之中。然而，由于我国社会尚处于转型期，在现代社区建设与发展的初期，新旧两种社会管理体制的共存现象难以避免。其突出的景象是，一方面，随着社会主义市场经济体制的逐步建立，政府和企业基本上接受了“政企分开”“政社分开”与“企社分开”的原则，由此弱化了政府对企业的经营活动的直接干预能力，改变了政府和企业包揽“单位”社会事务的状况，由此引发和促进了政府、市场和社会等三大领域结构与功能分化的新格局；另一方面，与政府从企业这个单位中较顺利地剥离或退出经营职能和社会事务职能的情况所不同的是，政府在社会领域和社区发展中至今未能较好地实现“政社分开”，而仍然沿袭了行政全能主义旧体制的一些做法，对许多社会领域尤其是社区发展中的一些社会事务进行统包统揽或直接经营，如直接组织和管理志愿者协会、直接经营和管理社区服务中心、直接认定某些专业或行业工作人员的资质、直接领导和管理居民委员会等。这些做法的实质在于，将政府的行政职能与非政府组织的社会职能相混淆，并将两种不同性质的职能集于政府一身。其后果必然是既降低了政府的行政效能，又遏制了非政府组织这一社会资源的发育和成长，从而延缓了“亚社区”向现代社区转变的进程。

3. 当前政府角色的越位与缺位现象

毋庸置疑的是，改革与发展，建立社会主义市场经济，培育和催生各类社会要素与非政府的社会组织，推进现代社区的建设，都需要转变政府的职能，需要政府的主导、介入和推动。离开了政府这一代表公共利益的公权主体，就不可能有秩序，当然也谈不上发展。正因为此，需要我们正确地认识政府在社区建设与发展实践中的应有角色。

前文曾经指出,政府、居民自治组织和介入社区事务的专业机构等构成了现代社区管理的三个主体。然而,由于三者的权威性与职能各不相同,故所扮演的角色也不尽一致。就居民自治组织而言,其权威的合法性仅仅源于本社区的部分居民或全体居民;就介入社区事务的专业机构来说,其权威的合法性分别来自其管理的专业化水平、政府或居民自治组织的授权;就政府而言,其权威的合法性则源于其所代表的跨社区、跨部门的公共利益,源于其所代表的社会秩序。比较而言,在社会转型的今天,在社区建设与发展的起步阶段,由于人们的"单位人"属性并未获得根本性的改变,对社区的归属感和参与度都较弱,故决定了居民自治组织动力源和权威性的不足;由于原来社区内部非政府的社会资源甚少或几乎没有,而现阶段这些非政府的专业性社会组织又刚刚处在发育和开发阶段,无论是组织的数量还是有关的人力资源都还相当稀缺,故其在社区中的熟悉度和权威性也相当不足;由于政府拥有较充裕的财力、物力、人力和行政权力的资源,加之居民自治组织和非政府的专业性、社会性组织的资源与权威不足,故政府成为现阶段现代社区发育、建设和发展的主导性力量,就是理所当然的了。

那么,作为公共利益的代表,作为现代社区建设、发展与管理中的公权主体,究竟应如何理解和把握政府的角色定位呢?可以这么说,以下两点意见是至关重要的:其一,要按照"政社分开"的原则要求,改革旧的行政体制与机制,转变政府的职能,剥离那些原本属于非政府社会组织应具备的社会职能,恢复政府作为社区发展中的组织规划者、裁判者与执法者的行政管理者的应有角色;

其二,要适应社会发展和社区发展的实际及未来趋势,在转换角色的同时,及时在社区行政管理的职能体系中补充新鲜血液、注入新的职能,如作为培育者积极培育志愿者协会、互助群体、专业社会工作机构等社会组织,以完善政府的行政职能,切实推进社区发展。

但是,从现阶段社区建设、社区发展的实际来看,作为社区管理的公权主体和公共利益的代表,政府在其角色的扮演和行政职能的行使过程中也存在着许多不容忽视的现象或问题。概而言之,这些现象或问题大体可归纳为两种类型:角色与职能的越位、角色与职能的缺位(不到位)。

这里,先来看“越位”问题。所谓政府角色与职能的越位,乃一种通俗的说法,其实质是指政府在行政过程中超越了其本来的职能与权限,是超职责、超权限的行政过程。在社区建设和社区发展的实践中,政府特别是街道办事处的这种“越位”问题在目前还是很常见的。最突出的现象主要表现在这样三个方面:一是“以政代社”,承揽了过多的应由非政府社会组织所承担的职能,如直接组织和承办了不少社区内的文化活动、公益性慈善活动、志愿者活动、科普活动等;二是习惯于计划经济时代的传统做法,自觉或不自觉地将非政府社会组织当作依附于政府的附属单位或下属单位,并且直接干预这些组织的自主权利,如将对居民委员会的指导责任变成了领导责任,且直接管理居委会的日常活动;三是在财政安排上的某些“过度投入”,如社区服务中心、社区文化馆、社区图书站(馆)的大多数工作人员完全可以招募志愿人员来充任,而现实情况却多为在编的事业性单位职工,造成了政府有限财力的过度性投入。此外,一些地方将居委会主任等作为事业单位编制并公开招聘非本社区的人员来充任,也是值得商榷的做法。

再来看“缺位”问题。相对而言,人们谈论较多的是政府的“越位”问题,而对“缺位”问题则重视不够。其实,“缺位”是从另一个角度反映政府在角色扮演和职能行使中的问题。这里,所谓政府角色或职能的“缺位”,是指政府在行政实践中未能扮演好自己应有的管理者角色,未能行使好自己应尽的职责。在社区建设和社区发展的实践中,政府的这种“缺位”问题在现阶段也是较常见的。最突出的“缺位”现象主要体现在三个方面。一是对非政府的社会中介服务机构、专业化的社会工作机构等第三部门社会组织的培育还不到位。如果说政府在经济领域的重要角色或职责之一是培育和监管市场的话,那么在社会领域内,其重要的角色或职责之一就在于培育和指导专业的中介服务组织、社会工作机构,并培育使这些组织得以运行的良好环境。现实情况是,一些政府官员已习惯于“以政代社”,直接包办许多社会事务,而不懂得自己的重要职责之一就是培育、发育社会及其相应的组织要素。二是大多数基层政府及其官员尚不懂得或不习惯或不善于对诸如居民委员会、志愿者协会和业主管理委员会等社区居民的自治性组织进行政策上的指导。实际上,基层政府及其官员学会并善于对各种社区自治组织提供政策指导及有关帮助,既是它们(或他们)培育和发育现代社区社会所必须做的工作,也是在社会日益多元化过程中的一种政治责任。三是政府对介入社区发展的专业性社会团体和社会工作机构的“资助性投入”不到位。将非政府的专业性社会团体或社会工作机构引入社区建设与社区发展进程,对于化解人际矛盾与社会冲突、矫治越轨行为、帮助弱势群体自主自强、维护社区乃至全社会的稳定,都是极其重要的。然而,这些社会团体或机构毕竟不是也不应是面向市场的营利性机构,而是服务社区居民或特殊群体(如弱势群体、边缘群体)的公益性的非营利机构,故其运作资金通常都是由政府、企业、慈善组织等资助的。从当今发达国家和我国香港的情况来看,政府资助所占的比例是相当高的。如香港特区政府对各类社会工作机构的资助经费一般都占该机构总预算的50%以上。当然,政府的资助经费一般都是以政府委托项目或竞标项目的形式发放的。反观我国内地的情况,2000年前后,政府财政中通常缺少这样的专门预算,最多仅有一些数量较少的临时性投入。即使数量较少,但投入的随意性却很强,缺乏制度性机制的规范与约束。

当然,之所以会产生上述政府角色与职能的"越位"与"缺位"问题,根本的或深层的原因还是体制性的,即传统的"政社不分""政社混同"的旧体制在现阶段的滞后性作用。其次则是认识上或观念上的原因,即在社会转型与现代社区的建设过程中,对政府的角色定位之认识还有相当的差距。可以这么说,解决这些体制性和认识上的矛盾,是解决上述"越位"与"缺位"问题的必要性条件。之所以强调这一观点,目的在于希望能引起政府官员的高度重视,并且通过进一步的社会管理体制的改革,真正做到"政社职能分开",切实解决"越位"与"缺位"问题,切实实现政府职能的到位。

三、构筑强政府与大社会相结合的社区管理新体制

现代社区的建设与发展,需要一个全新的国家与社会的互动模式,需要一个善于调动、开发和利用各种社会资源及其能动性的

社区管理新体制。这个新体制的核心在于,政府与社会之间能够形成共生共长、相辅相成的良性互动关系。与计划经济体制下的“大政府、小社会”的国家—社会关系模式不同,市场经济体制下的国家—社会关系模式的特征在于“小政府、大社会”。而我国建立社会主义市场经济体制的目标要求,也决定了采纳“小政府、大社会”模式的必然性。然而,由于我国曾长期推行了一套高度集中的计划经济体制和社会管理体制,非政府的市场要素和社会要素基本上未能发育起来。因此,20 世纪 80 年代以来,我国的经济体制和社会体制的改革,市场要素和社会要素的发育,都是在政府的主导和推动下进行的,是政府的一次“自我革命”。离开了政府的主导和推动,经济领域、社会领域的改革与发展都是无法完成的。从这个意义上说,我们需要塑造的“小政府”同时还应是一个“强政府”。也就是说,“强政府、大社会”的关系模式以及政府主导与社区自治的有机结合,应是我国社区建设和发展最重要的体制要求及体制特征。这虽是一个应然性的判断,却是以我国的改革开放成就以及中国传统文化背景为经验基础的。

1. “政府主导”:“小政府”或“强政府”

如前所述,计划经济时代的国家—社会关系模式的最重要特征就在于“大政府、小社会”。这里的“大政府”,就是行政全能主义的、高度集中的政府,主要通过依附或附属于它的各种单位化组织,并辅之以地区管理,实现对人们的经济生活、政治生活、社会生活等各个方面的严密管理,当然也包括对人们的社会支持。这里的“小社会”是广义的或泛化的社会概念,是相对于政府的一个概念,包括微弱的基本未被发育也未被承认的市场,微弱狭隘的人际社会交往关系,未被承认的个人利益及其组织形式,功能未经分化却高度行政一体化的社会组织。这个“小社会”，实际上是受控于或依附于全能主义大政府下的社会。

尽管全能主义的“大政府”在特殊的历史时期里有其生成运行的合理性，也有其一定的优势，即通过政治动员和高度一体化的行政权力体系来进行计划性的资源配置，以利用有限的资源完成特定的任务。但是，由于“大政府”是以牺牲市场要素和社会要素的发育发展为代价的，故在经济与社会的发展进程中缺少积极性，从而经济与社会发展不可能获得持续增长和开放性的动力源。一旦“大政府”体制的弊端或矛盾尖锐化以后，那么，改革行政全能主义的旧体制，改变国家—社会关系的旧模式就是必然的选择。

但是，改革计划经济和行政全能主义的旧体制，转变政府职能，培育市场要素和社会要素，变“单位人”为“社会人”，推动“亚社区”向现代社区的转型，都离不开政府的主导性作用。这就引出了一个新问题，应该怎样理解改革与发展中的政府角色以及与此相应的国家与社会的关系模式。换句话说，在推动“大社会”的发育和发展的过程中，在推动社区建设与发展的实践中，政府的这种主导性角色和作用究竟表现出了一个“小政府”还是一个“强政府”？我们的答案是，既是“小政府”，又是“强政府”。不过，它首先应该是个“小政府”，其次，这个“小政府”同时又是个“强政府”。也就是说，“小政府”与“强政府”实际上是两个并行不悖、相互兼容的概念，体现了特定条件下政府角色扮演的历史特征。

需要说明的是，这里的“小政府”是相对于“大社会”而言的一个概念。所谓“小政府”，就是指组织职能有别于市场和社会领域的组织、行政权能相对有限的政府，其任务在于代表国家利益和公共利益，依法对市场组织和社会组织、对经济发展和社会发展等进行目标管理与政策调控。而“大社会”则是指人际利益分化有别又相互联系、组织要素发育完善、组织功能多样化、社区共同体特征鲜明、私人空间较大的法制社会,包括狭义的市场领域和社会领域。

在市场经济条件下,“小政府”既是应然的又是确然的,不仅具有理论的逻辑,同样具有客观必然的逻辑。也就是说,市场经济体制的建立使得全能主义的“大政府”丧失了存在的基础和土壤,决定了建立“小政府”的必然性。我国自改革开放之后的发展历程,也是一个寻求建立“小政府”、发展“大社会”的探索历程。当然,这个历程至今尚未完成。从目前的情况来看,无论是发展社会主义市场经济,还是培育和发育一个适应当今时代的“大社会”,都需要继续改革全能主义的“大政府”体制,继续转变政府职能,按照政企分开、政社分开、政事分开的原则,将市场的职能、第三部门的社会职能分别还给企业、社会和社区,还权于市场、社会。与此同时,企业和学校、文化机构、医疗机构等事业单位以及群众团体、居民委员会等社会组织,则应该将原来承担或行使的部分政府职能和政府角色剥离出来,还能于政府。只有这样,才能真正建立起一个角色明确、功能有别的“小政府”,一个服务于市场和社会的“小政府”。

然而,纵观当今世界各国的历史与现状,“小政府”又有“弱政府”与“强政府”之分。事实上,一些发展中国家在迈向工业化、现代化的过程中,之所以内乱不断、市场畸形、劳动者普遍缺乏社会保障,一个重要原因就在于其政府是个“弱政府”。无论是市场领域还是社会领域,都无法获得政府的有力推动和引导。而这种“弱政府”与“弱社会”的存在及其弱势互动,必然造成政府和社会资源的不合理配置，难以形成工业化与现代化所需的秩序及法制的、文化的环境，不得不无奈地拉长现代化的进程。反观一些新兴的工业化国家和地区，之所以能在较短的时间内实现经济的腾飞，其中一个重要原因就在于有一个不断发育壮大的“强政府”和一个不断发育壮大的“大社会”。二者的互动过程，既是社会塑造“强政府”的客观过程，也是“强政府”推动、引导和发育“大社会”的客观过程。

毫无疑问，对于我们这样一个人口众多的发展中国家来说，经济发展和社会发展都需要一个强有力的、职能不断厘清的“小政府”，一个对经济发展与社会发展能够实施有效调控的强势政府。换句话说，“强政府”对于我国的现代化建设具有重要的意义，是改革和现代化事业得以顺利进行的重要的体制性条件之一。对此，可以从以下几个角度来深入理解。

第一，我国的现代化是一个超常规的发展进程，“强政府”是维持超常规发展秩序的必要条件。由于历史的原因，我国原有的经济基础、科学文化基础都相当落后，要实现中华民族的复兴，必须压缩现代化进程，走一条超常规的加速度发展之路。然而，这种超常规的发展进程也会引起新旧矛盾的加剧，引起非稳定因素的增加。为了将这些非稳定因素纳入可控制的轨道，有效地化解各种社会矛盾和冲突，就必须强化国家的力量，强化政府的权威。面对利益开始分化和多样化的社会，“只有国家对任何阶层、组织和社团都具有一视同仁的法定约束力。国家的地位，可超脱部分的利益，充当最后的仲裁人；国家的权威有力量调停冲突，迫使社会任何一方都不能一厢情愿地追求自己的特殊利益，而必须按国家法令所保障的制度和秩序，去谋求利益不同的其他各方达成所谓‘随机性的制度化妥协'"[①]。

第二,"强政府"是我国现阶段"大社会"得以构造的重要主导者和推动者。长期以来,我国民间社会的组织资源都相当匮乏,无法独立或自发地构筑市场经济体系以及与市场经济相适应的社会体系或第三部门。相对而言,国家至今仍拥有最多的组织资源和社会资源。显然,无论是构建富有活力的市场经济体系,还是培育和发展第三部门、实现社会体系的转型,都需要职能转变了的"强政府"的政治动员、政策引导和行政力量的管理。

第三,"强政府"是我国"亚社区"向现代社区过渡和转型的重要主导者和推动者。由于我国的社会管理体制改革起步较晚,社会成员的"单位人"属性尚未完全转变为"社会人",居民意识和社区归属感仍然较低,社区参与的积极性仍然不高。在这种情况下,现代社区的规划、建设和发展,合理配置各类社区资源,改善社区的基础设施与环境,培育和发展各类社区自治组织和社区服务机构,培育居民的社区参与意识和参与能力,都离不开"强政府"的领导和推动。

总之,在整个社会转型期,一个"强政府"是我国市场经济发展的必要条件,是社会发育、发展的必要条件,也是"亚社区"向现代社区转变的必要条件。改革开放以来的实践表明,我国之所以能够建立起社会主义市场经济的新体制,国民经济之所以能够顺利地实现快速发展,人民生活水平之所以能够稳步提高,政治与社会秩序之所以能够保持稳定,城乡社区建设之所以能够有一个良好

---

① 参阅徐中振、卢汉龙、马伊里主编的《社区发展与现代文明:上海城市社区发展研究报告》,上海远东出版社,1996年版,第27页。

的开局，第三部门之所以开始发育和发展起来，原因应是众多的，但体制性的原因则有赖于政府职能的转变，有赖于建立起了一个与市场经济相适应的“小政府”和“强政府”。

2. 社区发展中的“大社会”与“强政府”

“大社会”是相对于“小政府”的一个概念，其基本含义是指，在政社职能明确区分的基础上，人们的利益关系走向多元化与契约化，各类非政府的社会组织与民间团体发育、发展状况良好，社区参与和社区自治成为个人自主性及其社会价值实现的普遍性形式之一。因此，“大社会”的发展对于现代社区发展来说，有着重要的意义。

事实上，任何一个社区在其建设和发展的实践中，总是存在政府、非政府组织、居民自治组织等三种管理主体。非政府组织和居民自治组织所参与的社区管理，实质上是一种非政府的社会管理行为。其管理的广度、深度和效能则取决于社区中各社会要素发育和发展的状况，取决于社区中“大社会”发展的水平。而政府在社区中实施的管理，其水平和效能状况则取决于政府所扮演的角色，即究竟是“大政府”呢，还是“小政府”或“强政府”？

总体而言，现代社区的发展是建立在“大社会”发育和发展的基础上的，没有“大社会”，就不会形成现代意义上的社区。也就是说，“大社会”是现代社区得以生成和发展的前提条件。例如，没有市场经济及其相关的组织体系，就不可能实现“单位人”向“社会人”的转变，也就无法形成人们的社区利益和社区意识；没有各类代表居民利益的社区自治组织的存在和发展，就不可能形成现代社区所必需的自组织，也就谈不上现代社区的发展；没有各类非政府社会服务机构对社区工作的介入，就不可能形成专业化的社区服务与社区保障体制及机制,也就无法形成完整的现代社区所必需的社会组织结构。因此,衡量任何一个社区之社会要素发育的状况和程度,衡量该社区之“大社会”是否形成,标志性的尺度可归纳为这样五个要点:(1) 人们在社区中有无自己的物质利益存在,如房屋的权属关系、社会福利关系、社会保障的涵盖面等;(2) 有无多样化的、以维护居民利益和权属为己任的社区自治组织的存在及发展;(3) 有无帮助弱势群体的志愿者团体的存在;(4) 有无专业化的社会服务组织和社会工作机构的存在;(5) 居民参与社区各项活动和管理的主动性与能动性实现的状况。可以这么说,任何一个社区如能基本上满足以上五个要点,那么就可以判断,该社区社会要素的发育和发展是比较理想的。

至于社区中“小政府”或“强政府”的体现,我们认为,其在不同的民族、国家或地区的表现形式肯定是不一样的,但这并不妨碍普遍性与共同性尺度的存在。这种尺度的要点大致可概括为以下两点。(1) 在社区发展中,政府的职能与非政府组织的社会职能是否有合理的区分?如有,该政府即为“小政府”,反之则可能是全能主义的“大政府”。(2) 在社区发展中,政府对社区中各种各类社会组织要素的发育发展是否发挥了主导性或推动性的作用?如是,该政府即可视为一个“强政府”,反之则可能是一个“弱政府”。

当然,国家与社会在社区发展中的关系模式、政府职能与社会职能在社区发展中的分工模式,并不是绝对的,而总是依不同的国家、民族及其发展阶段和文化传统体现出不同的特色。例如,在西方发达国家,政府与社区的关系往往被称为“伙伴关系”,即政府和社区组织构成了发展社区、建设社区的合伙人关系。在这种“伙伴关系”模式中,政府除了在公共安全、公共设施建设等方面实施直接的行政管理职能之外，其他方面一般依靠各种社区组织自己进行管理。而从我国社区建设的情况来看，由于我们还处于现代社区发展的起步阶段，非政府的组织和社会资源相当稀缺，政府和社区尚难以构成较平等的伙伴关系，二者之间的关系至少在现阶段只能是领导与被领导、指导与被指导的关系，政府的主导性作用不可或缺。不过，指出以下这一做法或许是很重要的，即无论在哪个国家，为了改善社区环境、提高社区生活质量，都需要政府的政策引导和经费投入，需要居民的社区参与和社区自治。换句话说，现代社区的建设和发展，需要调动国家与社会、政府与社区组织等两个方面的积极性，二者缺一不可。

3. 两级政府、三级管理：上海的经验及启示

在"亚社区"向现代社区转型的过程中，在建设现代社区的实践中，我国许多地方都做了很有价值的探索，积累了许多宝贵的经验。这里，我们专门介绍20世纪90年代中期以来上海市在城市社区建设和社区管理方面的经验。我们认为，作为我国最大的工商业城市和金融中心，作为原来计划经济特征最突出的城市之一，上海不仅在改革计划经济旧体制、建立社会主义市场经济体制方面的成功经验具有普遍性意义，而且在政社职能分开、培育和发育社会要素、推进社区建设与社区管理等方面的实践及其经验，也值得各地借鉴、分析和思考。

在计划经济年代，我国的城市管理、社会管理同经济管理一样，实行的都是自上而下、纵向管理为主的体制，城市的市级政府和区级政府缺乏横向的综合协调与综合管理的权限及职能，而街道办事处作为区政府（或不设区的市政府）的派出机关，管理权能更加微弱，仅仅起着拾遗补阙的作用。即使像上海这样一座特大

型城市,其行政管理的体制框架也是如此。这样的体制结构,决定了政府行政职能分割运行的机械状况,限制了地方政府和街道办事处在城市管理、社会管理等方面的主动性与积极性。但是,随着经济体制改革的深化,城市管理体制与社会管理体制的改革任务不可避免地被提出来。特别是,管理的重心和权能下移逐步成为城市建设与社会管理的一个客观趋势。为适应这一趋势,上海从1992年开始率先进行了“两级政府、两级管理”的体制改革,下放并赋予了区级政府一些管理权限,大大调动了区、县两级政府的主动性和积极性,城市建设与管理也由此发生了一些可喜的新变化。以后,随着国企改革和城市管理体制、社会管理体制改革的深入进行,随着企事业单位承担的社会职能的逐步剥离,随着市民生活水平的提高以及对生活居住环境优化的日益关注,社区在城市与社会管理中的地位和作用也日渐突出,街道办事处所承接的行政事务日益吃重。与此现状形成鲜明对照的是,此时的管理权限仍大多滞留于市政府和区政府各专业职能部门纵向的条条式管理体系中,而街道社区层面上则严重缺乏行政的综合协调与管理职能。因此,自1994年以后,上海市委和市政府提出,要按照“小政府、大社会”的原则要求,根据社区建设和社区管理的任务,积极探索“两级政府、三级管理”的新体制与新机制。1997年1月15日,上海市第十届人民代表大会常务委员会正式通过了《上海市街道办事处条例》,以立法的形式确认了第三级管理即社区管理的新体制。

“两级政府、三级管理”体制的重点在于政府在街道社区所进行的第三级管理。其核心是推动市、区两级政府及各有关职能部门的权力下放和分权,以街道办事处为主体,强化政府在街道社区层面即第三级的行政权力与行政效能。基本内容如下:

(1) 按照"以块为主、条块结合"的方针,加强街道办事处的综合管理和协调管理的权力与职能。如部分城区规划的参与权;属地管理权,对环境卫生、社会救济、计划生育等事务实施直接管理;综合协调权,可组织协调辖区内公安、工商、税务等机构的执法活动,可召集辖区内有关单位商讨、协调社区建设和社区服务事项等。

(2) 按照放权与分权相结合、责任主体明确、管理幅度适中的原则,在将综合管理的事权下放给街道办事处的同时,把专业管理的权力下放给职能部门的派出机构,并完成街道层面专业机构的对应设置,如公安警署、工商所、环卫所、房管办、税务所等,由此充实和强化政府职能部门在街道社区的专业管理。

(3) 街道办事处和区政府职能部门对专业派出机构实行双重领导制,如对公安、工商等专业派出机构负责人的任免会签制,街道办事处享有"一票否决权";有的则以街道办事处领导为主,如可对环卫所进行直接管理,由此强化街道办事处的行政权威。

(4) 按照政企、政社、政事三分开的原则,将区政府和街道办事处原来承担的一些社会服务性、经营性的事项,分别划归各专业服务机构和资产经营机构等,由此强化政府在街道社区层面的行政管理职能和行政效率。

(5) 在街道以下构筑第四级管理与服务的网络,即在居民委员会所属的居民小区建立第四级网络。按照社会管理职能与企业经营职能相分离的原则,将居委会工作与原来经营的"小三产"脱钩,由政府按居民区实际人口给予居委会若干事业单位编制,以保证居委会成员专心、安心于小区的社会管理与服务工作。

上述两级政府、三级管理以及四级网络的社区管理新体制,与旧体制相比具有明显的优势。其一,大大加强了政府在社区管理第一线的人力、物力和财力的投入,提高了政府的行政权威和行政效能;其二,初步理顺了政府在基层社区行政管理上的条块关系,有利于调动和发挥第三级块上街道办事处的积极性和创造性,也有利于发挥政府职能部门在第三级块上的专业行政效能;其三,有利于街道办事处整合和调动社区内各种资源,实现政府、居民和社区内单位共建社区、发展社区的新格局;其四,有利于居委会干部安心、专心于社区工作事务,也有利于党和政府对基层社区的管理。

多年来的实践表明,两级政府、三级管理以及四级网络的社区管理新体制的建立及其运转,有力地推动和保证了上海市的社区建设与社区发展,大大改变了城市社区的环境面貌,初步形成了安定安全的社区治安秩序、便民利民的社区服务网络、团结和谐的社区人际关系和健康向上的社区文化氛围。

当然,上海的经验当中也不无可商榷、可改进之处。我们认为,作为一种社区建设和管理的新体制,这里至少存在着以下几个问题。其一,居委会干部是否应享受事业编制的待遇?从法理上来看,居委会作为居民的自治性组织,其成员(俗称干部)都应是非专职的,政府也不应该向这些成员支付工资。而从实际的情况来看,包括笔者调研所了解的情况,许多优秀的在职职工、退休职工都愿意无偿地为居委会工作,政府完全可以减少这笔支出,从而把经费用于社区发展的其他方面。其二,非本社区的居民成为该社区的居委会成员,是否合理合法?我们认为,今后,应该坚持由本社区居民担任居委会成员,坚持由本社区居民选举产生居委会成员。其三,街道办事处与居民委员会的关系究竟是领导与被领导的关系,还是指导与被指导的关系？从社区发展的角度来看,还是应该坚持指导与被指导的关系,切实改变目前事实上的领导与被领导关系,改变目前街道办事处和居委会均存在的“政社不分”“政社混淆”的工作倾向。其四,一个非常重要的制度缺陷在于,作为政府指导下的第四级网络即居民小区,目前尚无专业化社会工作机构和其他社会组织参与社区管理这部分内容,而这恰恰是现代社区发展所必需的,也是非常重要的内容之一。当然,以上几个问题需要在今后的实践中逐步解决。尤其是第一个问题即居委会干部的待遇问题,考虑到小区工作的稳定和连续性,不能操之过急。

第六章　以人为本的社区服务

一个国家经济与社会发展的根本目的，在于提高全体国民的基本素质、生活水平和生活质量。作为地域社会共同体的社区，其发展的根本目的，在于改善居民的生活环境、生活方式，提高居民的生活质量与社会生活的价值。如果我们承认并能够确立“以人为本”或“以民为本”的社区发展观，那么，社区服务理所当然地应该被列为社区建设、管理和发展的中心任务或基础性工作。对于我国广大的城市社区、农村社区和集镇社区来说，立足本地的实际情况，遵循社区发展的一般规律，学习和借鉴一些发达国家及地区的成熟经验与成功做法，积极构建以人为本的社区服务体系和运行机制，应是推动社区服务事业良性发展的重要课题。这就要求我们，在理论上科学地把握社区服务的内涵及其一般原则，在实践中积极处理好一些观念性、体制性和政策性问题。

一、社区服务的内涵与特征

可以说，“社区服务”在 20 世纪 90 年代左右还是一个鲜为人知的概念。如今,“社区服务”已经成为政府官员、社区工作者普遍使用且城市居民家喻户晓的一个通用性名词,社区服务事业已经成为我国城市社区建设的主旋律,社区服务与居民的耦合关联度越来越高。然而,社区服务在体系上究竟应包括哪些内容,其运行机制究竟如何更为合理高效,都是有待深入讨论、有待获得共识的问题。下面,我们先从体系、结构的角度,尝试重新认识和论述社区服务的概念、对象、内容、特征和功能等问题。

1. “社区服务”:概念的再认识

尽管“社区服务”已成为我国城市中家喻户晓的一个热门名词,但毋庸讳言的是,自它在我国诞生之日或使用之日起,就因其理论表征上的缺失和实践归属上的模糊而存在先天不足的缺陷。迄今为止,学术界对“社区服务”概念的理解还存在不少分歧。而一些实际部门的管理者和工作人员对“社区服务”的认识则还存在混乱,并导致了实践过程中价值判断、价值引导上的混乱及运作上的不规范。因此,有必要在理性层面上对“社区服务”这个概念进行再认识,以期获得科学合理的共识。

从本来意义上来探究,“社区服务”实际上是“社区社会服务”或“社区中的社会服务”的简称,其内核是福利性、公益性的社会服务,对象主要是居民,外延或适用范围是社区。由此可见,它完全不同于每天在社区中发生的工商业活动或政治家们在社区中开展的政治活动。这也是我们讨论的基础。

在第一章《社区发展:理论与实践的历史回顾》中我们就已指出,作为工业化进程的产物,社区服务事业发端于 19 世纪 80 年代的英国。自1884年巴涅特在伦敦东区建立了第一座社区睦邻中心——汤因比馆——以后,类似的社区服务机构在英、美等西方国家相继建立起来。20世纪30年代以后,社区服务事业先后被纳入一些国家和地区政府的公共福利政策范畴,并伴以相关的法律保障。但是,我们也注意到,尽管许多发达国家和地区早已开展了社区服务的实践,却很少直接用"社区服务"(Community Service)这个词,用得最多的倒是这样一些词语,如"社会服务"(Social Service)、"社会福利服务"(Social Welfare Service)、"社区照顾"(Community Care)或"社区照顾服务"(Community Care Service)、"儿童及青少年服务"、"家庭服务"、"老人服务"、"智力障碍人士服务"、"残障人士服务"、"弱势人群服务"以及"志愿服务"等。所有这些词语所表达的活动,如由一些机构在社区内开展的服务(Services In Community),或由社区提供的服务(Services By Community),或者政府与个人等为了社区发展所提供的服务(Services For Community),都可归入社区社会服务的范畴。

我国的社区服务实践,是民政部在20世纪80年代中期为深化城市社会福利事业改革而推动并发展起来的,但一开始,大众对"社区服务"的理解就带有较强的经验性和模糊性。1987年,在民政部主持召开的大连市民政工作现场座谈会上,首次提出了社区服务的设想,认为社区服务就是"在政府的领导下,发动和组织社区内的成员开展互助性的社会服务活动,就地解决本社区的社会问题"。同年9月,民政部又在武汉主办了一次全国性的社区服务工作座谈会,再次对社区服务的性质和目标做了定位,即"在社区内为人们的物质生活和精神生活所提供的各种社会福利与社会服务,它的目的就在于调解人际关系,缓解社会矛盾,创造一个和谐、良好的社会环境"[①]。上述两次会议对于在全国范围内倡导和推广社区服务事业乃至整个社区的发展，皆起到了积极的作用，具有开路先锋的意义。但是，也应看到，这两次会议对"社区服务"的定位性解释具有极强的经验性色彩以及认识上的局限性。譬如，大连的座谈会将社区服务定位为"社区内的成员开展互助性的社会服务活动"，武汉会议则定位于"在社区内为人们的物质生活和精神生活所提供的各种社会福利与社会服务"。前一个定位具有两个极其明显的缺陷：一是将服务的主体或提供者仅仅局限于社区内的成员，而事实上的服务主体应包括国家及各种社会团体；二是将服务的内容局限于互助性的服务，而事实上，互助性服务仅是社区社会服务很小的一个部分而已。后一个定位虽比前者有所拓展和进步，但将"各种社会福利与社会服务"并列为社区服务的内容，同样存在概念释义上的缺陷，容易使人形成社会服务是另类于社会福利性服务的这样一种误解，容易使人将社会服务归属于或等同于第三产业性质的服务。而事实上，社会服务是以福利性、公益性服务为内核的，不存在脱离或凌驾于福利性、公益性服务之上这一层含义。再者，这两次会议对社区服务的目的、任务或功能的解释也是很有缺陷、很不完整的。譬如，大连会议将社区服务的目的归于"就地解决本社区的社会问题"，武汉会议则将社区服务的目的归于"调解人际关系，缓解社会矛盾，创造一个和谐、良好的社会环境"。但对于满足社区居民生活的不同需求、提高生活水平与生活价值这一社区服务的根本目的，两次会议都未能涉及或没有做出

---

① 李宝梁：《"城市社区服务"的理论界定》，载李亚平、吴铎主编的《1999 年 YMCA 社区服务国际研讨会文集》，华东师范大学出版社，1997 年 5 月，第 42~43 页。

明确的阐释。

当然,我国的社区服务事业在 20 世纪 80 年代中期毕竟刚刚起步,人们对其内涵、外延及其目的、功能等的认识有这样或那样的局限,实际上是很自然的。随着这一事业的不断发展和国内外交往的扩大,政府部门、实际工作者和学术界的认识视野与认识水平必然会得到拓展和提高。

1992 年 6 月 16 日,中共中央、国务院发表了《关于加快发展第三产业的决定》(以下简称《决定》),首次将社区服务列入第三产业的范畴,并赋予其优先发展的地位。民政部又联合国务院其他 13 个部委颁布了《关于加快发展社区服务业的意见》(以下简称《意见》),首次提出了"社区服务业"这一概念,并指出了社区服务的产业属性。民政部等其他 13 个部委在《意见》中对社区服务业的界定是:"社区服务业是在政府倡导下,为满足社会成员多种需求,以街道、镇、居委会和社区组织为依托,具有社会福利性的居民服务业。"①该《意见》还认为,社区服务业由社区福利服务业、便民利民服务业和职工社会保险管理服务业组成,并且强调指出:"要把发展社区服务业作为与提高人民生活水平、提高人口素质密切相关的行业纳入第三产业发展规划及其他有关规划";要按照"社会化、产业化、法制化的社区服务的方向,积极支持和推动社区服务业的发展";到 20 世纪末,"社区服务业产值每年要以 13.6% 的速度增长"。②

实事求是地说,90 年代初期中共中央、国务院发表的《关于加

①② 参见民政部社会福利司编的《全国社区服务经验交流会议文件汇编》,1995 年 5 月,第 306~307 页。

快发展第三产业的决定》和民政部等其他 13 个部委颁布的《关于加快发展社区服务业的意见》等两份文件，对于催生和发展现代意义上的我国社区服务事业起到了决定性的推动作用。也正是在这两份文件的指导下，社区服务的实践及其理论研究有了长足的发展，“社区服务”这一名词日益为城市居民所熟悉、所接受，社区服务事业与社区居民的关系越来越密切。同时，我们也注意到，民政部等其他 13 个部委颁布的《意见》将社区服务业视为“满足社会成员多种需求……具有社会福利性的居民服务业”，以及关于“社区服务业由社区福利服务业、便民利民服务业和职工社会保险管理服务业组成”等提法，较之 80 年代中期的提法，皆有了明显的进步。然而，我们还注意到另一方面的问题，即上述《决定》和《意见》对于社区服务的定位与行业归属，一开始就隐含了内在的矛盾，即既视社区服务为公益性、福利性的社会服务事业，又视社区服务为一种便民利民的第三产业。这种对社区服务的“一仆二主”或“一身二用”式的定位，在理论上存在着难以克服的缺陷，在实践中又埋下了令人担忧的隐患。

笔者认为，这种缺陷和隐患突出地表现在以下两个方面。首先，在理论上或认识上将社区中的第三产业与社会服务业混淆，模糊了市场和社会的界限，极易在社会转型的条件下造成各类组织之功能和目标新的重叠问题、新的“社企不分”问题。我们知道，社会服务的本质在于其福利性、公益性和非营利性，在于提供市场和商业性服务所不能提供或不愿提供的服务，体现了国家与社会对居民的福利性、公益性服务以及居民之间的互助性服务的支持。其中，部分服务项目可以实行有偿服务，但前提是低偿的、不以营利为目的的，是服从于福利性、公益性的社会服务。这些有偿或低偿的服务,一般情况下还可以获得政府的补贴和社会的资助。而市场服务的本质在于其逐利性,尽可能地追逐高额和超高额利润是所有产业组织或企业的共有行为特征。社会服务和市场服务在本质上的差别,决定了其各类组织目标与功能的不同。市场经济与现代社会的发展,必然要求各类组织之目标与功能的有序分化,解决旧体制下的功能重叠与混淆问题。没有这种功能分化,经济发展和社会发育都是难以为继的,"亚社区"向现代社区的过渡和转型也是难以完成的。其次,社区服务属性的双重化理解,在实践过程中必然导致价值判断与价值引导上的双重化,极易造成一些基层社区的管理部门和服务中心因追逐经济利益而牺牲公共利益。我们知道,将社区中的社会服务事业与第三产业混淆,客观上会给社区服务规定两种不同的价值标准,或以福利性、公益性服务满足社区居民公共服务的水平状况为标准,或以市场服务所获得的利润多寡及利润率高低为标准。同时,这种混淆实际上也给社区服务提出了两种不同的发展目标:一是社会福利目标,如逐步实现社区老有所养、幼有所托、残有所助、贫有所济、难有所帮;二是经济发展目标,如"社区服务业产值每年要以13.6%的速度增长"。这两个目标即使在理论上可以并行不悖,但在实际操作过程中却会诱导基层社区组织片面追求经济利益及营利性服务,并可能这样或那样地牺牲公共利益和公益性、福利性的社会服务。

事实上,在市场经济大潮的冲击和影响下,在发展社区服务的旗号下,在较长的一个时期内,不少城市的居委会热衷于兴办小修小补、代收代发及小商品服务的"三产",并为此而不惜挤占里弄的些微空间;而许多街道办事处则为了"三产"的利润目标,不惜牺牲公共绿地、公共空间等大搞违章搭建（此为政府派出机关执法违法现象）；许多地方的社区服务中心兴办了不少与商业企业雷同的经营项目，如家电的维修，小百货、杂货和食品的买卖，且价格与商业、企业不相上下。所有这些在社区服务业名义下发展起来的“三产”，实际上都属于商业性的服务，居民通过市场，完全可以自主地购买到这些商业性服务。由此可见，这些社区组织实际上将自己的一部分社会职能混同于面向市场的经济组织，造成了新的“政企不分”和“社企不分”的问题，由此必然抑制社区社会服务的发展及其水平的提升。也正因为此，社区居民对街道办事处、居委会的违章搭建现象普遍持否定态度，对社区服务中心开办的商业化项目难以理解和认同。

1994 年 12 月，民政部在上海召开了全国社区服务经验交流会。在总结了 5 年多来全国社区服务工作情况的基础上，针对一些地方片面追求经济效益的倾向，针对原来对于社区服务业定位的不足之处，民政部强调指出，要“坚持社会福利属性的原则，社区服务具有双重属性，它既是一项事业，又是一种产业。作为事业，是不以营利为目的的专业性社会服务；作为产业，是一种特殊的第三产业，其特殊性主要表现在社会福利属性上。因此，开展社区服务必须以维护和保障社区特殊困难群体和大多数居民的基本生活权益为出发点，强调其社会福利属性，坚持把社会效益放在首位，防止为了片面追求经济效益而牺牲社会效益”①。应该说，民政部在这里对社区服务属性的修正，进一步强调其社会福利属性，在理

---

① 阎明复：《大力发展社区服务业，建立健全城市社会福利服务体系》，载民政部社会福利司编《全国社区服务经验交流会议文件汇编》，第 13 页。

论上和实践中都是有其积极的现实意义的,对于各地防止片面追求经济效益而牺牲社会效益的倾向,切实提高社区服务的质量,起到了重要的指导作用和警示作用。但是,这次会议也留下了尚未厘清概念的尾巴,即仍然肯定社区服务的双重属性,只不过又强调了其是一种特殊的第三产业。然而我们知道,如果社区服务仍具有第三产业的属性,那么其逐利性的特征就不可能从根本上加以纠正。

综上所述,笔者认为,科学地界定社区服务的概念是极其重要的,是保证社区服务健康发展的认识前提。社区服务的范畴,不能也不应包括第三产业的属性。第三产业是经济学的概念,具有市场逐利的本性,发挥的是产业经济的功能,注重的是经济效益。社区服务则是社会层面上的概念,具有社会福利的本质,发挥的是社会事业的功能,注重的是社会效益。必须认识到,社区服务是有别于国家和市场的第三部门即社会领域的活动,是国家无力直接满足居民公共社会需求、市场又不愿以非营利的途径去满足这些需求的社会领域的服务。正是基于这种认识,我们认为可以对“社区服务”概念做出这样一个简要的综合性定义,即社区服务是社区社会服务的简称,是指在政府的资助和扶持下,根据居民的不同需求,由政府、社区内的各种法人社团、机构、志愿者所提供的具有社会福利性和公益性的社会服务以及居民之间的互助性服务;这种福利性、公益性的社会服务的本质是无偿性的服务,并辅以不以营利为目的的微利、低偿性服务;这种社会服务的对象主要是社区中的弱势群体和优抚对象,也包括社区中的边缘群体和全体居民;这种社会服务的形式和层次,具有专业人士、专业机构提供的专业化服务和非专业化服务之分别。

2. 社区服务的对象和内容

随着经济体制改革的深化、国家和各级政府财力的增长，随着社会的进步与发展，我国社区服务的对象和内容也在不断地扩大和拓展。从目前的情况来看，我国的社区服务体系以福利性、公益性服务对象和内容为主，同时也夹杂着第三产业的服务对象和内容。当然，后者必然也将从社区服务的体系中逐渐分化、"剥离"出来，回归于市场体系。

就社区服务的对象而言，目前大体上可分为社区中的弱势人群及优抚对象、一般居民以及社区内的有关机构与组织等三类。

社区中的弱势群体及优抚对象，原来主要指孤老、孤儿、残疾人、生活困难居民家庭以及军属、烈属和退伍、转业军人，亦即传统的民政工作对象。

近年来，随着经济体制改革和社会结构的变迁，社区中的弱势群体已不限于"老、残、幼、优抚对象和有困难的居民"等原先的民政服务对象，社区服务重点对象的构成和数量呈逐步扩大的态势。这一方面是由于企事业单位社会保障功能的弱化而增加了新的弱势人群，如失业人员、下岗职工以及因疾病而陷入经济困难的人员；另一方面，随着人口进入老龄化，需要服务的老人数量急剧增加。同时，经济发展带来了社区服务供给能力的增加，使得社区服务覆盖面的扩展也成为可能。向这部分对象提供福利性服务，是社区服务的出发点和主体。偏离了这个出发点和主体，社区服务业也就丧失了自己的社会福利属性和存在价值。

一般而言，社区中的非弱势群体在数量上大大超过了社区中弱势群体的人数。在社区服务发展的初期，由于非弱势群体对社区服务的依赖程度低于弱势群体，在社区服务对象的构成中并不处于主体地位。现阶段,随着社区服务供给水平的提高,社区服务越来越着眼于社区的共同需要、共同利益和共同问题,社区中的一般居民即非弱势群体的公益性、福利性服务需求越来越得到重视和关注。这标志着在以人为本的发展观的引导下,社区服务的发展目标已由增进社区成员的福利水平提升为促进人的全面发展。

为社区内的各类机构和组织提供服务,是社区服务对象的外延拓展的结果。经过实践,社区服务的主体和对象由个人扩大到"单位"。社区中总是有各种"单位",如商店、工厂、机关、学校甚至部队等,它们在社区中同样需要社区提供的服务,包括为职工的服务和为企业的服务。随着单位的社会福利功能转移给社会,各类机构和组织对社区提供的社会服务的需求越来越大了。

就社区服务的内容而言,由于服务对象的不同、服务对象需求的多样化以及社区拥有的服务资源的差别,我国的社区服务,内容之丰富,项目之众多,可谓包罗万象,千姿百态。但从总体上看,我国社区服务项目的设置是在政府的指导和约束下进行的。经过多年的发展,已经基本形成了"面向老年人、残疾人、优抚对象等提供福利服务;面向社区居民提供公益性的便民利民服务;面向社区企事业单位和机关团体开展双向服务"的三大服务体系,从而奠定了我国社区服务项目的基本构架。具体如下。

一是社会福利服务。其项目主要有:(1) 为老年人服务,包括孤老包户组、孤老服务站、敬老院、托老所、老年人公寓、老年庇护所、老年婚姻介绍所、老年人活动站、老年人医疗保健站、老年人康复中心、老年人康复门诊、老年人学校等;(2) 为残疾人服务,包括残疾人服务站、残疾人工疗站、残疾人医疗站、精神病人工疗站、康复中心、残疾人婚姻介绍所、智力障碍儿童启智班、伤残儿童寄托所等；（3）为少儿服务，包括托儿所、幼儿园、学前班、课后辅导班、儿童医疗保健站、失足青少年帮教组等；（4）为优抚对象提供的生活照料和医疗康复等服务；（5）为贫困人员提供的扶贫济困服务；（6）为失业人员、下岗职工提供的再就业服务。在这一大类的服务项目中，政府的资助和政策扶持是必需的。例如，从 1998 年开始，“上海风采”福利彩票发行筹集的资金已有 40%用于社会福利设施建设（儿童福利院、敬老院等）。而在 2000 年，上海市政府已连续 3 年将新增 2 500 张养老床位列入上海市政府实事项目，平均每张床位给予 1 600 元资助。此外，还投入 2 亿元改建和新建了一批社会福利机构。

二是便民利民服务。其项目主要有：（1）家务劳动服务，包括家庭保姆介绍、代买菜、洗衣、打扫卫生、护理病人、送煤上门或代换液化气罐等；（2）居民生活服务，包括便民小吃、便民杂食店、便民洗衣店、便民理发店、便民服务手推车、自行车集中看放点、家用电器修理点、家庭服务介绍所、家务代办点、服装裁剪店、便民修鞋店、便民电话传呼点、便民供奶站等；（3）文化体育服务，包括青少年校外教育、社区文化体育设施等。这方面的服务是目前社区服务中涉及面最广、形式最多样、性质最复杂的一部分。

三是社企之间的相互服务。社区和企业之间的相互服务是以“街企共建”和街企之间的“双向服务”为代表的。一方面，社区中的各种机构和组织，如商店、工厂、学校、机关等需要社区为其提供诸如文化教育服务、卫生保健服务以及职工中午工作餐供应、医院衣物换洗、商店治安防范等服务；另一方面，社区内或外企事业单位的介入，为社区服务提供了额外的资源和动力，促进了中国社区服务的深入发展。

从以上三大服务体系中可以看出,优先发展与弱势群体相关的福利性服务项目,积极开展便民利民的公益性服务项目,是社区服务发展的基本方针。

在实际的运行过程中,福利性服务是以满足服务对象的基本生活需求为目的的服务类型,服务对象是社区中的弱势群体和优抚对象,内容主要包含在“社会福利服务”系列中,其外在表现形式为无偿服务和低偿服务,以无偿服务为主。公益性服务是以改善全体社区居民的生活环境和生活质量为目的的服务类型,其内容涉及便民利民服务和“双向服务”系列中的社区文教服务、社区环境卫生服务、社区医疗保健服务、社区治安服务、法律援助服务、家务劳动服务以及各种咨询和中介服务等。它的表现形式为低偿服务和无偿服务,以低偿服务为主。

另外,还存在着以方便居民生活和筹集社区服务资金为目的的经营性服务类型,其主要项目涉及居委会和社区服务经济实体(公司)提供的饮食、修理、缝纫、搬家、存车、清洁等便民利民服务设施和网点。它的服务形式为有偿服务和低偿服务(限于部分生活困难对象),以有偿服务为主。

总的来看,我国社区服务的发展正逐步突破原有民政工作模式的框架,开始呈现出全新的格局。社区服务的对象从原有的特殊困难群体,已扩展到全体社区居民乃至社区内各类机构,社区服务的内容从零星单项的服务发展为多层次、全方位的系列化服务,创造出无偿、低偿和有偿服务相结合,设施服务与互助服务相结合等多种服务形式,形成了区、街道、居委会相互联系、相互支持的社区服务网络。这里需要说明的是,现有社区服务的有些内容将随着市场机制发育的成熟逐渐从社区服务中分化出来。上海和广州等大城市,由于商业网点非常发达,居民的商业生活需要已完全不再依赖于社区,社区服务更着重于福利性和公益性的服务。换句话说,社区服务已开始回归于其福利性和公益性的本质。

3. 社区服务的特征与功能

作为第三部门的重要组成部分,社区服务不同于国家政治生活领域和以市场竞争为核心的经济生活领域。这种不同,不仅表现在社区服务的对象和内容构成方面,也体现在社区服务的基本特征和社会功能方面。

就社区服务的基本特征而言,主要表现为福利性、公益性、群众性、互助性和地缘性等“五性特征”。

第一,福利性特征,是指社区服务本质上是一种社会福利事业,以维护社区的弱势群体、优抚对象和大多数居民的基本生活权益为出发点;这种福利性服务的供给包括国家和地方政府通过国民收入再分配所提供的资金、土地、设施等,也包括一些社会机构和社区组织在社区内提供的不以营利为目的的专业服务及非专业服务。当然,将社会效益放在首位的社区服务,并不是不可以有营利,也不是说所有服务项目不可以实行有偿服务。由于国家和地方财力有限,为了维持社区服务的正常开支、保持事业发展的后劲,某些社区服务项目可以实行有偿服务(以低偿为主),但前提是这些服务项目的盈余不能进入主办单位或计入从业者个人的利润,而只能用于社区福利事业。可以说,福利性是社区服务最本质的特征,以下几个特征都是由此派生和演化出来的。换句话说,以下四个特征都是从属于福利性特征的。

第二,公益性特征,是指社区居民都有享受社区卫生保健、环境保洁、文化体育等公益性服务和公共空间、公共生态等公益设施服务的机会与权利。公益的本质是使社区居民都平等地享有接受公共服务的机会和权利,而不管居民的收入状况和社会地位的高低与否。因此,公益性服务不是也不应该成为针对某些特殊居民及家庭的商业性服务。

第三,群众性特征包含了两层意思:一是服务对象的普及性,即不仅包括弱势群体、优抚对象,还包括社区中所有需要社区服务的居民;二是指社区内的居民既是社区社会服务的对象和服务的受益者,同时又是社区社会服务的参与者和重要的社会资源。因此,要推动社区服务事业的发展,必须重视开发来自社区居民的资源,努力发挥居民参与社区服务的积极性。社区志愿服务就体现了这一群众性特征。

第四,互助性特征与群众性特征具有一定的包容性,主要指社区与居民之间的互助服务以及居民之间的互助服务,如邻里之间的照顾、帮困、解难、救急、调解等都属于互助性服务或自我式服务。这种服务是社区服务最原始的形态,有助于增强居民间的相互了解,增进彼此的情感交流,维持基本的社区意识。同时,这种服务又可填补国家或政府、各种社会机构与社区组织无法或不能涉及的一些服务空白。

第五,地缘性特征是指社区服务是一种属地式的服务,它包含了两层意思:一是指就近就地开展社区服务,主要满足本社区居民的物质生活需要和精神生活需要;二是指这种社区社会服务,会受到本社区地理条件、文化条件和人口状况等要素的影响,在服务的内容、形式等方面可能会这样或那样地刻上这些要素的印迹。

社区服务的社会功能是非常丰富的。概括来看,主要有社会保障功能、社会整合功能、价值实现功能、精神文明功能。

社区服务的社会保障功能，是由福利性服务这一社区服务的本质特征所决定的。国家、地方政府通过社区以及社区组织等为维护居民的基本生活权利所提供的服务，对孤寡老人、残疾人、贫困家庭等弱势群体所提供的维权服务及救助服务等，社区组织对这些弱势群体提供的生活供养、疾病康复、社区照顾等服务，对现役军人、退伍军人、军人家属、烈士家属等提供的国家抚恤、生活照顾及就业安置等方面的优抚服务，都是社区服务社会保障功能的体现。本书第七章将专门介绍和讨论社区社会保障问题，这里不再赘述。

社区服务的社会整合功能，是指社区服务事业具有协调和调整社区居民之间以及居民与各类社区组织之利益关系、促使各方参与社区建设和发展的功能。社区服务的整合功能首先体现在，通过满足社区内各阶层居民的物质生活和精神生活的服务需求，提升他们的社区认同感、归属感和凝聚力。例如，我国经济体制改革带来了社会阶层的分化和利益的多元化，并导致不同阶层的居民对社区服务需求的多样化。社区正是通过丰富的服务内容、便利的服务方式来满足居民多样性的需求的。而共享的社区环境、公益性的服务设施和场地、物业管理与服务的水平状况、人际情感交流的渴望等，又使不同的社会阶层有了共同利益的基础。这种有分有合的利益格局及需求格局，为社区服务整合功能的实现提供了现实基础，而社区服务水平的提高、内容的拓展，客观上又增强了其对社区各方的整合功能。

社区服务的价值实现功能有两层含义。第一层含义是指，通过社区服务的实施，或可达到维护弱势群体的基本生活权利的目的，或可达到满足不同居民对服务的需求，并由此提高社会生活的质量与价值。换言之,社区服务具有维护受益者即服务对象的人的尊严、基本生活权利以及体现人生价值的功能。第二层含义是指,国家、各类社会服务机构与组织通过对社区服务的供给,居民之间通过互助性的服务,可实现全社会的人道主义价值观以及社会平等与社会公正的价值观,也可拓展或提升参与社区服务之居民的社会价值。

社区服务的精神文明功能也是由其福利性、公益性的本质特征所决定、所派生出来的。由于社区的福利性服务和公益性服务体现了人道主义的、平等与公正的社会价值观,故其实践过程就是受益者接受国家、社会与他人关怀和帮助的过程,也是受益者接受人道主义和社会平等与公正价值观教育的过程。此外,社区服务可以培育和增进人们的亲情、友情和乡情,提高居民的思想道德水平,将爱国家、爱社会、爱集体的要求与对社区的认同感和归属感结合起来,促进人际关系和社会风尚的改善。同时,除了提供物质生活方面的服务外,社区服务本身还包括青少年教育、志愿者活动、法律心理咨询、尊老爱幼的权益保障、科学知识普及活动、文化娱乐等方面的服务。而这些服务项目及活动,既可以提高社区居民的科学文化素质、心理素质、思想道德素质,也可以提升居民参与社区精神文明建设的能力、水平和效果。

4. 我国社区服务的历史沿革

社区服务是伴随着经济发展和社会进步产生与发展起来的,是工业化、城市化、社会化大生产和社会分工专业化的产物。我国的社区服务,不是国外社区服务的简单照搬,而是根据我国国情,以社会保障为基础,融福利服务和社会服务为一体的具有中国特色的社区服务格局。一般认为,它的产生和发展经历了以下三个阶段。

第一阶段：倡导与探索阶段(1987—1989)。我国的社区服务是从传统的“民政服务”发展而来的。中华人民共和国成立以后建立的民政服务是计划经济的产物，它作为国家单位福利制度的补充，由民政部门主管，国家统一拨款，为单位保障覆盖不到的对象，如孤老、孤儿、残障者、优抚对象等，向他们提供弥补性的基本生活服务保障，它是社会保障体系的一个重要部分，属于社会福利服务。20世纪80年代，随着经济体制的改革，民政服务的转型迫在眉睫。在经济转型和社会变迁的推动下，原来由国家包揽的单位福利保障逐渐释放给社会，特别是社区，承担着越来越多的保障服务功能。与此同时，由于人民生活水平的提高，对服务的要求不仅仅局限于基本生活，而且扩展到物质和精神各个方面。于是发生了从传统的民政服务到社区服务的转变。1983年4月，民政部部长在全国第八次民政工作会议上指出，社会福利事业“国家可以办，社会、团体可以办，工作机关可以办，街道可以办，家庭也可以办，逐渐形成具有中国特色的社会福利事业”。1984年11月，民政部在漳州召开的全国城市社会福利事业单位改革整顿经验交流会上提出，“要坚持社会福利社会办”，并充分肯定了上海“四个层次一条龙”①的“街道社会福利服务网络”的经验。1987年初，民政部率先公开提出了“社区服务”的概念。同年9月，民政部在武汉召开了“全国社区服务工作座谈会”，这标志着社区服务进入了倡导发动、起步试点阶段。

---

① “四个层次”是指市、区、街道和居委会四个横断面，“一条龙”是指四个层面的纵向联系。具体标准是每个街道有一厂——福利工厂，有二站——孤老服务站、精神病工疗站，有二所——教老所、伤残儿童寄存所，还有二组——孤老保护组、精神病人看护组。

第二阶段：推广和普及阶段(1989—1993)。1989 年 9 月,民政部在杭州召开了全国城市社区服务工作经验交流会,总结和交流武汉会议以来社区服务工作的经验,要求在全国的街道和居委会普遍开展社区服务。随后,武汉、上海、杭州、沈阳、大连、南京等城市加快了社区服务的步伐,至 1989 年底,全国各类社区服务设施已发展到 815 万个,社区服务在我国全面推开。1991 年 11 月,再次在北京召开了全国社区服务工作研讨会,会议就社区服务的内涵和外延、地位和作用、组织和管理、发展和提高等方面进行了探讨,明确了社区服务本质上是社会福利工作,主要内容包括老年人服务、残疾人服务、优抚对象服务、便民利民服务。1992 年 6 月 16 日,中共中央、国务院发表的《关于加快发展第三产业的决定》要求社区服务向产业化和行业化方向发展。至 1992 年底,全国已有 70%以上的街道开展了社区服务。

第三阶段：发展、巩固、提高阶段(1993—1998)。1993 年 11 月,国家民政部、国家计委、国家体改委、国家教委、财政部、人事部、劳动部、建设部、卫生部、国家体委、国家计生委、中国人民银行、国家税务总局、中国老龄委共 14 个部委联合制定和颁发了一个政策性文件,即《关于加快发展社区服务业的意见》。这是社区服务发展的第一个政策性文件。它要求将社区服务业纳入第三产业的发展规划,为社区服务业的发展提出了明确的目标、要求和基本任务,制定了相关的扶持保护政策,引导社区服务建立起适应我国国情、以产业化和社会化为方向、能够实现自我积累和自我发展的运行机制。这个文件的出台,标志着传统的民政服务开始向社区服务拓展,社区服务进入了迅猛发展的时期。到 1993 年底,社区服务在全国城市街道的普及率已远远超出民政部提出的五年预期目标。

1994年底，在上海召开的全国社区服务经验交流会进一步厘清了社区服务发展中存在的模糊认识，重申了福利服务的宗旨和坚持社会效益为主的观点，强调了开展社会性服务的重要性，为社区服务进行了重新定位。1995年，民政部颁发了《全国社区服务示范城区标准》，在全国布置开展创建示范城区的活动，并于1996年9月在南京召开了研讨、开展这方面工作的专题会议，为社区服务在全国城镇的广泛普及和整体水平的提高提供了规范性指导和示范性样板，保证了社区服务发展的正确方向。1997年7月，在青岛召开了社区服务理论与实践研讨会，总结社区服务10周年的发展，并推广和交流了一些城区创建全国社区服务示范城区的经验。

经过多年的努力，脱胎于民政服务的我国的社区服务事业经历了从无到有、从小到大的成长历程。它已经根植于众多的乡镇、街道、居委会和社区服务机构及社会团体，融入亿万居民的社会生活中，成为一项政府、社区和居民的共同事业。

二、我国社区服务的运行机制

我国的社区服务事业经过多年的发展，已在资金的供给与运作、人力资源的整合与动员以及事业管理等方面，初步形成了一套具有转型期特点的、有助于整个社区建设与发展的运行机制。这里，我们需要认识和把握这些运行机制的特点，同时也应去发现和认识现有运行机制的缺陷与问题，在发展中不断地去修正这些机制。只有这样，我国的社区服务事业才能更健康地发展，且在广度、深度和质量上更好地满足社区居民的多样化需求。下面,我们将从四个方面来讨论我国现行的社区服务运行机制。

1. 资金供给与运作机制

社区服务的正常开展,有赖于服务资源的供给和利用。一般来说,社区服务的资源构成主要分为物质资源和人力资源两个部分。而物质资源又可分为有形资产、设施和无形的资金等两个部分。在我国社区服务事业发展的进程中,一直存在着服务需求的扩展和服务资金的短缺这一对矛盾。所以,这里着重讨论社区服务的资金供给与运作机制问题。

实际上,社区服务的无形资源——资金——是保证社区服务事业持续运转的物质基础,也是衡量一个地方社区服务事业发展水平的重要标志。因此,如何形成一个有效的服务资金的筹集或供给机制,就显得十分重要。从我国目前的情况来看,社区服务资金的供给渠道及状况,主要体现在以下四个来源上。

一是政府对社区服务的资金投入。社区服务作为社会保障体系的一部分,有相当一部分属于政府的责任范畴,因此,政府的投入始终是社区服务的重要资金来源。在发达国家,政府投资一般占50%以上,我国目前最多占30%左右。政府投资的形式分为直接投资和间接投资两种形式,直接投资来源于财政的专项拨款,间接投资则通过无偿提供场地和设施或减免税收等形式来实现。

二是各种社会捐助形成的资金投入。社会各界对社区服务的资金援助是多方面的,可以是机关、企业、社会团体或个人的捐助等。随着社区服务的发展和公民参与意识的提高,社会捐助的资金将有不断增长的趋势。据不完全统计,1995年至1997年,仅广州市社区服务所获得的社会捐助资金总额就达6 000多万元，平均每年达2 000万元。[①]

三是有奖募捐基金投入。有奖募捐基金是2000年前后中国社会福利资金的主要形式，各大城市纷纷从有奖募捐基金中提取一定的资金用于发展社区服务事业。像广州自1997年以后每年有100万元的有奖募捐基金用于社区服务事业。上海仅1998年一年就通过发行福利彩票筹集社会福利基金7 500万元，其中有近3 000万元用于区、县一级的社会福利设施的建设。[②] 可以说，有奖募捐资金正成为社区服务资金的重要来源。

四是社区服务自身产出的再投入。在社区服务的各种项目中，除了为无依无靠、无经济来源的特殊对象提供的满足基本生活需要的服务是无偿的，其余超出基本生活需要的服务都可以是收费的。尽管在理论上，社区服务应不应该收费是一个有争议的问题，但在实践中，各社区对居民有支付能力的服务项目实行收费已是普遍的现象，并且通过微偿服务和微利服务来补偿其他福利性服务的成本和为社区服务筹集资金。

以上几种资金来源中，前三项资金为外筹资金，是社区服务管理机构向政府或社会争取、募集的资金；后一项资金为内筹资金，是社区服务管理机构依靠自己的力量自行筹集的资金。我国社区服务与西方的"社区照顾"的一大区别就在于：社区服务的兴旺与否在一定程度上取决于自筹资金的多少。这是因为，我国尚处于社会主义初级阶段，经济实力有限，短期内政府不可能对社区服务

---

① 朱勇：《广州市社区服务发展研究报告》，载时正新、朱勇主编的《中国社会福利与社会进步报告(1998)》，社会科学文献出版社，1998年版，第294页。

② 资料来源：上海市民政局。

进行大量的投资,而其他外筹资金的形式如社会捐助和有奖募捐等,虽然可以弥补政府投资的不足,但毕竟没有固定的来源和固定的数目。在这种情况下,我国大部分城市的社区服务往往以自筹资金为主、外筹资金为辅(农村社区服务所需的资金基本上依靠村级经济的发展提供)。而社区服务资金来源的不稳定又造成了中国社区服务独特的筹资模式是以有偿服务弥补无偿服务。这种模式的优点是使社区服务具有了自我生存和自我发展的能力。其不足是容易使社区组织重经济效益而忽视社区服务的社会效益,容易产生用有偿服务代替社区服务中的无偿福利服务和公益服务的组织行为。

2. 人力资源的构成与动员机制

除了资金供给等物质资源以外,人力资源的构成与动员机制状况也是社区服务得以运转的重要条件,并且是衡量一个地方社区服务事业发展水平的重要尺度。通过多年的发展,我国各地已逐渐建立起一支以专职人员为骨干、以兼职人员为主体、以志愿者为基础的社区服务队伍。总体上来看,这支队伍目前尚处于粗放式的、追求数量与外延扩张的发展阶段,而其服务的项目内涵、质量及专业化技能等尚处于较低的水平。下面,我们将做简要的叙述和分析。

社区服务的专职人员是指以社区服务工作为主要职业的人员,即职业社区服务工作者,一般可分为专业工作者和非专业的劳务工作者两类。专职人员大体分布在社区服务中心、社区敬老院、托护所、职介所、法律事务所、青少年活动中心、图书馆(站)等各种社区服务机构中。1994 年民政部上海会议以后,各地社区服务机构及专职人员数量的增长速度极快。至 1998 年底,仅上海市就有专职社区服务人员3.6万人。[①] 机构与专职人员的迅速增长,实际上为社区服务事业提供了较具规模的人力资源,也为劳动就业开辟了新的渠道。应该说,这种迅速增长的机构与人员数量,是我国社区服务事业发展初期的必要条件。没有这种较具规模的机构和专职人员队伍,社区服务事业的发展是不可想象的。但是,从目前专职人员的学历构成来看,受过大学教育的人员微乎其微,更不用说接受过社会工作专业训练的专业社会工作者了,他们中的绝大多数皆为劳务型的人员。从专职人员的社会分层来看,主要是下岗的中年人、待业的年轻人以及退休的老年人。从专职人员提供的服务内容和服务项目来说,基本上都是简单的劳力活动,像残疾人服务、智力障碍儿童服务、老年人服务、行为偏差者矫治服务、居民心理咨询与辅导、精神康复者辅导、刑释人员辅导与矫治、单亲家庭辅导等专业性、智力型的社区服务,在许多社区至今尚未开展或很少开展。[②] 从社区居民的需求来看,上述专业性、智力型的社区服务都是急需的,而这种服务对于改善和提高居民及其家庭的生活质量,改善社区的人口素质与社会环境,维护社区秩序的稳定,都是十分重要的。由此可见,目前社区服务的专职人员队伍及其服务内容,属于外延扩张型的,内涵发展水平较低。注重内涵发展,培养和引入一大批受过专门训练的职业化、专业化的社区社会工作者,建立社区社会工作者的资格认证制度,应是社区服务队伍建设的必由之路,是提高我国社区服务人员整体社会声望的必由

---

① 上海市民政局编:《上海民政工作发展报告书》,1998年,第32页。

② 这种状况,也从一个侧面反映了社区服务的内涵不够,社区服务人员的社会声望难以提高。本书第一章引证的“中国城市居民职业声望量表”,将社区服务人员排在公交车司机、邮递员等后面,排序为第53位,略高于保姆、民工等,都说明了提高社区服务专职人员内涵的重要性。

之路,也是提高社区服务水平、高质量与高层次满足社区需求的必由之路。

社区服务的兼职人员是指兼任社区服务工作的人员。他们大多来自与社区管理、社区建设和社区工作相关的行政机关、企事业单位、社会团体和居委会。这里的行政机关主要指街道办事处及区政府职能部门派驻社区的单位、乡镇政府,社会团体主要指工会、共青团、妇联、残疾人联合会、老龄工作委员会及其他社团在社区中设立的组织。从当时的情况来看,兼职人员以居民委员会干部为主,其数量也最多。这些在自己本职工作之余兼做社区服务工作的人员,数量众多,大多文化程度高于专职人员,由于较熟悉现行的社会政策,又具有一定的社区工作经验和知识,工作的技能、层次相对较高,服务的专业技能含量较高,所以是社区服务的主体力量。据上海市民政局统计,1998 年,全市有兼职社区服务人员 8 万人。[①] 但是,兼职人员的构成及数量也反映出另外一个问题,即社区服务的主体力量在于"兼职人员"或"业余工作人员"。由于这部分人的本职岗位不在社区服务,其利益基础并不在社区,一些人可能领取为数甚少的津贴(如退休职工担任居委干部),一些人则可能不领取报酬,因此,他们往往对其单位或本部门领导负责,兼职的工作难以对他们进行业绩考核,也难以对他们产生有效的约束力。正因为这种队伍机制,这支兼职人员队伍总体上缺乏从事社区服务工作的内在动力及积极性、创造性。同时,这种"兼职人员"作为社区服务之"主体力量"的现状,也反映了社区组织目标与职能的分化任务尚未完成。

---

① 上海市民政局编:《上海民政工作发展报告书》,1998 年,第 32 页。

志愿者(志愿人员)又称义工,即义务工作者,是一批自愿地向非亲非故的个人或机构提供经常性的、直接的无偿服务的人员。公益性、非营利性、自愿性、经常性和服务对象的专门性等是志愿者及志愿活动的基本特征。社区服务领域的志愿人员,都是基于本人自愿,积极参与社区服务、提供社区服务工作而不谋报酬的志愿者。志愿者与兼职人员的服务都具有公益性、经常性特征,二者的根本区别在于,前者提供的服务完全出于本人自愿且是无偿的,不受任何行政命令的制约,而后者兼任的社区服务则是法定的或行政程序规定的工作之一。应该说,志愿者活动与社区发展是互动的。志愿者的服务在一定程度上参与了社区人文环境的形成,反过来,社区的人文环境也造就了志愿者。建立一个以人为本、讲爱心、重情谊、相互关心爱护和谐的社区环境是社区发展所追求的目标。为达到此目的,我们必须提高人们对社会公共事务的责任意识和参与积极性,培育人们的社会公益观念,弘扬慈善精神、互助精神和奉献精神等,而这些正是志愿服务的精髓。这些自愿地利用自己的知识、时间、精力为社会或他人服务的志愿者,在志愿服务的过程中超越了功利的选择,体现了一种人文精神气质和价值取向。志愿者是社区服务极其宝贵和重要的人力资源,而志愿者的数量和构成也直接代表了社区服务的内涵与发展水平。近年来,一些城市的社区服务之所以开展得轰轰烈烈,一个重要的原因就在于众多志愿者加入了这个工作。据统计,到 1998 年,上海市已有 2 853 支社区服务志愿者队伍,志愿者人数达 84 万人①;同年,广州市的各类志愿者服务组织达 14 711 个,志愿者人数达 26.7 万人,

① 上海市民政局编:《上海民政工作发展报告书》,1998 年,第 32 页。

其中志愿者协会496个,专业服务队2 227支,各类包户服务组织近1.2万个。[①]

当然,我们也应该看到,社区志愿服务活动在我国还只处于起步阶段。尽管民政部和中国社会工作者协会在1994年4月1日颁布了《关于进一步开展社区服务志愿者活动的通知》,但关于志愿服务的社会意义和功能定位、志愿服务的组织体制和运行机制、志愿服务的社会政策等还很不成熟,亟须我们在实践中提炼出一套适合中国国情的理论,从而更有效地开发社区服务的人力资源。从社区志愿服务的实际来看,目前主要存在以下几个问题。一是志愿服务活动及其组织体制、运行机制的行政化色彩、政治动员色彩太浓,许多地方及社区的志愿者协会负责人往往由当地的党政领导担任。而这些又不可避免地会降低或削弱志愿服务活动的"自愿性"。二是志愿服务的对象过于"普适性",一些社区强势人群也成为志愿服务的对象,而这种"普适性"又总是和一些人把志愿服务等同于"好人好事"不无关系。例如,街道与工会、共青团、妇联及一些企业单位偶尔组织的面向全体居民的免费小修、小配等活动,可谓好人好事,但不能称之为志愿服务。根本的理由就在于,这种活动的服务不具备专门性和公益性,一些强势人群完全有能力通过市场购买到这些服务。三是社区内许多公益性设施如图书馆、敬老院、青少年服务中心等一些岗位的志愿人员太少。实际上,这些岗位完全可以招募志愿服务人员来担任,以降低人力资源成本,而现实的情况却是这些岗位基本上都由政府聘任专职人员,

---

① 朱勇:《广州市社区服务发展研究报告》,载时正新、朱勇主编的《中国社会福利与社会进步报告(1998)》,社会科学文献出版社,1998年版,第291页。

政府承担的成本过高。上述三个问题实际上也说明,政府在社区志愿服务领域里的政策机制并未到位。要搞好社区志愿服务,政府应尽可能地收回行政干预的触角,尽可能在一些公益性设施中设置岗位以动员或吸引志愿者参与。也就是说,在志愿服务领域,政府也应该有所为有所不为。

3. 行政管理体制与机制

社区服务的管理体制与机制包括行政管理与行业管理两个层面,是规划、协调、指导和规范社区服务事业发展的制度保证。其中,社区服务的行政管理,是指在政府行政系统层面,通过政策、法规和行政力量实施对社区服务的管理。多年来,我国各地已逐步构建了"政府领导、民政主管、社会参与"的社区服务管理体制与机制。

(1) 政府领导　与西方国家社区组织的发展和社区服务活动自下而上的运行机制不同,我国的社区服务事业自开展之初,就呈现出政府自上而下领导和推动发展的特点。这是因为,在以往计划经济的体制下,我国的"亚社区"长期行使的是政府管理与监督的功能,社会福利功能仅局限于"单位福利",覆盖不到无工作能力、无经济来源的弱势群体,如孤老、孤儿等。大多数居民在生活上、心理上对社区并无特别的归属感和依赖感,一旦他们遇到生活困难、家庭问题,首先求助的是"单位"而非社区。这种情况不仅使社区与多数居民之间难以形成福利服务、公益服务的供求关系,也使得社区服务缺乏自下而上的动力机制和群众基础。改革开放以来,在社会转型的过程中,我国社会福利供给的短缺和社会福利需求增加的矛盾,使得政府一方面着手全面改革社会保障制度,另一方面大力推行社区服务以增加社会服务的供给。在实践中,我国政府利用行政架构的效率,自上而下大规模地推行社区服务。

事实证明,社区服务之所以能在中国得到如此迅猛的发展,完全得益于政府的态度和政策导向。可以说,如果没有政府的推动,仅靠社区内部居民自下而上的参与,社区服务充其量只能是一个或几个社区的发展,而不是整个地区乃至全国的发展。

政府对社区服务的介入主要涉及社区服务政策的研究、制定和推行,社区服务规划的制定和实施,社区服务标准的制定和实行,社区服务机构的审批,行政立法和监督等。具体来说,第一,政府通过各项政策推动和扶持社区服务的发展。自 1987 年民政部提出"社区服务"概念以来,社区服务成长的每一步都离不开政府的推动和倡导。特别是 1993 年国务院 14 个部委共同颁布的《关于加快社区服务业发展的意见》规定了各部委的职责,制定了发展社区服务的各项优惠政策。各级地方政府也相应出台了发展社区服务的政策。1996 年 3 月 17 日,在《中华人民共和国国民经济和社会发展"九五"计划和 2010 年远景目标纲要》中,中央政府进一步对社区服务做出了统一的倡导和规划,提出了"积极发展社区服务,充实社会服务设施,方便人民生活"的指导方针。在上海,各个区都制定了发展社区服务的扶持政策,包括工商局简化办证手续、民政局核发居委会社区服务证书、税务局对社区服务业实行税收减免政策等。这些政策都极大地推动了城市社区服务业的发展。第二,政府在组织上具体落实社区服务工作。如上海,从 1992 年起,社区服务就被纳入"市府实事工程"并延续至今。1992 年,上海市政府在 50%的街道中建立了社区服务中心,在 1 000 个居委会中组建居委会社区志愿者队伍,并开展为老服务。1993 年的实事项目是全面建成社区服务网络。1994 年,政府要求改造街道敬老院,建立家庭敬老室。1995 年，改造和扩建 25 个街道敬老院，建成 20 个街道社区服务示范点。1996 年，改建 25 个街道敬老院。1997 年，在每个居委会中建立老年活动室。1998 年，在全市建立 800 个社区电脑亭。1999 年，建立了社区服务热线……实际上，这种工作方式也存在于其他地区，如广州、大连等城市。这种工作方式有效促进了社区服务的发展，体现了政府开展社区服务的主导地位。第三，政府是城市社区服务工作的规划指导者。政府通过制定文明社区指标，开展示范评比和文明创建，对社区服务进行监督和激励。1995 年，我国出台了《全国社区服务示范城区标准》，对社区服务工作给出了明确的评价标准。

综上所述，政府在社区服务中发挥了重要的推动作用。政府的行政动员、政策指导、组织参与是社区服务发展的主导力量。特别是在我国社区组织还缺乏自下而上的运行机制时，政府对社区服务的推动更显得不可或缺。

（2）民政主管　具有中国特色的社区服务不仅将民政工作对象的服务需求置于主体地位，而且在组织建制上由民政主管。这是因为：第一，社区服务具有特殊的民政服务历史渊源和社会福利性质，而民政部门一直承担着管理特殊社会福利的职能，有责任对新产生的社会需求做出反应；第二，民政部门同时主管城市基层政权和居委会工作，拥有推行社区服务的行政支持网络；第三，民政部门具有推行社区服务的政策资源、设施依托、人员准备等工作基础。[①] 在现实的运行中，整个社区服务的主管部门是民政部，主要

---

① 朱勇：《中国社区服务发展模式研究》，载时正新、朱勇主编的《中国社会福利与社会进步报告（1998）》，社会科学文献出版社，1998 年版，第 62 页。

由民政部内的社区服务办公室进行宏观管理。

在我国,由于社区服务性质独特、涉及面广,由民政部主管的社区服务行政管理体制可分为市、区、街道三级管理。如上海,在市一级设立由市民政局、老龄委、卫生局、教育局、托幼办、退管会组成的社区服务协调机构,市民政局内设社区服务办公室,配备专门人员,以指导全市社区服务工作,研究、检查和总结社区服务工作及制定有关政策法规;区一级成立由分管区长挂帅、区民政和有关部门负责人组成的社区服务协调委员会,具体领导、检查、督促全区社区服务工作,研究处理社区服务中的问题,做好有关部门的协调工作;街道一级也成立相应组织,确定和实施服务项目,检查、指导、督促居委会开展社区服务工作。从行政管理的角度看,这三级机构的设置是基本相同且上下对应的,不同的是管理权限的差别。它可以分为主管机构和协调机构两大职能:主管机构为各级政府的民政局(科),其职能是部署、组织和实施社区服务工作;协调机构的职能是制定社区服务的发展规划和政策、法规,协调和整合相关部门。

社区服务经过多年的发展,其内涵与外延正在不断丰富和扩展,已超出社会福利或民政工作的范畴,越来越具有社区发展的特征,民政部门的职能和权限已经难以胜任社区服务事业的管理。在实际运作中,社区服务的主要管理者是街道和乡镇这一层级。这是因为,街道和乡镇是社区服务真正展开的生活空间,也是社区服务的真正组织者和提供者。从立足民政到立足社区的转变,是中国特色社区服务发展的必然趋势。立足社区就是把社区服务置于社区发展的范畴,使之成为社区发展的功能目标和组织形式。也就是说,通过社区服务的推行,不断改善社区的经济、社会和文化发展水平，培养社区成员的参与意识和互助合作精神，增强社区的凝聚力，最终实现社区的全面发展。

（3）社会参与 社会参与首要的是社区居民的参与。社区居民的参与，既是社区服务发展的动力，也是社区服务追求的目标。同时，居民自觉地参与社区服务意味着他们的社区意识和社区责任感的提升。目前的主要问题是，参与社区服务的大多是离退休人员，社区单位和在职人员的参与率不高。另外，参与机制尚未规范化、制度化。

社会参与还包括社区内外机构团体的参与。社区内外的机构有街道社区各个政府的派出机构，民政、公安、税收、城建、工商等部门，共青团、妇联、工会等组织，企事业单位等。社区内外机构全方位参与社区服务可以充分调动一切社会资源，推动社区服务的发展。

此外，就社区服务的具体运行机制来说，对于不同性质的操作单位，应实行不同的运行机制。对此，民政部曾给予了以下概括性的提示，即"对于满足民政对象和特殊困难群体的基本需要、没有营利条件的福利型单位，政府给予补贴；对于以满足社区居民物质文化生活需要为目的的福利经营性单位，应按照社会效益为主的原则进行规范，主管部门根据其承担公益性任务和社会效益、经济效益状况，适当给予补贴与扶持；对于完全有经营能力和营利条件的社区服务单位，实行自负盈亏、自我积累、自我发展的运行机制"①。

---

① 《大力发展社区服务业，建立健全城市社会福利服务体系》，载《全国社区服务经验交流会议文件汇编》，民政部社会福利司，1995 年版，第 19 页。

4. 行业管理体制与机制

社区服务的行业管理是指根据市场经济条件下服务业的行业特点和运行规律而实施的社区服务管理方式。1993 年,民政部联合国务院其他 13 个部委颁布的《关于加快发展社区服务业的意见》,要求“把发展社区服务业作为与提高人民生活水平、提高人口素质密切相关的行业纳入第三产业发展规划及其他有关规划”,由此,社区服务在行业上作为第三产业的服务业得到了优先发展,经过多年的实践,社区服务行业管理制度的基本框架已经初步确定,其内容主要包括以下两个方面:

第一,各省市纷纷建立行业管理机构。社区服务的行业管理总的归民政部门管理,但为了进一步加强其行业管理,许多区、街道、居委会分别建立了不同名称的行业管理机构,如上海在街道社区一级成立了社区服务中心;在广州市,有的区在区一级成立了社区服务管理总站,在街道一级成立了社区服务管理分站。需要注意的是,经营性服务需办理正规的工商营业执照,福利性社区服务机构要经过审核。

第二,通过社区服务认证制度,健全行业管理规范。由于社区服务是特殊的第三产业,不同于单纯的经营性企业,它通过社区服务认证制度要求被认证单位和个人必须具备一定的资格,拥有一定的服务手段和相应的软件、硬件,承担相应的社会责任,坚持社会福利属性和便民微利性质,自觉接受民政部门的领导。例如,1996 年,广州市民政局、工商局和地税局联合制定的社区服务认证制度,就规定了以下四方面的内容。(1) 对各级社区服务设施和网点统一实行认证制度。(2) 社区服务证书适用对象为区、街道、居委会主办的福利服务、优抚服务设施;以居民生活服务为主的便民、利民网点;经营性的服务设施或网点。特别是经营性的社区服务设施和网点,必须同时具有工商营业执照和社区服务证书。(3) 持有社区服务证书的服务设施和网点,可以享受不同规定的税收减免和政策优惠。(4) 实行社区服务证书年检制度,对经年检不合格者,取消其社区服务证书。[①] 社区服务认证制度有效地规范了社区服务业的运行和发展,制约了违背社区服务宗旨的不良行为的发生。

三、社区服务面临的主要问题及其对策

多年的发展路程表明,直至2000年,我国城市和农村的社区仍然处在“亚社区”向现代社区的过渡阶段,社区服务仍然处在初级阶段或起步阶段。与经济体制改革和社会结构变迁的双重转型期相应的是,我国的社区服务尚缺乏稳定成熟的理论体系,实践中也难以形成稳定的、制度化的格局。无论是社区服务的理论体系还是实践格局,都具有过渡期的特征。也正是这种过渡期特征,造成了一些事关全局发展的问题,即政府行为与社会行为的关系问题、福利性与经营性的关系问题、社会化与专业化的关系问题。高度重视和研究这些问题并提出相应的对策,有助于进一步搞好我国的社区服务事业。

1. 政府行为与社会行为的关系

众所周知,我国的经济社会改革总体上属于政府推动型,从属

① 朱勇:《广州市社区服务发展研究报告》,载时正新、朱勇主编的《中国社会福利与社会进步报告(1998)》,社会科学文献出版社,1998年版,第296~297页。

于第三部门的社区服务也是由政府自上而下地推行起来的。政府依赖自己的行政权能优势、财政支持和组织资源,促使社区服务事业在短时间内就获得了蓬勃的发展。实践证明,在我国,社区服务政策法规的制定、社会福利资金的投入、社区资源的整合,都需要政府承担相应的责任。随着政府行政体制改革的深入,应按照“大福利、大服务政府管,小福利、小服务社区管”的方针和“政社分开”的原则,政府和社会、社区都应逐步划分自己的职能,厘清各自的行为目标、行为准则与行为界限。但现实的情况是,政府的行为中仍然存在着“政社不分”乃至包办社区服务的倾向。同时,在尚未区分大福利与小福利、大服务与小服务的情况下,一些地方政府又将原来介入社区公共事务的福利服务工作(如公共设施、道路、公园、健康、就业服务和教育等)作为小福利、小服务推给市场。这样,政府在社区服务中的行为就出现了奇怪的现象:一方面,政府仍囿于“政社不分”的旧体制、旧习惯,管了一些不该管的事;另一方面,政府将本该自己管的事拱手让给市场。这两种倾向都不利于社区服务的发展,如果“政社不分”或政府包揽社区服务,势必导致社区服务缺乏社会行为,从而削弱社区特性;如果政府将属于自己管理范围的服务项目推入市场,容易造成社区服务以营利为目的,削弱社区服务的福利性和公益性。

因此,要严格界定政府在社区服务中的职能,政府应该坚持社区服务的福利性,激发社区服务的公益性,合理介入属于自己管辖范围的社区服务。同时,政府决不能包揽社区服务,避免重蹈西方“福利国家”的覆辙。否则,政府背上沉重的社会福利包袱,不利于政府职能的转变,更难以从“政社不分”“政事不分”的泥潭中自拔。克服政府包揽一切的做法,需要在实践中突出社区服务的社区性,变“立足民政”为“立足社区”。

所谓社区服务的社区性，不仅体现在服务对象、内容和管理体制上，更主要的是体现在资源的配置和社区居民的参与机制上。

从配置资源的角度看，立足社区，挖掘、开发和运用社区资源，推进社区服务事业，是社区服务的基本理念和本质属性所决定的。社区服务奉行的是自强自立和互助合作精神。一个缺乏自强自立精神的社区，是很难有所作为的。如果政府包揽社区服务的资源投入，虽然社区服务会因较强的物质基础而起点高、起步快，但过分依赖政府的外部投入，最终将不利于社区内部的资源运作。一旦政府投资不足，社区服务就会失去持久的内在动力。再者，社区服务存在的一个重要原因就是弥补政府社会福利资源的不足。把社区作为一支相对独立的力量从政府和社会中分化出来，依靠社区发展服务，其目的就是利用社区来承担和完善政府剥离出来的福利服务功能。从这个意义上，可以说社区服务又是一种社会行为。

从社区居民的参与机制来看，社区服务是以社区居民的参与为发展的动力和追求的目标。以人为本是社区服务的宗旨，也是其最高境界。社区服务不仅要满足社区居民的生存需要和发展需要，而且要以人的全面发展和自我实现为目标。社区服务过程，实际上是增强居民的参与意识、培养居民的社区责任心、实现“自我管理、自我教育、自我服务”的过程。如果政府包揽社区服务，社区居民只能是服务的简单受助者，而不是服务的提供者。其结果必然是，一方面加深了受助对象对政府的依赖性，不利于居民参与意识和社区责任心的培育；另一方面，在政府包揽社区服务的情况下，社区居民即使参与社区服务，也是行政性的被动参与（要我参与),而不是发自内心的道德性参与(我要参与)。

社区服务要摆脱政府包揽的做法,首先必须树立以社区为本的思想,充分挖掘社区内的物质资源、人力资源和组织资源,依靠社区自身的力量,推进社区的发展;同时,将求实精神、奉献精神、互助精神和社区责任心融入居民的参与意识,并将其培育成社区服务的精神支柱。当然我们也不能因噎废食,立足社区并不意味着排斥政府的投入和支持,恰恰相反,政府的投入不仅是社区服务发展的重要保证,也是政府的重要职能。我们所追求的是,在政社职能分开的前提下,努力把政府行为与社会行为有机地结合起来,使之互为补充,互相促进,形成推动社区服务的合力。

2. 福利性与经营性的关系

社区服务中的福利性和经营性的关系一直是一个有争议的问题。一种看法认为,社区服务应该以福利服务为主、经营性服务为辅,经济效益只是手段,社会效益才是目的。另一种看法则认为,社区服务应该走市场化的道路,因为若没有经济效益,社区服务就不可能持续发展。最后,争论的焦点归结为如何看待经营性服务的问题。因此,社区服务在其发展进程中出现了一种奇怪的现象:在理论层面,人们认同社区服务的福利性和公益性;但在实践中,政府的政策导向却是鼓励经营性服务。

社区服务是由非营利性的福利服务和公益服务转换而来的。应该说,福利性和公益性是其根本的宗旨和目标。在实践中,由于受资金短缺与不断增长的服务需求矛盾的掣肘,社区服务的福利属性往往受到不同程度的损害。政府为弥补自身投资的不足,出台了许多鼓励和扶持社区服务的政策,以激发全社会的力量兴办社区服务。甚至从办证、办照到提供服务场地和设施,从贷款的优先到税收的减免，从中央到一些地方政府都出台了一系列优惠措施，以此为社区服务拓展生长空间，增加营利机会。在社区服务产业化思想的指导下，有的城市甚至视社区服务业为新的经济生长点，过分追求社区服务的经济效益，以致社区服务的福利性和公益性却在有意无意中被削弱、淹没于对经济效益的追求中。

营利性服务对于社区服务事业的介入，在短时间内动员了社会各方面的资源涌入社区，使社区服务得到了长足的发展，同时，也给社区服务带来了一些混乱和不规范现象。这种混乱和不规范现象，首先表现为部分社区组织的"寻租"行为（"寻租"是利用政治上的特权为自己谋取经济利益的代名词），直接导致社区服务中的腐败。由于利益的驱动，在社区或小区中兴办营利性服务项目的比比皆是，只要能赚钱，有些小区乃至街道办事处甚至对无照经营、违章搭建、私自出租以及转包经营等现象视而不见。其次表现为一些组织和个人钻国家政策的空子，打着社区服务的牌子，向挂靠机构缴纳少量的管理费，实际上处在无证经营的状态，偷税漏税现象十分严重。

造成社区服务的混乱即过度市场化的原因是多方面的。其一，社区服务的概念界定不明确。社区服务这个概念自诞生之日起，其性质归属就不清楚，社区服务到底是属于社会保障、社会福利体系，还是属于产业体系，在认识上一直没有形成共识。一般认为，社区服务具有双重属性，它既是一项社会福利服务事业，又是一项服务性产业，兼具福利性和商业性。这种概念上的混乱使得具体的实施者和操作者无所适从，也难以进行有效的管理。比如现行的做法是福利性的服务归民政管，营利性的服务归工商管，那些既具有福利性又具有商业性的服务就不知道到底应该由谁管了。其实,行政主管部门早已认识到这个问题的严重性,如上海民政部门正在将工商管理的社区服务接过来,由民政部门统一管理,以坚持社区服务的福利性。其二,福利性社区服务的供给滞后于居民日益增长的社区服务需要,政府对福利保障和社会服务的资源分配不足,是社区服务市场化的重要原因。从各大城市社区服务的经验来看,社区服务资金究竟是以政府资助为主,还是以社区组织自行筹集为主,是关系到社区服务走福利型道路还是走经营型道路的前提或关键。也就是说,在现有的条件下,要坚持社区服务走福利型道路,就必须在社区服务的资金来源上坚持以政府资助为主。因为社区服务是一种福利事业,社会福利政策的本质是社会资源的再分配。政府是社会资源的最大所有者,理所当然也应是社会福利的主要投资者。然而,我国社区服务发展的现状是,由于种种限制,政府对社区服务的投资面对不断增长的服务需求总是稀缺的,在目前乃至今后相当长的一段时间内,我们必须以有偿服务弥补无偿服务,以经营性服务弥补部分福利服务。如果放弃经营性服务,社区服务就失去了物质基础,也难以实现可持续发展。当然,随着国家经济实力的增强,随着社区服务社会化程度的提高,社区居民对社区经营性服务的依赖必将逐渐降低,经营性服务淡出社区服务体系可能是今后的方向。

3. 社会化与专业化的关系

走社会化的道路还是走专业化的道路一直是社区服务中的一个难题。所谓社区服务的专业化,就是指社区服务有专业化的组织、专业化的队伍及专门的资金来源等。我国香港以及世界其他发达国家或地区的社会服务已经或正在走这条道路。所谓社区服务的社会化,就是指社区服务的管理、经费及设施等都通过社会化的办法来解决，即社区服务管理由社区内的单位共同承担、社区服务经费到社会上筹募、社区服务设施依赖社区内的单位提供或自主筹措等。我国的社区服务目前比较注重后一种做法。

应该说，社区服务的专业化是城市社区服务发展的方向，因为它不仅符合社会组织的结构分化和功能专门化这一社会发展的客观规律，而且与当前我国正在进行的经济体制转轨和社会结构转型是相适应的，是与市场经济的经济管理体制和“小政府、大社会”的社会结构模式相适应的。至于社区服务社会化的做法，虽然在一定程度上拓展了社区服务的范围和空间，动员了社区服务的社会资源，但这只是在经济发展水平低下和政府财力有限的情况下发展或推进社区服务的一种辅助手段，不能将其作为筹集资金、设施和从业人员的基础。从长远来看，专业化是方向，是社区服务生存和发展的基础，而社会化是手段，是促进社区服务更加兴旺的措施。①

在现实中，要提高社区服务的专业化水平，必须有一支专业化的社会工作者或社区工作者队伍。目前，我国正在加快社会工作专业化的步伐。但专业化毕竟是一个过程，不能一蹴而就，在社区社会服务人员缺乏专业知识、专业社会工作人才一时难以到位的情况下，加强普及性的在职培训是快速提升从业人员专业技能的有效途径。在培训过程中，我们应首先注意培养学员的社会工作价值观，从“尊重人、关心人、爱护人、帮助人”的社会教育中，培养他们的奉献精神和认真负责的工作作风。我们还应该对他们进行

① 刘祖云：《香港与武汉：城市社区服务比较》，载《华中师范大学报（人文社会科学版）》2000 年第 1 期。

专业理论(如社会工作学、社会学、社会心理学、社会政策与法规等理论知识)和工作技巧(如个案工作方法、团体工作方法、社区工作方法等)的培训。只要通过不断的积累,我国的社区服务专业化水平就会逐渐提高。

第七章　中国特色的社区社会保障

社区社会保障在理论和实践上都是一个崭新的课题。改革开放之前，我国长期实行的是中央集权的计划经济体制和“单位人”的社会管理体制。与此相应的社会保障制度，也明显打上了“单位保障制”的特征。改革开放和社会主义市场经济的发展，使得原有的“单位保障制”趋于瓦解。原有的社会保障职能逐步从单位中剥离出来，国家、社会和单位开始成为新型的社会保障运作主体，而社区也理所当然地成为这个运作主体的重要成员。建构具有中国特色的社区社会保障体系，已成为整个新型社会保障体系的重要组成部分。当然，在社区保障体系的建构及运作实践中，如何把握社区保障的内容，如何推动社区保障的运行，都是有待深入研究的问题。

一、社区保障的含义、功能与特征

应该说，我国的社区保障研究目前尚处于起步阶段。在理论上概括和阐述社区保障的架构、功能等，应是一项极富挑战性且兼具原创性的工作。这里，我们不妨先从社区保障的概念理解开始。

1."社区保障":社会保障的组成部分

社区保障是社区社会保障的简称,是整个社会保障体系的组成部分。二者在内涵、外延上具有一定的包容性。因此,科学地认识"社会保障"是正确把握和理解"社区保障"的大前提。

"社会保障"(Social Security)一词,最早运用于1935年美国罗斯福新政时期的《社会保障法》,之后则被越来越多的国家所使用。现在,社会保障一般是指国家和社会根据一定的法律和法规,通过国民收入的分配和再分配,保障社会成员的基本生活权利和生活需求,以维护社会稳定、促进经济发展的一种社会安全制度。这种社会安全制度的内容一般由社会救助(社会救济)、社会保险、社会优抚和社会帮助等四个部分构成。其中,由国家提供的失业救济金、最低保障生活费、自然灾害救助等,是社会保障的基础和安全底线,旨在维持社会成员最基本和最低生活水平的保障;由医疗保险、养老保险、失业保险等构成的社会保险,因其保障的人口最多,对象主要为在职的、失业的或退休的劳动者,故可称之为社会保障的核心;由国家和社会对退伍军人、现役军人家属、烈士遗属等提供的优抚和优待,是一种特殊的社会保障;至于由政府和民间对弱势群体(如残疾人、老年人、受虐妇女和儿童等)提供的社会帮助及社会互助,则是一种兼具社会福利和慈善事业特征的社会保障。

此外,根据运作主体和资金来源的不同,可以将社会保障划分为四种类型。其一为国家保障。国家通过制定社会保障的法律、法规和政策,对全体公民因年老、疾病、丧失劳动能力或意外灾害等造成的风险予以保障;通过财政拨款——转移支付——来为失业、意外伤残、年老等无经济收入的弱势人群提供现金或实物等形式的帮助,以维持其最低生活水平;在全国范围内,监督和保证社会保障制度的健康运转。其二是企业或单位保障。这里的企业或单位保障，并非指它们直接、全部地承担社会保障的职能，而是指通过强制性缴纳社会保障方面的税费所承担和实现的一部分间接性保障职能，这些税费主要有医疗保险、养老保险、失业保险等费用以及住房公积金等。此外，当职工遇到某些特殊困难和意外时，企业或单位可通过自有资金予以救济和帮助。其三是狭义的具有民间性质的社会保障，即通过社会提供的保障，主要有慈善组织、有关的基金会等社会团体和作为基层社会的社区所提供的救助和帮助。其四则是个人或家庭保障。这实际上是一种自我保障、自我帮助。社会成员获得的劳动报酬、风险收入或其他合法收入，不仅需要维持本人及家庭当前的生活，而且需要拿出一部分用于养老和缴纳医疗保险，或防备失业及可能丧失劳动能力等风险。个人保障所需的资金主要通过个人储蓄和保险来提供。

上述四种类型的保障各有长短。四者相辅相成、互为补充，构成了四位一体的社会保障体系。当然，由于我国的经济发展水平还处于现代化的起步阶段，国家、企业、个人各自所拥有的经济能力还很有限，因此，现阶段的国家保障只能为遇到特殊困难的一部分社会成员提供有限的生活保障；企业或单位保障只能为本单位的职工解决部分困难，间接地承担一部分法定的社会保障职能；狭义的社会保障可以动员民间的社会资源承担一部分慈善性、福利性的社会帮助职能，并促进居民之间的互助；个人保障或家庭保障只能为自己或家庭提供有限的生活保障。可见，在四位一体的社会保障体系中，国家、单位、社会和个人所提供的保障缺一不可，只有相互配合，方能相得益彰。

那么，在整个社会保障体系的运作实践中，社区的地位和角色又是怎样的呢？其实,这个问题本身就具有鲜明的过渡时期的中国特色。这是因为,在发达国家和地区,国家或政府所掌握的财力主要投向教育、科学、文化、国防以及社会福利与保障部门。国家、企业、个人以及发育完善的社会组织和中间机构,成为责任明确的社会保障的资金与运作主体,而社区在社会保障体系中的作用并不明显,一般也不能构成社会保障的运作主体。我国的情况则很不相同。首先,国家掌握的财力至今仍有很大一部分直接投资于企业发展或组织经济活动,而用于社会福利、社会保障方面的投入则相当有限。其次,由于社会层面的发育不足,非政府的社会组织和中介机构至今在数量和质量上均不能适应社会职能的分化,也无法完全承接从政府和企事业单位剥离出来的那部分社会职能,包括社会保障的职能。在这种情况下,社区的地位和作用就明显地凸显出来。社区不仅可以承接从政府和企事业单位剥离、分化出来的那部分社会管理、社会服务职能,还可以暂时弥补各种非政府社会组织和中介机构发育不全的缺陷,替代这些组织和中介机构承接一部分社会保障的职能。这样,社区作为基层社会的一部分,不仅成为国家保障任务的落实者,而且同各种慈善组织、基金会等社会团体一样,成为地位突出、作用明显的狭义社会保障的运作主体。随着我国城市社区的发展和社会保障制度改革的深化,社会保障事业在社区这一地域社会中迅速发育并成长起来,以至于学术界有人主张我国应该走社区化的社会保障或社会保障的社区化道路。[①] 正因为社区在整个社会保障体系中的地位、作用愈益突出,也就有了认识上和实践上的“社区保障”概念及其理解问题。

---

① 杨团:《中国的社区化社会保障与非营利组织》,载《管理世界》2000年第1期。

概括来说,所谓社区保障就是指社区承担或实施的社会保障工作。这也是我国社会保障体系的重要组成部分。它以国家的社会保障制度为基础,以社区作为社会保障制度的基本落脚点,以社区居民作为社会保障的对象,以保障居民的基本生活权利和需求为根本任务。

事实上,社会保障与社区保障在概念上存在着包含关系,即社会保障包含了社区保障的内容,但社区保障又有其微观性的一些特点。

(1) 从保障的对象来看,国家保障的对象应该包括全体社会成员,其制定的社会保障政策、法规是统一的,覆盖了全部保障对象;企业或单位保障的对象是本企业或单位的职工,其保障对象具有局部性;社区保障的对象是居住在该社区的全体居民,也包含部分特殊的优抚对象和弱势群体。另外,单位中的保障对象之间的关系是同事,是工作伙伴,他们的利益大体一致,他们之间容易相互帮助。在社区,其保障对象之间没有工作纽带相连接,他们相居为邻可能不相往来,加上市场经济体制下出现新的社会分层,使得他们对保障的诉求也呈多样化,所以整合社区保障对象的是社区共同的生活环境、共同的风俗文化、共同的社区服务,甚至是共同的社区行动等。

(2) 从保障的供给来看,国家保障的供给主要来自企业及个人所缴纳的各种社会保障及税费,通过财政支出发送;企业或单位保障的供给来源于企业的自有资金;个人保障依赖于个人储蓄和保险;社区保障除了政府财政拨款和街道经济退税外,它还可以发掘和利用自己独特的社区资源,增加供给,以满足社区自身多样化的社会保障需求。

(3) 从保障的目的来看,作为现代国家的一种安全制度,整个社会保障体系的运作都是为了保障社会成员的基本生活权利和需求,在宏观上降低和消除市场失灵所产生的社会风险与不稳定因素,维护社会的秩序与稳定,促进国民经济的持续发展和社会的全面进步。其中,社区保障则是在微观上为社区居民的基本生活权利等提供安全保护,以确保居民不因暂时的生活困境或永久性的困难而陷入孤立无援的境地,维护社会的秩序和稳定。

(4) 从保障的具体事务运作来看,无论是社会救济、社会保险还是社会优抚或社会帮助,一般都通过政府职能部门、中介机构、社会团体、社区等来实施和运作。不过,随着我国社会保障制度的改革,随着我国社区建设实践的不断深入,社会保障的社区化趋势日渐突出。也就是说,社区作为我国社会保障制度的基本落脚点,已开始承接越来越多的社会保障具体事务,如社会救助的审查和发放、失业保险和职业介绍、部分优抚对象的定期抚恤、定期定量补助和优待金的发放等。社区还发展了老年人服务的福利设施,办起了安置残疾人就业的福利工厂,组织了各种褒扬优抚对象及帮助优抚对象排忧解难的活动,开展了维护老年人合法权益的宣传和调解活动,建立了精神病人的监护网络等。特别是上海关于帮困粮油卡、实物帮困、最低生活保障线等社会救助的申请、调查、审核、批准、发放,全部都在社区完成,社区保障工作的内容在社区工作中所占的比例越来越大。

需要指出的是,强调社会保障与社区保障的包容性,强调社区保障在整个社会保障体系中的地位和重要性,就是为了充分发挥社区在社会保障方面的独特优势,更好地发挥社区的社会保障功能。例如,国家依托社区的社会保障组织、居民委员会等,就可以清楚地了解居民个人及家庭的情况，及时而又准确地做好社会救济、社会保险、社会优抚、社会帮助等具体的保障事务。慈善机构及其他一些社会团体通过社区和依托社区，可以更好地动员和组织民间资源，更有针对性地、高效率地实施社会帮助。但是，在强调社区保障的地位、作用的同时，千万不要走进这样一个误区，即误以为随着“单位人”向“社会人”的转化，社区作为社会保障的依托和落脚点可以包揽一切保障事务。实际上，社区保障只是整个社会保障体系的一个组成部分，并不是社会保障的全部，不可能代替国家保障、单位保障、个人保障以及其他社会团体提供的保障。社区保障只是在社会保障社会化的过程中承接了从企事业单位中剥离出来的一部分保障职能，承接了国家和社会保障机构交办的一些具体的保障事务。所以说，不能将社区视为一只筐，什么东西都往里面装，无限地夸大社区的地位和作用。我们深信，随着我国社会保障工作在社会层面的不断发育和完善，专业化的非政府组织、社会团体和中介机构必将发育壮大起来，从而与社区一起分担社会保障的职能和具体事务。

2. 社区保障的特征与功能

为了更好地认识社区保障的地位和作用，需要进一步去研究和把握社区保障的基本特征和主要功能。

从基本特征的角度来看，社区保障具有强制性、普遍性、福利性、互助性、区域性等五个特征：

（1）强制性　社区保障的强制性，首先体现在在社区的范围内执行国家制定的有关社会保障的法律和法规，对社区居民的年老、疾病、丧失劳动能力或意外灾害等风险予以保障。其次体现为强制性服从，即每一位社区成员只要符合社会保障的有关法律规定,都必须参加社会保障并受其保障,没有选择是否参加保障的自由;都必须遵守国家有关社会保障税法或社会保险基金统筹的法令、法规。

(2) 普遍性　社区社会保障的实施范围普及到全体社区成员。社区保障制度的覆盖面愈大,其抵御风险的能力就愈强,这就是人们所说的“大数法则”。同时,由于在市场经济条件下,劳动者普遍存在生、老、病、死、伤、残、失业等风险,这些风险是不可避免的,因此,社区保障就具有了普遍性。从社区来说,不分老城区和新城区,不分中心城区和城郊接合部地区,不分在职职工还是下岗职工,不分待业青年还是退休人员,不管有无劳动能力,只要是居民个人及其家庭生存发生了困难,原则上都应普遍地、无例外地给予其基本生活的物质保障。

(3) 福利性　社区保障的福利性体现在各个环节不以营利为目的,而以造福社区居民、以最小的花费解决最大的社区保障问题为目的。一般来说,被保障的个人不直接交付全部保障费用,而由实施保障的社区给付。社区保障的经费主要来自政府财政、企业和个人缴纳三部分。社区保障除了无偿现金给付外,还无偿提供医疗护理、伤残重建、职业康复、职业介绍以及生活照顾等方面的福利性社区服务。实际上,无偿的、低偿的和有偿的社区服务,也可列入社区保障中社会福利的范畴。因此,社区保障与社区服务的概念有时会有所交叉。不过,社区服务属于广义的社会保障范畴。

(4) 互补性　社区保障具有以丰补歉、同舟共济的特点,即通过社区所有成员的互助共济实现对少数遭遇困境的居民及其家庭的帮困或补偿。同时利用各种形式,挖掘民间资源,为社区的一些弱势群体提供帮助。社区不仅可以用现金、物质、劳务等给社区弱势群体提供直接帮助，还可利用社区教育进行再就业培训及职业介绍等提供间接帮助，发挥保障作用。

（5）区域性　区域性是社区保障独有的特性。每个社区都有其特定的人口、地域、文化背景。由于各社区存在问题的差异性以及社区居民的保障需求的多样性，决定了解决问题的手段和满足这些需求的条件各不相同。因此，社区保障必须立足于社区特点，面向社区需求，依托国家社会保障制度和社区资源而开展。当然，社区保障的区域性特征不是绝对的，社区保障既要受本社区特殊的需求与供给特点所制约，又必须与社会保障体系和制度的发展保持一致。只有这样，才能既发挥社区的优势，又发挥社会保障的功能。

从功能的角度来看，社区保障在实践中主要有以下三大功能：

（1）补偿功能　社会保障的补偿功能是指劳动者和其他社会成员在因风险暂时或永久失去收入时必须获得一定程度的经济补偿或物质帮助。社会保障的补偿功能主要表现在社会保险和社会救助两个方面。因为社区的社会保障组织及工作人员可以详细、清楚地了解社区内居民及其家庭情况，所以社会保障的具体事务由社区来承担可落实到每个家庭和个人。从这个意义上可以说，社会保障的功能在社区保障实践中能发挥得更及时、更到位、更彻底。

（2）调节功能　它首先表现为将社会保障的调节功能具体化。现代社会保障作为国家实施的重要社会政策，是调节收入、缩小贫富差距、缓和社会矛盾的重要手段。现代市场经济在追求效益的同时并不能解决效率与公平的矛盾。如果严格使用偿付能力的规则,将冷酷无情地危害老弱病残者和失业者等弱势群体。在我国经济体制改革的过程中,这些弱势群体大多不再依附于固定的单位保障,像老年人问题、下岗工人问题等基本集中在社区。这就要求每个社区根据国家社会保障政策和法律、法规,积极具体地解决这些问题,减少社区中的冲突和纠纷。当然,社区保障的调节功能还表现在满足社会保障需求的多样性上。我们知道,我国社会保障的供给和发送具有统一性,因为其政策的制定和制度的确立要通过立法的形式,由国家组织实施并承担责任。而社会保障的需求是多样的,它集中反映在社区中每个居民特殊的需求和利益上。这就要求社区中的有关组织充分利用社区中的人、财、物等资源,协调社区各要素之间的关系,满足各种各样的保障需求。

(3) 稳定功能　社会保障的稳定功能在于,将国民收入的分配和再分配形成的基金用于保障人民的基本生活需要和身体健康,防止贫困的出现,提高全社会的就业水平和福利水平,保证经济的稳定发展和社会各系统的安全运行。而社区保障的稳定功能则在于,通过社区内具体的保障工作增强保障对象或社区居民的生活保障感、心理平衡感、社会公平感、人际亲密感和政治上的向心力,从而达到社会的稳定。比如在社区内开展下岗工人的社会救助和职业培训,既可以使这些下岗工人感到国家和社会对他们的关心,使他们获得一种安全感和心理的平衡,又可以提高他们的职业技能和就业能力,从而降低社区的非稳定因素。

3. 我国社区保障的历史回顾

社区保障的发展经历了一个从无到有的过程。应该说,20 世纪 80 年代以前,我国的社区保障是在计划经济体制下的社会保障,大多集中在单位保障而不包括社区保障的内容,也不存在社区保障的概念。80 年代以来,随着我国计划经济体制向市场经济体制的转变,社会保障制度也开始了全面的改革,社会保障的职能分化越来越明显,出现了社区保障这种新形式。社区保障作为社会保障的一部分,是伴随着社会保障的改革和现代社区的生成而出现的。

纵观我国社会保障的发展史,它经历了中华人民共和国成立初期的创立时期、"文革"中的停滞时期、"文革"后的恢复时期和 80 年代以来的全面改革时期。自 1949 年中华人民共和国成立以来,我国逐步建立和发展了一套适应计划经济体制的社会保障制度,并形成了以职工保险、公共卫生保健、社会救济、社会福利为内容的体系。80 年代以来,随着我国经济体制改革的不断深化,传统的社会保障制度已经不适应市场经济发展的需要,社会保障制度存在的国家和企业包揽过多、社会化程度低、运行机制僵化、社会保障覆盖面狭隘等弊端日益凸显出来。经过 20 多年的改革、探索和实践,到 2000 年前后,我国在城镇居民中已初步形成了以社会保险、社会救助和社会福利为主体的社会保障体系。

在社会保障制度的改革过程中,传统的政府办社会福利逐渐萎缩,新兴的社会化社会保障工作及社区服务和社区保障得到了空前的发展。自 1986 年国家民政部提出社区服务的概念以来,与社区服务交织在一起的社区保障也应运而生。社区保障是社会保障社区化的产物。以经济建设为中心的现代化事业,迫切要求政府转变职能,要求企业甩掉"单位办社会"的沉重包袱,形成"企业抓经营,社区抓生活"的格局。所以,社区保障从一开始就是社区中的社会保障工作,是社会保障工作的具体化。由于它将社会救助、扶贫济困和下岗工人再就业等工作融入社区,从而在一定程度上保持了基层社会的稳定,保证了经济体制改革的顺利进行。同时,我国农村地区按村级社区、乡级社区和县级社区等三个层次也进行了农村社会养老保险的探索和试点。截至 1997 年,全国有近 2 000 个县、8 200 多万农村人口参加了养老保险,积累基金 130 多亿元。[①]

需要清醒认识的是,尽管经过多年的改革探索,城乡社区保障都积累了一些经验,但我国城乡社会的二元结构至今仍未得到较大的改变,使得农村社区的社会保障覆盖面狭小,水平较低,不稳定因素仍比较多。这也是目前我国社区保障体系存在的一大不足。

二、社会救助的社区化

社会救助指国家和社会对无劳动能力和生活来源的人以及因自然灾害或其他经济、社会等方面的原因导致的生活困难者,给予临时或长期物质帮助的一种社会保障制度。它是社会保障体系的基础,是对陷入生存危机的社会成员提供最低的生活保障。社会救助好比社会保障安全网的网底,是社会稳定的最后一道防线。社区社会救助是社区保障中最重要的一部分,是社会救助在社区中的具体实施。随着社区的发展,随着"单位人"向"社会人"的转化,社会救助的覆盖面不断扩大,原来由单位保障的一部分职能逐渐交由社会承担,特别是许多社会救助工作都需通过社区工作来完成。

---

① 时正新、朱勇:《中国社会福利与社会进步报告(1998)》,社会科学文献出版社,1998 年版,第 83~86 页。

1. 社区社会救助产生的必然性

长期以来,我国传统的城市社会救助工作主要是对社会孤老残幼、社会困难户和20世纪60年代精简退职老职工以及国家规定的特殊对象的救济,农村的救助对象主要是“五保户”。救济的范围仅仅局限于无劳动能力者。而那些有劳动能力者和其家庭的生活困难,则由其所在单位解决。改革开放以来,随着经济体制改革的深化,在经济结构调整和建立现代企业制度的过程中,国有大中型企业和部分集体企业的职工,因企业效益的下滑而被减发乃至停发工资,离退休人员因企业不景气而不能正常领到养老金,一些职工则不得不下岗或失业。这些人成为城镇中的新贫困阶层。其中,失业、下岗和退休职工大多从单位中游离出来,归属社区管理。与此同时,原社区的社会救助对象(主要是孤老病残人员)由于物价上涨、救济标准偏低,也难以维持其基本生活。面对这种情况,在计划经济条件下形成的传统社会救济制度,由于其救济范围窄、制度不健全,已不适应新形势的要求,迫切需要改革与完善。

为探索社会救济工作的新途径,上海市于1993年率先实施最低生活保障制度,使全市2 680位月收入不足120元的城市居民得到了救助,筑起了城市居民的第一道生活防线,拉开了城市困难居民救助制度改革的序幕。城市居民最低生活保障制度的推行是社会保障管理结构方面的一次大调整,它使人们从过去的依附于单位,转变为与社区功能紧密相连。从那时起到1999年底,城市居民的最低生活保障制度由试点阶段(1993年6月至1995年5月)、推广阶段(1995年6月至1996年底)而进入普及阶段(1997年至1999年底)。1997年9月2日,《国务院关于在全国建立城市居民最低生活保障制度的通知》(国发〔1997〕29号)对进一步制定和落实城市居民最低生活保障制度做出了部署：1998年底以前，地级以上城市要建立起这项制度；1999年底以前，县级市和县政府所在地的镇要建立起这项制度；各地要根据当地实际情况，逐步使非农业户口的居民得到最低生活保障。迄今为止，全国建立最低生活保障制度的城市已达206个，占全国建制市的三分之一，并使用保障资金11.5亿元，有200多万贫困居民受益。

可以这么说，城市最低生活保障制度的推广，标志着社会救助制度的一次重要的制度变迁。另一方面，从以下社区社会救助的运行机制我们可以看出，中国城市社区的建设和发展减少了其在执行过程中的摩擦成本。或者说，在现阶段，城市最低生活保障制度不仅是社区社会救助的最基本内容，而且城市最低生活保障制度也只有在社区中才能得到最有效的实施。至于农村的最低生活保障制度，由于城乡结构的二元性，至今尚未普遍化，建立起来的也只是一些较富裕的村庄。所以，下面我们要讲的社区救助主要是指城市社区。

2. 社区社会救助的运行机制

城市社会救助的内容包括救济、救灾、扶贫。救济即城市对社会贫困者给予必要的物资救援；救灾即国家和社会为减轻灾后的损失和制止灾荒发生而进行的援助活动；扶贫即扶持贫困户脱贫致富。这三方面的内容在中国城市社区的具体运行中也采取了不同的方式。例如救灾，因为灾害在任何地区都是不可避免的偶发事件，所以救灾一般被当作突发事件处理，而不作为社区工作的主要内容。扶贫强调自救，目前在社区主要表现为下岗工人再就业的问题，这将在下一个问题中进行讨论。救济分两个层次，第一个层次以最低生活保障制度在社区中的具体实施为表现形式，其经费来源以政府财政拨款为主。第二个层次是一部分人群在得到最低生活保障的同时，由于年老、体弱、身残等诸多因素，生活依然十分困难；而另一部分人群的经济收入虽然在最低生活保障线上，但生活上有特殊困难，也急需社会帮困。社区对这一部分弱势群体的帮助主要是以募集资金为经费来源，通过“送温暖活动”进行。由于最低生活保障制度具有代表性，我们在这里着重讨论其在社区中是如何运作的。

城市最低居民生活保障在社区中严格按其工作规范化程序进行操作，并在运行过程中明确界定政府、企业及其他社会组织的职能分工。在运作中，城市居民最低生活保障工作的规范化程序包括：个人申请、居委会调查、街道办事处审查、区民政局审批、市民政局备案。由于社区的基层组织和自治组织最密切、最广泛地联系着广大的城市居民，所以是城市社会救助的主要落脚点。同时，由社区中的组织负责对救济对象进行管理，是目前城市社会救助工作社会化的最便利的一种方式。比如，上海市明确提出，在城市居民最低生活保障工作中，要形成“两级政府、三级管理、四级服务”的网络，实行体制、机制、法制“三位一体”，管理重心下移，实行“一口上下”（即最低生活对象一个口子向上、保障款物一个口子向下）的运行机制，大力加强社区组织的力量。

从社会救助的运行模式和管理体制来看，城市居民最低生活保障制度在社区中的实施主要由三大部分构成：

其一，明确保障对象。城市居民最低生活保障制度是政府对城市中的贫困居民按照最低生活保障标准进行基本生活保障的制度。其保障对象是指家庭人均收入低于当地最低生活保障标准的居住在本社区中的居民，主要是以下三种人员：一是无生活来源、无劳动能力、无法定赡养人或抚养人的居民;二是领取失业救济金期间或失业救济期满未能重新就业,家庭人均收入低于最低生活保障标准的居民;三是在职人员和下岗人员在领取工资或最低工资、基本生活费以及退休人员领取退休金后,其家庭人均收入仍低于当地最低生活保障标准的居民。第一种人员主要是传统的社会救济对象,第二、第三种人员是市场经济条件下新增的保障对象。其中,第二种人员与原有的企事业单位已经没有联系,其社会救助基本依赖于社区。第三种人员目前还没有完全脱离原单位,如在职职工、下岗工人、离退休人员等,他们在足额领取最低工资或最低离退休金后,由于赡养、抚养系数高等原因,造成家庭人均收入低于当地生活保障标准;这部分人员需要社区工作者了解、调查、核实。到1998年底,全国纳入城市居民最低生活保障的对象达233.7万人,其中在一些大中城市,第一种"三无"对象已成为少数,第二、第三种人员占了绝大多数。①

其二,确定保障资金。国务院1997年第29号文件《国务院关于在全国建立城市居民最低生活保障制度的通知》要求,其资金应由地方各级政府列入财政预算。社区应该根据各城市制定的城市最低生活保障标准(一般来说,各城市的标准有所不同,像上海1999年为280元,北京为200元),确定其实施所需的资金,纳入社会救济专项资金科目,实行专人管理,专款专用,并接受财政和审计部门的定期检查、审计和社会监督。已建立最低生活保障制度的城市,由于保障资金来源不同,主要采取了两种形式:一是资金

① 王治坤:《中国城市居民最低生活保障工作报告:现状与发展》,载时正新、朱勇主编的《中国社会福利与社会进步报告(1998)》,社会科学文献出版社,1998年版,第73页。

由市、区两级财政负担，由市民政局、区民政局、街道办事处民政科和居委会分级负责管理；二是资金由市、区财政和企事业单位共同负担，家庭中无在职人员的由民政部门负责管理，有在职人员的由所在单位或其主管部门负责管理（这种做法通常被称为“谁家的孩子谁抱走”）。其实，第二种资金来源方式只是改革过程中的一种过渡方式。因此有必要强调，社区在落实最低生活保障资金时，首先要明确其资金的大头来自财政预算支出，其次是利用社区力量扩大资金来源，拾遗补阙，如组织捐款、建立扶贫基金等。总之，最低生活保障制度与“送温暖”活动的救助方式是不同的，前者是制度性的、刚性的，后者则是民间的，后者的活动资金来源主要靠社区挖掘资源、组织慈善活动、建立互助和帮困基金等获取。

其三，确立运行程序。一般由街道办事处授权一个机构，如上海各街道成立并授权社会救助管理所负责本行政区域内社会救助的具体事务工作。其具体程序有以下八个步骤。（1）对象提出申请。申请人一般向户籍所在地（特殊情况为居住地）街道社会救助管理所提出书面申请。（2）公开告知。救助管理所收到申请后，应在了解申请人生活困难情况的基础上，向初步符合救助条件的申请人发放《社会救助公开告知书》，应告知其享受救助后须承担的义务和违反规定须承受的处罚，并按材料目录对不同对象指明所需提供的有关居民身份证、户口簿；职工工资单或工资领取凭证、收入情况证明（单位劳动工资、人事部门出具）；退休、退职领取凭证；协保人员、下岗人员、再就业特困人员、退养人员生活补助情况证明（劳动部门出具）；市属福利企业下岗残疾职工帮困金领用手册；老年人全部子女（夫妻双方）单位或地区盖章的家庭收入证明；失业、协保人员领取失业保险金、职业培训或就业情况证明的

《劳动手册》;离婚家庭子女抚养费证明;失业、无业人员完全或大部分伤劳鉴定书;大病、重病状况证明;残疾人员登记、评定或残疾证;人户分离的,由居住地或户籍地街道救助管理所协助开具申请人家庭生活水平证明等。(3) 发申请表。申请人按照告知书上列明的要求,准备好全部规定所需材料后提交救助管理所审核,工作人员审核齐全后请申请人填写申请表。(4) 核查。救助管理所通过入户调查、邻里访问以及信函索证等方式,对申请人的家庭经济状况和实际生活水平进行调查核实。这不仅需要申请人的有关单位、组织或个人的配合,而且需要委托申请人户籍所在地的居民委员会协助。(5) 审批。街道办事处主任可授权救助管理所对救助申请人进行审批。无论是否批准,都应书面通知申请人,并说明理由。对批准救助的,须报区民政局备案。(6) 张榜公布。救助管理所在批准和复审后应将批准救助对象的姓名、住址等在居委会张榜公布,以接受群众监督。对群众意见较大的,应重新审核,不符合条件的应予取消。(7) 救助发放。救助管理所在对象承担义务和责任后,对符合定期全额领取最低生活保障金的对象,发给《社会救助金领取证》;对就业年龄段内有劳动能力的社会救助对象和其他差额领取最低生活保障金的对象,发给《社会救助通知书》。救助金一般从街道办事处审批同意之日起按月及时发放。(8) 复审和处罚。救助管理所必须对社会救助实行动态管理,对一般对象,每半年复审一次;对就业年龄段有劳动能力者,每季度复审一次。救助管理所应视其家庭收入变化而予以增减或停发社会救助金。社会管理所对采取虚报、隐瞒、伪造等手段骗取社会救助金的,或在享受社会救助金期间家庭收入情况好转,而不按规定告知救助管理所,继续享受社会救助的,给予批评教育或警告,停发和追回冒领的救助金,并视情节轻重处以罚款。

实践证明,经过多年的努力,由政府构建、社区运行的社会救助工作已进入正常的运行渠道。由于社区工作的介入,一方面可以综合运用街规民约、社会舆论和民主管理的力量,发扬我国家庭、亲友和邻里之间互助互济的优良传统;另一方面可以发挥社区组织的功能,采取切实可行的管理体制,帮助保障对象解决困难。所以,我国城市社会救助工作在蓬勃发展中越来越呈现社区化趋势。

3. 社区社会救助中存在的一些问题

我国社会救助制度的变迁是我国改革和扶贫发展到攻坚阶段的重大举措,它有利于化解社会矛盾,消除社会不稳定因素,巩固和发展改革开放的成果。但也应看到,城市社区在实施社会救助的实践中,既积累了经验,取得了成绩,也相伴出现了一些问题。这些问题主要表现在以下几个方面:

第一,难以清楚地界定保障对象。按照市场经济中社会保障体系的构想,社会救助作为最后一道安全网,其救助对象是有严格界定的。只有那些属于"贫困线"以下的居民才有资格接受救助。因此,各社区在实施社会救助政策时,首先必须认定哪些家庭和居民为保障对象,这需要消耗一定的人力、物力、财力以进行仔细的、普遍的摸底调查。最低生活保障制度规定,保障对象是按非农业人口的户口属地管理进行基本认定的,这就增加了社区工作的难度。因为有的是人口居住地,但非户口所在地;有的家庭既有非农业人口,又有农业人口,其子女的户口归属也就比较复杂。此外,按照最低生活保障制度规定,享受最低生活保障的是家庭人均收入低于当地最低生活保障标准的居民,但是保障对象的实际收入和统计收入有时会存在差异：如有的家庭暂时被纳入保障对象，说不定他们有隐性收入；有的从事隐性就业增加了收入；有的让单位出具证明隐瞒了部分收入……这些都增加了界定保障对象的不确定性。社区作为推行保障政策的一方，与保障对象一方之间存在着信息不对称的状况，使得最低生活保障活动形成了一个不断博弈的过程：保障对象容易采用投机取巧的方式，如隐瞒实情，而社区需要承担居民的道德风险。为规避风险，社区在工作过程中不仅要花费调查成本、实施成本，而且要付出监督成本。

第二，社区社会救助的规模无限制地扩张。改革开放以来，我国城市社会保障体系不断完善，社会救助作为解决城市贫困的一条重要途径，其保障的覆盖面有所增加。但是，在我国经济还不发达的背景下，它还只能解决"绝对贫困"，兼顾解决"相对贫困"，而不能完全消除"相对贫困"或"缩小贫富差距"。社会救助政策的制定基于这样的价值判断：有劳动能力的人应该工作，如果他们参加工作，除了失业保险、工作补偿和社会保障之外，一般不需要额外救助。为此，我国城市保障制度设立了三道防线：最低生活保障线、失业保障金、最低工资标准(下岗职工基本生活费、退休金)。这三条保障线建立的初衷是要在保障对象上分工负责、相互协调，由社区守卫最后一道防线——最低生活保障线。但在实际的操作运行中，三条线之间的衔接并不紧密，造成大量未被失业保险金和最低工资标准保障起来的在职职工、下岗职工、退休职工流向社区，增加了社区社会救助的负荷。三条保障线的对象本来是层层过滤的，任何一条保障线不到位，都会使保障对象的规模无限制地扩张。21世纪之前，我国城市社区中救助对象的主体是那些亏损、停产、半停产国有企业的职工和下岗工人，他们因企业不景气，不能按时领取工资、基本生活费和退休金，得不到及时的失业救助，从而希冀社区发放最低生活保障金。

第三，社会救助管理体制不健全。对城市贫困人口的救助，除国家财政拨款是按一定标准统一拨到各省、自治区、直辖市外，其他各项救助资金都具有相对的封闭性和排他性，分属于不同的利益团体，只局限在一定的范围内使用，实际上是条块分割的。这就增加了社区社会救助工作的困难，社会救助的公平性受到了挑战。比如我国许多城市的最低生活保障制度实行了“谁家的孩子谁抱走”的运行模式，这一模式是指：凡是贫困家庭中没有在职人员的，救助资金由财政负担；贫困家庭中有在职人员的，救济资金由所在单位和主管部门负担；如果所在单位和主管部门确实没有能力负担的，再由财政解决。这种模式容易造成管理不集中、政策不统一、待遇不公平等问题，而且其中暗含着这样一个悖论：本来是单位效益差造成了职工生活困难，而现在又要求这些单位为职工解决生活困难。这不仅不符合企业改革的方向，不利于现代企业制度的建立，而且企业根本无力解决生活困难的职工最终将大量涌入社区。

三、社区中的再就业工程

所谓再就业工程，是我国为解决下岗职工和失业人员重新就业，具有社会保障性质的政策和实践。至于社区中的再就业工程，则是上述政策和实践依托社区而具体化、操作化了的过程。

1. 社区推行再就业工程的意义

在社区中实施再就业工程是社区社会救助工作的延伸和发

展。它使单纯的生活救济向生活救济和生产扶持相结合的方向发展，不仅从物质、资金上解决下岗或失业工人的基本生活问题，还通过国家的政策、利用社区资源和发动社区力量扶持下岗或失业工人再就业，让下岗工人走一条救助、互助、自助三结合的脱贫道路。所以说，再就业工程的实施过程是下岗工人主体自我能力发展的自助过程，也是真正消除城市贫困的内在的持久动力。

众所周知，我国国有企业改革的深化，使得企业内部长期存在的隐性失业愈益显性化，下岗或失业则是这种显性化进程的必然结果。据我国劳动部年度报告资料表明，1999 年，我国下岗工人已超过 2 000 万人。这部分人从原有的国有企业中流动出来，分化为城市的低收入阶层，积淀在城市各社区中，成为城市中的新贫困人口。失业和下岗工人的增多作为一个特定的社会经济现象，是我国之前较长一段时间内经济社会协调发展突出的社会问题。

之所以说失业和下岗工人的增多是一个突出的社会问题，首先表现为当事人家庭经济生活受到影响。在我国，就业是获取合法经济收入的主要途径，下岗、失业就意味着职工丧失了通过社会认可的方式获取自己赖以生存的手段，断绝了其基本生存来源，也给当事人及其家庭物质生活带来了巨大困难。据武汉市的调查，至 1996 年年底，该市失业下岗职工来自亏损企业的占工业企业下岗职工总数的 73.6%，有 50.2% 的下岗职工每月生活费低于 120 元，即低于武汉市最低生活保障线，有一些家庭是夫妻同时下岗。因此，失业和下岗职工生活贫困化的问题十分突出，这无疑又增加了社区社会救助的规模。其次是对社会心理的影响。在大多数情况下，失业、下岗都是被迫的，当事人必须承受精神上的压力，容易引发心理问题，如心理失衡、失落、无奈甚至消沉。特别是那些为企业贡献了大半生的职工，在心理上产生被剥夺感和社会不公正感也是很正常的。另外，原有的生活秩序被打乱的失业与下岗职工，面对急剧的变迁和竞争，他们会感到无所适从，对新的生活方式会产生抗拒及难以认同的复杂心态，加之对下岗后的生活和再就业缺乏必要的了解和信心，从而导致社会焦虑感。更严重的是，某些人会产生被社会抛弃、边缘化和人生失败的感觉，对自己进行消极的自我评价。这些无疑增加了社区工作的难度，最后将对社会秩序和社会整合造成影响。从社会稳定的方面说，下岗或失业意味着利益的调整和重组，对企业和社会意味着长期利益的获得，对下岗或失业职工则意味着既得利益的被剥夺和失去，双方利益的冲突是社会不稳定的重要因素。从社会整合的方面说，长期以来，我国的社会整合主要依赖于单位整合方式，社会（政府）控制着单位，单位制约着个人，实施着自上而下的整合。而由于职工已失业或下岗，企业失去了对他们的管理和约束能力，从而打破了原有的建立在权力基础上的社会整合机制。在这一转型时期，原有的整合机制被打破，新的整合机制尚未完全建立。当大量的下岗职工与失业人员流入社区之时，如果社区不能发挥其整合功能，整个社会可能进入无序状态。

总之，从单位分离出来的失业、下岗职工都是生活在各个具体的社区中的，所以再就业工程的重点自然而然地就落到了社区。相对而言，社区工作人员最了解这些失业、下岗职工及其家庭的生活状况，理解他们的心理状态，能根据每个当事人的特点，依靠国家的各项社会政策，做好扶贫帮困和再就业工作。譬如，社区可以通过职业和技能培训，提高当事人的素质和再就业能力；可以运用小组工作方法，通过互相交流，建立互助和自助的网络，帮助他们重新就业;可以运用个案工作方法,帮助那些社会感和群体感差、自我控制能力弱、自卑感强的失业或下岗工人建立主体意识,树立自信心,从而增加就业机会;社区还可以运用社区工作方法,协调各类组织和社会团体之间的关系,为失业和下岗工人寻找工作岗位。由此也可发现社区再就业工程的重要意义:不仅可以降低失业率,解决社会的贫困问题,而且可以维护社会的稳定,促进经济社会的持续发展;不仅可以增加就业,提高劳动者的技能和素质,而且还可以通过这个工程进一步增强社区对居民的亲和力和向心力。

2. 社区中再就业工程的现状和主要内容

再就业工程是针对我国社会经济发展过程中日益突出的就业问题而适时提出的一项复杂的系统工程。它经历了从 1993 年至 1995 年的部分城市试点、1995 年至 1997 年向全国推广以及现在的规范化、制度化运行三个阶段,并逐步形成了具有中国特色的适应经济转型需要的就业和再就业服务体系。在现实的运作中,再就业工程的实施是以社区为基础的,失业和下岗职工从原企业(单位)分离出来,首先回归于各居住地——社区。虽然原单位还不能完全割断与这些人员的关系,但是社区作为区域社会生活共同体,是由一定的人群、一定的地域、一定的生产或生活设施、一定的组织和行为规范以及居民的社区意识等要素所构成的相对独立的社会实体,是人们参与社会活动的基本场所。通过多年的建设,社区已有能力而且也承担了下岗与失业工人的管理与培训及职业介绍工作,成为我国再就业工程的主力军。具体来说,我国城市社区实施再就业工程的现状主要表现在如下几个方面:

(1) 组建再就业服务中心或类似于再就业服务中心的机构，使再就业工程规范化和制度化　再就业服务中心是我国在再就业工程实施过程中探索出的一条由计划就业向市场就业过渡的新办法。1996 年，上海市在探索再就业新途径的过程中，率先在纺织、仪电系统成立了由政府帮助、社会支持、企业出面组建的“再就业服务中心”。通过企业主管部门与困难企业共同负责、政府与社会共同资助，对下岗职工进行托管，建立国有企业兼并破产和下岗职工再就业的新机制。随后，《国务院关于在若干城市试行国有企业兼并破产和职工再就业有关问题的补充通知》要求各省市推广上海市的经验，从上至下建立再就业服务中心。1998 年，《中共中央国务院关于切实做好国有企业下岗职工基本生活保障和再就业工作的通知》更明确地提出，建立再就业服务中心是保障国有企业下岗职工基本生活和促进再就业的有效方式，是当前一项具有中国特色的社会保障制度。尽管随着社会保障制度的完善，再就业服务中心作为一种过渡形式，最终将完成它的历史使命而退出历史舞台，但它却是再就业工程中的重要内容。一般来看，无论最初是由行业组建的，还是由工会和社区组建的各类再就业服务中心，都需对下岗离开企业进入劳动力市场之前的职工进行托管，使他们既不滞留于企业内部，又不简单地被推向社会。社区再就业服务中心作为最基层的组织机构，与行业或工会主办的“中心”的区别在于，其他的“中心”只能根据分流安置的可能，有计划、有限度地吸收下岗工人，而社区的“中心”则必须对本社区的下岗职工照单全收，并且负责登记社区内的每一个下岗职工，为他们提供基本生活保障，办理社会保险，开展职业培训、职业介绍和组织劳务输出等。

(2) 挖掘社区内外部资源,积极拓宽失业与下岗职工分流安置和再就业的途径　在可能的情况下,社区工作人员会主动与用人单位联系,为失业与下岗职工寻找再就业工作岗位,使之尽快重新上岗。除此之外,许多社区还加大政策扶持力度,鼓励他们因地制宜,发展社区内的第三产业,培育新的就业增长点,如发展与社区居民群众生活密切相关的商业、餐饮业、家政服务、社区居民服务业和物业管理等。

(3) 针对失业与下岗职工职业技能单一、素质低下的特点进行职业培训　社区对一些由于职业技能低不能马上重新上岗的下岗职工开展的适当的职业培训,与行业机构或工青妇等社会团体组织的职业培训有所不同。它不如行业机构的培训那么有专业性,也不如社会团体组织的培训规模那么大,但它针对低层次对象,实用性强,涉及面广,可以使下岗或失业职工经过短期的培训,迅速掌握某一岗位需要的专业知识和技能,从而获得新的就业机会。

(4) 通过社会工作方法,对因失业或下岗而出现的心理问题及偏激行为进行矫治,使相关人员回归健康心态和健康人格　这是非常具有社区特色的再就业教育。失业和下岗职工在失业和下岗前曾长期依靠企业,一旦因企业破产而失业或减员下岗,面对来自社会和家庭的压力,必然会产生一些埋怨、自卑情绪,或对前途感到茫然。社区工作者运用社区、小组和个案工作的方法,通过各种活动,增进其人际关系的沟通,培养他们的主体意识,增强他们的自信心及对经济改革的认同感,以便顺利度过下岗后的不适应期。

3. 社区实施再就业工程过程中遇到的障碍

再就业工程是我国经济改革的一大创举,社区介入再就业工程更是一大创新。它以社区作为失业、下岗人员的重要管理基地，缓冲了大量失业、下岗人员直接冲击社会的巨大压力，为促进改革、发展和稳定提供了可靠的保证。但再就业工程毕竟是经济转型时期的过渡政策，其政策本身的复杂性和我国城市社区发展的特点，使得社区在实施再就业工程的过程中面临许多问题和障碍。

第一，劳动力需求不足或工作岗位的短缺制约了社区再就业工程的实施。在再就业工程的各项措施中，关键是促进和帮助失业者与下岗工人再就业，这是保障其生活和发展的最根本、最有效的途径。但是，就业问题的最终解决，还取决于经济增长和经济发展所提供的就业容量的不断增长，取决于企业经济效益的根本性好转。经济理论和经济实践均表明，失业率和经济增长率存在高度的负相关关系。经济增长速度的快慢是影响就业率的重要因素。从劳动力供给方面来看，人口总量过剩造成的剩余劳动力以及经济体制改革、经济结构调整所产生的大量的下岗工人和失业者，直接加剧了城市就业的压力。而农村大量剩余劳动力涌入城市，更加重了再就业工程的压力和负担。从劳动力的需求来看，总体还处于劳动力需求不足的状态，宏观就业形势不容乐观。社区解决失业与下岗人员再就业，主要依赖于宏观就业形势。当然，各社区通过挖掘自己的潜力，可以培育新的就业增长点，以增加劳动工作岗位的空缺。但这些毕竟不能容纳全部失业和下岗人员。再加上目前各街道、居委会能提供的工作岗位相对来说层次比较低，大多像家政、清洁、保安、开小商店等技术含量低，不利于新的经济增长点的生成，这就更制约了就业岗位的扩展。

第二，各社区户籍制就业的限制和地方政府对当地城镇劳动力就业权力的保护造成了再就业工程效益的“漏出”。失业与下岗人员交由社区管理的前提是他们的户籍必须在本社区,各街道、居委会在解决就业问题时,也是从户籍制就业的限制出发,安置户口在本社区的下岗职工。这实际是地方政府对当地劳动力就业特权的一种保护。这种保护具有双重效应:一方面,它增加了本社区的就业安置量;另一方面,又带来了就业中的"经济租",使下岗职工即使处于自愿失业状态也能获得收入。曾经有这样的例子,上海各街道和居委会为了本区域内的下岗人员就业,纷纷开设了社区早点服务流动车,免费提供给下岗职工经营,让他们自谋生计,并规定没有这种车便不能在本地区卖早点。可是不少下岗人员做了一段时间后,认为干这活太累,生活又没保障,竟将流动车租给外来的农民工,按月收取 200~300 元的租金。这种租金实际上就是一种"经济租",只不过它是下岗职工凭借其再就业特权而获得的收入。处在这样的情形下,无论下岗职工是自愿失业还是自己隐性就业于其他企业,政府的再就业工作都很难收到预期的效果,由此造成了再就业工程效应的一种"漏出"。

第三,失业、下岗人员素质的低下、观念的陈旧阻碍了再就业工程的推行。根据原国家劳动部 1996 年统计资料分析,我国下岗职工中初中及初中以下文化程度的占 71%,高中、中专、技校文化程度的占 26.3%,大专以上的仅占 2.7%。不少街道干部在开展再就业工作时发现,下岗职工普遍存在着就业观念上的误区。由于之前的高度集中的计划经济体制对劳动力实行统包统配,单位和个人没有任何自主权,从而形成了"政府包办,企业照办,个人等、靠、要"的就业思想。不少下岗职工与失业人员坚持认为,国家和企业有责任、有义务安置自己重新就业,所以他们不是主动地寻找工作,而是宁愿赋闲在家,消极等待政府和企业帮助其重新就业,消极等待政府和企业救济。一部分习惯于养尊处优的人员，不愿从事苦、脏、累、险的工作，有的甚至在再就业后因怕苦怕累、劳动纪律松散而又重新下岗或失业。有一些人则放不下架子、丢不下面子，不愿在个体或私营企业工作，不愿从事新兴的社区服务业和家政服务业，等等。所有这些陈旧的、滞后的观念，与社会主义市场经济是格格不入的，其结果必然直接阻碍了社区再就业工程的实施。

此外，影响社区再就业工程政策到位的因素还有就业资金匮乏、劳动力市场发育不完善、就业服务体系和社会保障制度不健全等问题。解决这些问题的根本出路仍然在于改革和社会主义市场经济体制的确立与完善。同时，要建立适应市场经济体制要求的市场化就业机制，走规范化、制度化的道路，切实做到就业市场化、失业公开化、劳动有保护、失业有保障。

第八章 社区参与和社区自治

社区发展有赖于政府和非政府组织的介入,更有赖于居民的社区参与。社区参与的形式和途径是多样化的。社区自治是社区参与的高级阶段、高级形式,也是社区参与的制度保障条件之一。从社会学的眼光来看,社区参与特别是主动性的社区参与,是社区发展的内在动力源。从社会工作学的眼光来看,政府和非政府组织对社区的介入,最根本的还在于实现“助人自助”,即动员居民积极参与社区发展,帮助居民锻炼、提高社区参与和社区自治的能力及水平。从政治学的眼光来看,社区参与和社区自治是城市、农村基层社会民主的基础和核心内容,也是我国社会主义民主的组成部分。无论如何,在我国社区建设、社区发展和社区管理的实践中,应从制度上营造和完善有助于社区参与和社区自治的条件,鼓励多样化的社区参与和社区自治,切实解决影响社区参与和社区自治的主要矛盾及问题。

一、社区参与的意义和载体

近年来,在我国城市和农村的许多地方,由于地方党委和政府的高度重视,社区形态从"亚社区"向现代社区的转型取得了明显的进步,社区建设和社区发展在组织功能分化、资源整合、动力转换与制度创新等方面都发生了令人欣喜的变化。但也应看到,现阶段我国的社区建设和社区发展总体上仍属于外推型模式而非内源型模式,居民和非政府组织的参与积极性不高、参与质量较低已成为制约社区进一步发展的瓶颈性问题。为了解决这个问题,首先需要建立和完善社区参与的动力机制、制度架构与组织载体等要素。

1. 社区参与的概念及分类

"参与"这个词在不同的领域有着不同的表达名称,如政治参与、基层参与、决策参与、国际参与、社区参与等。其基本含义在于人们对某一领域发展计划的制定与实施所施加的影响或直接参加了这一领域的整个发展过程,以及对发展成果的分享。

结合联合国对社区发展的理解以及国内外社区发展的实际,我们倾向于从定义和结构上去把握社区参与这一概念的要义。我们认为,社区参与的定义可以这样来表达:社区参与既是政府及非政府组织介入社区发展的过程、方式和手段,更是指社区居民参加社区发展计划、项目等各类公共事务与公益活动的行为及其过程,体现了居民对社区发展之责任的分担和对社区发展之成果的分享。当然,这是一个广义的概念,狭义的社区参与概念则仅仅指称居民的参与实践。

关于社区参与的结构,可从参与的主体、客体、动机和目标取向等四个方面来把握。①

---

① 以下部分文字资料由笔者的研究生朱孔芳提供。这里,谨表谢意。

(1) 社区参与最重要的主体是社区居民 参与主体是指在参与行为中起决定性作用的人。社区参与的主体除作为自然人的社区居民外,还包括社区内的政府、单位、社会团体三种法人。但归根到底,居民是社区的主人。居民的参与行为将直接或间接地影响社区发展。

(2) 社区参与的客体是社区的各种事务 从宏观上看,社会现代化是包括政治、经济、文化、社会等各方面现代化在内的系统性工程。从微观上看,社区发展也同样包括社区政治发展、社区经济发展、社区文化发展、社区社会发展四个方面。社区发展状况如何,有赖于社区居民在这四个方面主动参与的程度和效果。[①]

(3) 社区参与的心理动机是公共参与精神 心理动机是参与活动的起点,是激励并维持参与行为达到一定参与目标的内在动力。公共参与精神的兴起不仅体现了居民要求自我价值的实现和自身潜能的发挥,表明社区主体心态的发育成熟和对公共利益、公共领域的自觉认同,而且是实现社区发展和培育市民社会的精神支撑。

(4) 社区参与的目标取向是社区发展和人的发展 社区居民通过广泛参与,促进社区的积极变革和演化,推动社区发展与社会全面进步。而社会发展的核心在于人的发展,人的全面发展是社会发展的终极目标。以人为本的发展观决定了社区发展不仅要满足居民在生活安全等方面的需求,还要满足居民在精神、文化、自我价值实现等方面的需求。

---

① 综观各国的社区发展,除农村社区以外,一般不包括市场属性的社区经济在内。西方国家一些政府和学者所讲的“社区经济”,主要是指提高居民就业竞争力的一些发展项目。

根据参与的主体意愿、参与形式、参与渠道和参与的内容，可以对居民的社区参与活动的类型进行这样的概括和区分：

第一，根据参与主体意愿的强烈程度，社区参与可分为吸纳型参与和自主型参与。吸纳型参与是政治系统通过社会动员，将社区居民纳入参与范围，是“要我参与”的被动型参与模式。自主型参与是以参与主体的明确意图和积极行动为特征，是“我要参与”的主动型参与模式。本书中的社区参与更大程度上是指自主型的参与或主动参与。

第二，根据参与主体的组织形式，社区参与可分为组织参与和非组织参与。组织参与是指社区居民通过常设性的各种组织参与社区事务，如居民代表会议、志愿服务活动。非组织参与则是社区居民不通过组织形式，个人自发地行使民主权利或参与社区事务，如邻里互助。一般来说，在居民参与意识较低的情况下，更需要通过完善各种组织参与的载体，提高其参与程度，并带动非组织参与的开展。

第三，根据参与渠道的制度化水平，社区参与可分为制度化参与和非制度化参与。制度化参与是以制度为支撑的参与行为，它能持续稳定地进行，推动社区的持续发展；非制度化参与是指参与行为没有制度予以支持，可能声势浩大，但不能持久。

第四，根据社区参与客体的内容不同，社区参与可分为社区社会参与、社区经济参与、社区文化参与、社区政治参与。其中，社区社会参与包括社区生活秩序的参与和社区生活环境的参与。社区生活秩序的参与和社区生活环境的参与是社区参与的最初阶段，也是社区发展的基础保障，如社区居民参与助弱帮困、社会救助、小区治安、小区绿化、小区环境卫生的整治等。社区经济参与主要指居民对自身和社区共同体的经济利益和福利事业的关心和参与。经济参与在经济体制转轨时期的意义重大,如下岗人员的再就业、离退休人员的社会保障机制移植到社区等,必将引起居民参与意识的提高。社区文化参与既指居民参与社区文化娱乐活动,也指居民参与社会公德的培养和社区精神的塑造。城市要走向现代化,必须以现代社区精神和新型市民伦理为精神动力。社区政治参与指居民对社区的政治事务的关注和参与过程。社区居民不仅对社区内的社会、经济、文化事务进行参与,而且需要参加社区管理和国家事务的管理,如参加社区选举、参加居民会议等。今后,还将参加对区人民代表的选举、政协委员的推荐等。社区建设应当把提高社区的自治水平作为最终目标之一,这就要求居民提高民主意识、提高政治参与意识。社区居民的政治参与度越高,说明这个社区的基层民主水平与程度越高。

2. 社区参与:社区发展的动力和要义

社区是居民生活于此的社会共同体。社区的主人是生活于此的居民自己。在社区建设和发展过程中,只有居民的直接参与和治理,才能培育居民的社区归属感、认同感和现代社区意识,才能有效地整合与发挥社区自身的各种资源。从这个意义上来说,居民的社区参与是社区发展的内在动力源泉,离开了居民的社区参与,就没有真正的或完整意义上的社区发展。换句话说,没有大多数居民的主动参与,就没有社区的内在发展,就可能出现有增长(有建设)无发展的局面。因此,必须对居民的社区参与和社区的内在发展予以高度重视,并且从政策和制度上予以保证。

从各国社区发展的实践来看,一部社区发展史就是一部不断培育居民社区意识、提高参与能力、扩大参与领域、提升参与质量的历史。

19 世纪末 20 世纪初,欧美国家开展的“社区睦邻运动”可谓社区发展的初创阶段,其主要内容和宗旨就在于充分利用社区资源,培养社区成员的自治精神和互助精神。二战后,联合国所倡导的社区发展运动特别强调促使民众积极参与本社区的公共事务,自力更生解决社区问题;促使居民认识社区的共同需要,培养居民的民主意识,增强他们的社会参与愿望,进而提高全社会的民主程度;社区发展工作应特别重视妇女和青年的参与,以扩大参与的基础并获得社区的长期发展。① 而许多国家的政府在社区发展方面,一方面行使着自己的管理职能,另一方面则不同程度地注重推动居民的参与和自治。

美国是最早在理论和实践上探索社区发展工作的国家。它的城市社区一般都具有明确的地理界限,社区就是城市的基层行政单位。社区内建有社区委员会、社区服务顾问团等机构。社区委员会是半官方组织。每个社区委员会都有 50 个不领工资、由区长任命的委员,委员的任期为两年。社区服务顾问团由各专业职能部门的代表组成。社区委员会和社区服务顾问团是政府和市民进行联系的桥梁和纽带,在社区中发挥着重要的作用。美国许多社会活动和专业性的社会服务工作大都在社区范围内开展,且非常重视发挥市民的参与作用。

日本东京地区的社区发展计划与学区相通,以中心小学为中心开展,内容侧重学校教育建设。名古屋地区社区建设计划与居

---

① 联合国:《通过社区发展促进社会进步》(“Social Progress Through Community”)英文版,纽约,1955 年。

民自治组织“町内会”(相当于中国的居委会)相通,之所以有了“町内会”还强调社区发展,是因为社区发展计划增加了许多“町内会”原来没有重视并设立的大众参与项目,尤其是自我管理。神户的社区发展与灾区重建相通,本来,人们存在单纯依赖政府救灾的思想,开展社区发展计划后,强调参与和自救,大大加快了重建家园的速度和质量。

新加坡在政府内阁下设 14 个部,社区发展部就是其中之一,主要职责是最大限度地促进社区参与和提升社会凝聚力,协调基层组织和社会关系。全国不再设市、区政府,而是把全国划成 29 个选区,每一个选区中建立一个公民咨询委员会,这是一个联系政府和群众的基层组织,任务为促进种族和谐和社会意识、邻里和睦。各社区中除了公民咨询委员会以外,还建有人民协会,它也是执政的人民行动党政权的基层组织,任务是动员、组织地区居民参与社区各项活动,培养国民意识并加强种族团结。人民协会下设联络所(俱乐部)、居民委员会。这些机构为促进社区发展和增强社区凝聚力、加强人民与政府的联系起到了重要作用。新加坡政府重视社区群众文化参与,开展的多种活动吸引了众多居民参加,增强了居民的社区归属感,提高了社区的参与意识。

澳大利亚在社区建设中强调大众参与与自治原则。它的社区管理强调社区成员的主导作用,认为只有群众的积极参与和自治,才能培养起居民普遍的社区意识,社区才能获得真正的发展,这是澳大利亚“亚社区”管理的一条成功经验。

在实施社区发展计划的各国,非政府非营利组织在社区发展中具有重要作用。以美国为例,137 万个非政府非营利组织遍布全美各地。这些组织是一种为实现特定的目标而结成的自治组织。

它们的出现，除因社会需求外，与政府支持和社会关爱是分不开的。这类组织为居民提供了重要的社区参与途径。

在我国香港，社区发展有两条途径：站在官方立场推行吸纳性参与（cooptative participation）和民间推行的自主性参与（autonomous participation）。香港的区议会、分区委员会、互助委员会都是吸纳性的参与系统，而各种社会工作机构在社区事务中则注重推动居民的自主参与。由于城市的发展所涉及的不仅是基础建设，还牵涉到人与地域的关系，如社区认同感、对居住环境的责任感、生活秩序的安全感等，因此政府和社区组织都非常强调居民的社区参与，尤其是对市区重建工作的参与，包括居民对具体规划的影响等。

我国内地的社区发展最初兴起于民政部在20世纪80年代中期以来所倡导的城市社区服务，之后又逐步拓展为全方位的社区建设。社区建设的基本含义就是在党和政府的领导下，依靠社区力量，利用社区资源，强化社区功能，解决社区问题，促进社区政治、社会、文化、环境的协调发展，不断提高社区成员的生活水平和生活质量。

在我国城市社区建设的过程中，许多地方着眼于基层政权建设、社区服务、社区参与、社区稳定、社区环境、社区安全等目标，积极地在体制上进行创新，积累了许多丰富有效的经验。值得一提的是，上海、天津、南京、武汉、青岛、沈阳、大连、石家庄等大中城市，都很注重调动社区内各种资源参与社区建设，如上海、石家庄等地都建立了由街道办事处牵头的，辖区内企事业单位、社会团体和居民代表参加的社区工作委员会，试图以此推动社区共建。此外，上海等地在加强基层政权建设的同时，还试图将基层政权建设同居民社区参与有机地结合起来,如文明小区创建活动、社区志愿者活动、居民调解小组、居民读书活动、居民健身活动等。

虽然我国各地的社区建设实践各有特色,虽然各国社区发展运动的重点不同,但相异之处也有相同之点。这个相同点就是“参与、分享”。这是社区发展的基本精神之所在。也就是说,实施社区发展计划,核心是要形成一种自主、积极参与的精神,通过参与实现共同目标,享受共同创造的成果。我国当前开展的社区建设,内涵丰富,其核心就是倡导自主参与的精神。①

尽管在社区管理中政府和有关促进社区发展的其他组织的参与必不可少,包括制定社区发展的政策和运作法规,进行发动宣传、培训、规划以及尽可能地提供经费方面的支持,但社区建设的主体仍是社区居民自己,因此,强调“社区参与”,重视群众的基础作用是各国各地区社区发展中的共同规律。

3. 社区自治组织:社区参与的多样化载体

在我国城乡社会,要使外推型的社区发展模式向内源型发展模式转变,充分调动和发挥社区居民的主动参与精神,就必须在党的正确领导下,在政府的科学和规范化的指导下,稳步有序地建立和完善多样化的社区自治组织及其运行机制。

社区自治,顾名思义就是社区居民通过一定的组织形式依法享有的自主管理社区事务的权利及其实践过程,是居民社区参与的高级形态,是民主精神在城乡基层社会的必然要求和体现。而社区自治组织,则是居民自主参与和自主管理有关社区发展事务

---

① 吴铎:《城市社区发展探微》,载袁方等的《社会学家的眼光——中国社会结构转型》,中国社会出版社,1998 年版,第 86 页。

的组织载体，也是居民在社区中建立的维护自己有关权益的社会组织。

其实，早在中华人民共和国建立初期，城乡社区就产生了一些萌芽状态的自治组织，如早期的城市居民委员会就是这样的一种自治组织。当时，居委会的自治性特征已有初步的体现，如反映居民的意见和要求，组织居民防特、防空、防火、防盗、办理生活救济、调解纠纷、植树绿化、改善环境卫生，等等。当选的居民干部不计时间、不计报酬、勤勤恳恳、任劳任怨，热心为居民服务。居民则把居委会视为能够保护自己利益、反映自己要求、解决实际问题的自己的组织，高度认同居委会的工作。但是，随着计划经济体制的建立，居委会的"自我管理、自我教育、自我服务"的自治组织特征逐步弱化，居委会成为事实上的政府的一个附属单位，成为政府进行社会管理的终端延伸。另一方面，绝大多数社会成员由于已经变成了"单位人"，其经济利益、收入来源、社会福利、政治权利甚至文化体育活动等都有赖于自己的单位，而作为居住地的"亚社区"既无或甚少有实现人的利益诉求、自我发展的机会和资源，也无或甚少有参与政治、经济和社会发展的渠道，故无法对社区形成归属感和参与感。社区自治或居民自治，也就成了缺乏地基的空中楼阁。

改革开放以后，随着社会主义市场经济体制的逐步建立，随着"单位人"向"社会人"的转化，随着社区服务与保障功能的增强，也随着住宅商品化的发展，居民在社区中的利益及利益诉求迅速膨胀，居民对社区的依存度也愈益紧密。在这种情况下，居民关心和主动参与社区建设、发展和管理有了客观的基础，社区自治也就成了一项时代性的课题。

需要指出的是，现阶段的社区自治或现代社区的自治不会也不应是单一化的模式。依据居民参与和自治的不同领域,社区自治应是多样化的,社区自治组织也应是多种类、多层次的。同时,为了实现居民对社区发展的有序参与,需要对有关的社区自治组织进行功能性整合。之所以强调上述这些思想,主要是希望能够防止实践中的两种偏向,即仅仅将居民委员会或村民委员会视为城市或农村社区自治的唯一组织形式而排斥其他自治组织的发育和发展,或者只看到自治组织多样化的必然性而忽略了自治组织间功能整合的必要性。此外,还希望通过研究,采取有力措施解决某些地方弱化居民委员会组织的自治地位与自治功能的问题。笔者在深圳市调研时发现了一个令人尴尬的现象,即业主委员会这一自治组织获得了空前的、令人可喜的发展,而居委会这一自治组织却失去了以往的权威及自治功能,仅仅成为负责登记外来人口等工作的一个机构。

概括来看,我国城乡社区的自治组织(包括成形的和处于起步形态的)主要有这样五种形式:

(1) 城市居民委员会　这是传统的自治组织在现阶段的继续。根据《中华人民共和国宪法》和《城市居民委员会组织法》,作为“居民自我管理、自我教育、自我服务的基层群众性自治组织”,居民委员会在法律和政策许可的范围内,对本居住区的公共事务和公益事业拥有自治权。居民通过居委会这一组织形式,对关系自己切身利益的公共事务和公益事业行使当家做主的自主权利,并参与本居住区各项事务的建设和管理。这是该组织最重要的特点。

(2) 业主委员会　这是住宅商品化以后的产物。综合上海市和其他一些城市的有关居住物业管理的法规,业主委员会是在物业管理区域内代表全体业主（即物业的所有权人）对物业实施自治管理的组织，其成员由业主大会或业主代表大会选举产生；委员会有权选聘或解聘物业管理企业，并负责物业维修基金的筹集、使用与管理。

（3）志愿者协会（组织）　这是活跃在城乡各种社区内以志愿精神为动力的群众性自治组织，主要任务是发动和组织志愿者提供定期的、无偿的公益性服务，如助老助残助困的慈善性服务，协助维护社区治安的服务，维护社区生态环境的服务，在社区公共文化机构的义务工作，等等。无偿性、定期性、自治性是该组织的三大特征。

（4）文化体育类社团　这是活跃在社区内以文化休闲与健身锻炼为主的兴趣性自治组织，其种类及数量相当多，难以精确统计。在形式上，又有正式组织和非正式组织之分。相对而言，亚组织的种类、数量及人数要远远多于和大于正式的社团组织。

（5）村民委员会　根据《中华人民共和国村民委员会组织法》的规定，村民委员会是农村"村民自我管理、自我教育、自我服务的基层群众性自治组织，实行民主选举、民主决策、民主管理、民主监督"；"村民委员会办理本村的公共事务和公益事业，调解民间纠纷，协助维护社会治安，向人民政府反映村民的意见、要求和提出建议"；"村民委员会主任、副主任和委员，由村民直接选举产生。任何组织或个人不得指定、委派或者撤换村民委员会成员"。

当然，随着社会管理体制的进一步改革，随着社区建设与发展工作的进一步深入，必然会产生一些新的种类的社区自治组织，如各种行业性农民协会等。社区自治组织这一日益多样化的趋势，实际上反映了居民社区参与的形式和内容的多样化，反映了社区参与的广度和深度。

那么，在日益多样化的社区参与和社区自治组织的框架结构中，各组织之间互动关系的理想模式应是怎样的呢？我们认为，居民社区参与的多样化和社区自治组织的多样化，是居民参与社区发展实践的功能性分化的现实体现。但是，组织功能的分化又必然要求组织功能的有机整合，由此才有组织之间的良性互动。因此，在功能分化的基础之上，社区自治组织的功能性整合是十分重要的，而这种功能性整合又需要合理的制度性安排。这里，提出两个观点供大家讨论和参考。

第一，在社区自治组织日益多样化的发展进程中，居民委员会、村民委员会仍然是也应当是我国城乡社区中最重要的两种自治组织。之所以说“最重要”，就在于它们是社区自治事务中公共利益的代表，只有它们才能超越诸如业主委员会这一物质利益与财产关系特征突出的自治组织的局限性，超越物业管理企业的利益狭隘性，并且能够整合业主委员会与物业管理企业的矛盾关系，更好地维护居民的合法权益和城市社区的公共利益；超越各种行业性的农民协会这一自治组织的局限性和农业经营企业的利益狭隘性，整合二者的矛盾关系，以更好地维护农民的合法权益和农村社区的公共利益。此外，之所以说“最重要”，还在于它们至今仍是组织化程度最高、制度化运作最严密的自治组织，是基层政府在社区中最重要、最可靠的组织依托。

第二，在各类社区自治组织中，居委会和村委会是功能综合性最突出的组织，而其他组织则是功能单一性的组织。譬如，业主委员会和各种农民协会均是依一定的利益而组建起来的自治组织，一方面可以维护业主和农民的切身利益，另一方面又有可能为了自己的单一利益而忽视、贬低甚至损害社区的公共利益，也无法去协调与社区内其他业主委员会或协会的利益关系。这时，居委会或村委会组织的综合性功能的优势就体现出来了。由于它们是经社区全体居民或村民选举产生的公共利益代表，故有着特定的权威性优势去维护公共利益并协调其他自治组织的利益关系。又譬如，文化体育类社团是依居民特定的兴趣而组建起来的正式组织或亚组织，它们对于提高居民的社区文化素质和身体素质、增进居民之间的情感交流，无疑是很重要的。但是，它们的活动总是需要占据社区的一定空间，而这种对空间的需求又使得它们之间可能会产生这样或那样的矛盾。这种矛盾关系的整合依赖它们自己解决则有着相当的难度，而居委会、村委会无疑是化解矛盾、整合其相互关系的最佳角色。

总之，在社区自治组织的框架结构中，居民委员会和村民委员会是整合社区物质利益、文化需求、政治互动的公共事务性自治组织。在发展多样化社区自治组织的同时，完善居民委员会和村民委员会的自治地位与自治功能，必将有助于社区内所有自治组织的功能性整合，更好地规范这些自治组织的行为，更好地推进城乡基层社会的社区自治和民主建设。这也是鼓励社区自治多样化与规范化相统一、建构自治组织关系整合模式即制度化安排的基础性环节。

4. 社区自治组织与政府的关系

政府始终是我国社区建设和发展的主导性力量。在原来的政府行政全能主义时代和“单位制”中，政府过多地承担了本不应由它来承担的微观社会管理职能，由此付出了过多的制度成本，包括经济成本、政治成本和道德成本,承担了较大的政治风险和道德风险。在社会转型中,在社区建设与管理的实践中,政府应该通过转变职能,将部分微观的社区管理和服务职能让渡给社区自治组织。这不仅可以使社区自治组织获得前所未有的发展空间,促进我国基层社会的民主发展,而且也可以加强政府自身的宏观调控能力,降低政府的管理成本,提高行政效率。然而,一个新的问题随之产生,即在现阶段的社区建设实践中,社区自治组织与政府之间应是怎样的一种关系呢? 简而言之,社区自治组织既需要政府的支持,又可以促进政府的工作。

具体来看,政府始终是我国社区建设与发展的推动者,这就决定了社区自治组织的生成和发育离不开政府的支持。社区自治组织与政府的联系或者其对政府的依赖主要体现在以下几个方面。第一,新的社区自治组织的生成依赖于政府的扶持。如社区服务中心、社区调解中心、社区文化团队、志愿者协会。这种扶持不仅包括政策支持,还包括财力、物力的支持。第二,社区自治组织的生成本身就是政府行为的结果。通过体制的改革,政府把一部分非政府的社会职能剥离出来并还给社会和社区,把一部分制度成本高、管理效果差的领域或部门放给社会与社区,以节省管理成本、提高行政效率。而接受或承托这些职能和权能的,只能是社会中介组织或社区自治组织。但政府的职能转变和权能下放,并不等于其对社会的放任自流。为了避免职能剥离和权能下放带来的社会秩序的混乱,政府既需要扶持各类社区自治组织的发育和发展,又需要制定政策法规来规范和约束社区自治组织的行为,促使自治组织有序发展。

同时,我们也应看到,社区自治组织的发展及其实践活动又可以促进政府的管理工作。第一,社区自治组织的发展,其实质是基层社会民主建设的发展,是居民在社区中当家做主的体现。这种基层民主、社区民主发展得越好,就越能密切与加强党和政府同居民群众的联系,促进政府在社区中的管理工作更符合社区的实际,更符合居民群众的实际需求。第二,政府工作需要居民群众的监督和评估。社区自治组织和社区民主愈是发展,就愈能推动居民群众对政府工作的关心、监督和评价。在"亚社区"时代,居民作为单位人既缺乏关心和监督地方政府工作的内在冲动,也缺乏可以实现这种关心和监督的有效载体和渠道。而社区自治组织和社区民主的发展,则为这种关心、监督和评价提供了现实的渠道和有效的载体。

二、居民委员会的应然角色和现实角色

在我国城镇社区中,历史最长、地位和作用最为独特的自治组织当属居民委员会。之所以说其历史最长,原因在于它出现于20世纪50年代初。对此,没有一个社区自治组织可以与它相比。之所以说其地位和作用最为独特,根本原因就在于,它在担当居民自治组织的同时,又在事实上演变成了政府派出机构即街道办事处的下级组织,变成了一个准政府的功能不清、职能杂多的行政化组织。可以这么说,要推动城镇社区的良性发展,培育居民的社区意识和社区参与精神,促进基层社会的民主与稳定,就必须改变目前居民委员会自治特征弱化而行政特征强化的问题,通过社会体制的进一步改革,切实解决居民委员会的角色冲突问题,努力促使居民委员会的应然角色与现实角色相统一。

1. 居民委员会的由来与发展

居民委员会作为我国城市居民的自治组织,是随着中华人民共和国的建立和发展而产生和发展起来的。

早在 1949 年底和 1950 年初,我国一些城市中出现了不少由群众自己组织起来的防护队、防盗队、居民组等名称各异的自治性组织。最早以“居民委员会”为名的是天津市,时为 1950 年 3 月。紧随其后的是武汉市、成都市和上海市。1951 年 4 月,上海市人民政府召开街道居民代表会议,将 2 000 多个具有自治性质的联防服务队改为居民委员会,明确其为群众自治性组织,应按自然里弄分批进行民主选举。次年末,上海市已建立了 3 391 个居民委员会。1952 年,各个城市相继开展了民主建政运动,并成立了名目繁多、规模大小不一的居民组织。这些组织的基本任务是,学习和宣传政府的方针、政策和法规,反映居民的意见和要求,组织群众防特、防空、防火、防灾、防盗,办理救济及某些居民的公益事项。这些组织具有高度的自治性,深受居民群众的信任和拥护。

1953 年 6 月,时任中央政法委员会副主任和北京市市长的彭真,根据毛泽东主席的指示,组织人员在调查研究的基础上,撰写并呈送了《关于城市街道办事处、居民委员会组织和经费问题的报告》。该报告指出,需要在城市街道建立居民委员会组织,其性质“是群众自治组织,不是政权组织”;其任务“主要是把工厂、商店、机关、学校以外的街道居民组织起来,在居民自愿的原则下,办理有关居民的公共福利事项,宣传政府的政策法令,发动居民响应政府的号召和向基层政权反映居民的意见”;居民委员会应由居民小组选举产生,在城市基层政权或派出机关的统一指导下进行工作,但它在组织上并不是“基层政权的腿,不应交付很多事情给它办”。

毛泽东和中央其他领导人批准了这个报告。从此以后，各城市建立的居民委员会组织的名称逐渐统一起来，性质都是群众性自治组织。①

为了确立居民委员会的法律地位，保障该组织的建设和工作能够顺利进行，1954 年 12 月召开的第一届全国人民代表大会常务委员会第四次会议，根据 1954 年宪法中的民主原则和社会主义原则，制定并颁布了《城市居民委员会组织条例》，第一次用法律条文的形式明确了居民委员会这一“群众自治性的居民组织”的性质、地位和作用，确定了其组织机构，规定了其主要任务、与有关部门的关系、公杂费、生活补助费及其来源等。该条例的颁布和实施，大大推动了城市居民委员会建设工作的全面展开。当时，在“大家的事情大家办”的原则下，各地居委会积极响应政府号召，发动群众开展生产与生活服务、整修道路、植树绿化、修建公厕、改善环境卫生、防火防盗、调解纠纷、治安管理、文化扫盲等活动。由于广大当选的居民干部不计时间，不计报酬，任劳任怨，串百家门，解众人忧，热心为居民服务，勇于维护居民的利益，积极向政府反映居民的要求，从而赢得了居民群众的高度信赖，也促使居民以主人翁的态度积极参与和支持居委会的自治工作。可以这么说，从 1954 年底至 1958 年，是我国城市居民自治和居委会工作的第一个黄金时期。

1958 年，随着“左”倾冒进的“大跃进”和人民公社化运动在城市的兴起，城市基层政权被“党政合一”“政社合一”和“工农商学

① 参阅王振耀、白益华主编的《街道工作与居民委员会建设》，中国社会出版社，1996 年版，第 179～181 页。

兵五位一体”的人民公社所代替，居民委员会也开始成为人民公社体系的一部分，开始行政化，开始忙于经济活动（如大炼钢铁、大办工业、大办食堂），而其居民自治组织的性质和功能则逐渐萎缩。从1962年一直到“文化大革命”结束，尽管居委会工作也有所调整，但“阶级斗争为纲”的实践使其总的趋向日益行政化、衙门化，自治性质和功能基本上丧失殆尽。

1980年1月，在居民委员会工作经历了恢复、调整的基础上，全国人大常委会重新颁布了1954年通过的《城市居民委员会组织条例》，从而使城市基层群众自治制度获得了恢复和发展的法律基础。1982年，我国重新修订颁布的新宪法第一百一十一条，第一次以根本大法的形式明确了居民委员会的性质、任务和作用。该条款的内容是：“城市和农村按居民居住地区设立的居民委员会或村民委员会是基层群众自治组织。居民委员会、村民委员会的主任、副主任和委员由居民选举产生。居民委员会、村民委员会同基层政权的相互关系由法律规定。居民委员会、村民委员会设人民调解、治安保卫、公共卫生等委员会，办理本居住地区的公共事务和公益事业，调解民间纠纷，协助维护社会治安，并且向人民政府反映群众的意见、要求和提出建议。”[①]这以后，全国各地根据宪法的规定，在民政部门的指导下，经过了全面的组织整顿和改造，基本上建立和健全了居委会的组织机构和各项规章制度，改选和充实了居委会的干部，并不同程度地增加了居委会干部的工作补贴。

1989年12月26日，全国人民代表大会常务委员会第十一次会议通过并颁布了《中华人民共和国城市居民委员会组织法》。该

① 摘自《中华人民共和国宪法》。

部法律对居民委员会的性质、任务、职责、组织原则以及居民委员会同基层政权的相互关系等,都做了进一步的规定。例如,第二条对居委会的性质及其同基层政权的相互关系是这样规定的:“居民委员会是居民自我管理、自我教育、自我服务的基层群众性自治组织。不设区的市、市辖区的人民政府或者它的派出机关对居民委员会的工作给予指导、支持和帮助。居民委员会协助不设区的市、市辖区的人民政府或者它的派出机关开展工作。”第三条对居民委员会任务的规定是:“(一) 宣传宪法、法律、法规和国家的政策,维护居民的合法权益,教育居民履行依法应尽的义务,爱护公共财产,开展多种形式的社会主义精神文明建设活动;(二) 办理本居住地区居民的公共事务和公益事业;(三) 调解民间纠纷;(四) 协助维护社会治安;(五) 协助人民政府或者它的派出机关做好与居民利益有关的公共卫生、计划生育、优抚救济、青少年教育等项工作;(六) 向人民政府或者它的派出机关反映居民的意见、要求和提出建议。”第四条规定了居委会的职责:“居民委员会应当开展便民利民的社区服务活动,可以兴办有关的服务事业。”第八条规定了居委会组成人员的产生原则及任期:“居民委员会主任、副主任和委员,由本居住地区全体有选举权的居民或者由每户派代表选举产生;根据居民意见,也可以由每个居民小组选举代表 2 至 3 人选举产生。居民委员会每届任期三年,其成员可以连选连任。”此外,第十条规定:“居民委员会向居民会议负责并报告工作。……涉及全体居民利益的重要问题,居民委员会必须提请居民会议讨论决定。居民会议有权撤换和补选居民委员会成员。”

《中华人民共和国城市居民委员会组织法》的颁布和实施,标志着我国城市基层群众自治制度有了一个相对成熟且比较完备的法律基础,标志着我国城镇社区和居民委员会的建设与发展进入了一个新的发展时期。到1999年底,全国共有667个城市,749个市辖区,5 904个街道办事处,11.5万个居民委员会。10多年以来,居民委员会在宣传党和国家的有关方针、政策和法律法规方面,在化解居民矛盾和冲突、维护城市社区这一基层社会的稳定方面,在促进城市精神文明建设方面,在改善社区(尤其是居民小区)环境、提高社区生活质量方面,在扶贫解困和扶助孤老、孤儿、残疾人士等方面,都发挥了十分突出的作用。尤其值得一提的是,90年代中后期以来,在许多地方政府的支持下,改变了居委会干部“白头发”的普遍现象,一大批企业下岗的中青年干部甚至刚毕业的大学生充实到了居委会的干部队伍中来。应该说,这些都是居民委员会工作的主流,成绩不容忽视,更不能否定。但是,也应看到,居民委员会这一组织的自治功能并未强化却是弱化了,事实上成为街道办事处的下级组织,变成准政府的行政机构,变成集行政职能、社会职能与市场(服务)职能为一体的功能混淆的基层组织。随着社会主义市场经济体制的建立,随着社会福利、社会保障和社会管理体制改革的深入,随着城市社区建设的不断推进,改革基层社会管理体制、调整居民委员会的角色与功能、加强居民的社区参与和社区自治、提高社区在人们社会生活中的地位和作用,就成为非常重要、非常紧迫的现实课题。

2. 全能主义居委会的尴尬与苦恼

2000年是我国经济发展很重要的一年。这一年,全国的GDP达到8.6万亿元,首次超过1万亿美元,人均GDP超过800美元,并超额完成了邓小平在1980年提出的翻两番的战略目标。20多年来,我国的经济体制改革和国民经济取得了巨大的成绩,各项社会事业也有了很大的进步。但与经济体制改革和经济发展相比较，我国的社会结构的调整及社会福利与社会保障体制、社会管理体制等的改革却显得相对滞后较多，社会体制还不顺，社会发展水平还不高。社会发展的滞后与缺陷突出地表现为，政府、企业、社会团体、学校、文化团体等各种组织之间的职能或功能虽有所分化，社区建设虽已轰轰烈烈地开展起来，但这种分化以及社区建设尚属起步阶段，政社不分、企社不分、事社不分的问题还相当严重，社会领域的政府全能主义和单位制管理还相当普遍。应当说，这种社会发展层面的滞后与缺陷，已经明显地影响了经济的可持续发展和社会主义民主政治的发展。

社会发展的滞后和缺陷表现在社区建设和社区发展方面，最突出的问题之一就在于居委会的应然角色、本位角色即自治组织的职能严重地弱化与退化，却过多地承担了政府的行政职能、市场组织的职能和社会事业单位的专业职能，变成了一个依附于街道办事处的、功能混淆重叠的全能主义组织。居委会的日常工作不是立足社区自治调动居民的社区参与，相反，而是接受政府委派的各项工作并接受政府的检查评比。各级政府委派或交办的事情通常达 100 多项，涉及民政帮困、计划生育、调解纠纷、环境卫生、社会治安、社区服务、社区宣传教育、文明达标、外来人口登记与管理、收款收费等十大类。这 100 多项工作通过居委会一个口子，像“漏斗”一样压到仅有 3~5 人的居委会干部身上①，以致居委会干部无奈地诉苦说：“上面千条线，下面一根针”；“突击工作经常

---

① 据不完全统计，各地居委会干部的编制有多有少，多的有 9 人，少的如深圳的一些社区仅 2 人，但多数地方为 3~5 人。

做,经常工作突击做"。下面,《文汇报》的一篇题为《居委会需要减负》的简短报道在一定程度上反映了居委会的职能现状。现摘引如下:

> 走进市中心一间居委会的办公室,记者发现屋内的墙面居然像活页夹式地可以翻动!"没办法,方方面面都要搞评比检查,样样工作目标都要求上墙公开,办公室的墙壁不够用,只好用塑料夹子做成活动墙面,今天治安检查就翻到'治安页',明天爱委会来再翻到'卫生页'……"居委会干部满脸无奈:检查压力那么大,哪还有精力实实在在地为居民服务。
>
> 据粗略调查,目前本市区一级部门下达的检查评比,每年大致都在100项左右,其中多半要"落实"到居委会的"针眼"里。面对几十项检查,居委会干部从定工作目标、宣传落实、建立网络、收集照片资料,到总结、检查、评比,忙得团团转。长乐路居委的支部书记季兰芳告诉记者,现在上级来检查,都要问居民:某某措施知晓吗?满意吗?还要求居民能够规范地回答。居委会只得扯起拉线广播,把做过的工作一遍一遍不停地宣传。检查的项目一多,还得不断换"频道",搞得居民颇为厌烦。
>
> 有的部门评比标准定得特别"细致",比如有的评比要检查居民读了几本书,订了几份报刊,家里有没有书橱,做到了"五好"家庭中的哪几好……有的光计划生育方面的报表就要汇总6张,令居委会干部实在为难。调解委员林阿姨说,这种统计工作要是认真做吧,实在没意义,还会被居民说成是居委会光会摆"花架子",可要是不做,年底评先进又可

能被扣分。

除了评比，不少条线还把收费的任务派到居委会。有线电视费、扫街费、治安费……甚至订报费。卢湾区政府调研员秦元藩的调查结果是：居委会承担的各类收费有12项！

忙于开会、应付检查、完成各条线下达的任务，居委会干部的工作难免与居民的实际需要有所背离。

据悉，卢湾区最近决定将政府系统下达的68项评比，归并减少到25项，其中真正涉及居委会的只有4项。评比少了，具体运作中条线和街道到居委会现场疏导、调研、听取意见的更多了。如此减负，不光居委会干部可以免做不少无用功，更要紧的是，条线对居委指导、交流一多，社区建设和管理的措施必定更加"贴肉"，得益的还是居民。

通过居委会的职能和工作现状，我们不得不认真思考这样几个问题：居委会与政府之间究竟是怎样的关系？居委会同居民之间应该是怎样的关系？居委会有可能承担如此众多的行政与社会职能吗？

关于第一个问题即居委会与政府的关系，从理论和法律上讲，居委会作为城市基层群众的自治组织，只应接受政府的工作指导、支持和帮助，协助政府及其派出机关做好与居民利益有关的公共卫生、计划生育、优抚救济、社会治安等工作，并且向政府及其派出机关反映居民的意见、要求和提出建议。因此，政府及其派出机关与居委会的关系本质上应是一种指导与被指导的关系，需要协助与实施协助的关系，听取居民意见、要求并接受居民考评与反映这种意见、要求及考评的关系，而非领导与被领导的关系。政府部门有责任向居委会的工作提出适当的建议和参考性意见，而不应直接指派工作并直接考核评比居委会的工作状况。[①] 相反,政府部门应该经常性地接受来自居委会及居民群众对其工作状况的考评。但理论与法律上的规定与实际情况并不吻合,甚至完全相反,指导与被指导的关系变成了领导与被领导的关系。在这种情况下,居委会的工作只能向政府负责而非对居民负责。政府的许多职能部门为了使居委会能更多更好地承担自己委派的工作,实现本部门的工作目标,也喜欢和习惯于以考核、评比的指挥棒来支配居委会的工作。在这种情况下,政府实际上全面支配着居委会的工作,使居委会日益与居民相脱离,日益远离了自治的本性,成为代表政府管理社会的力量,成为基层政权的行政化组织。当然,之所以会形成这种状况,制度层面的原因还在于旧的政社不分、以政代社的行政管理体制尚未革除,人力资源方面的原因则在于政府官员还不会或不习惯去指导自治组织的工作,或者说还不会依法处理政府与居委会的关系。

关于第二个问题即居委会同居民之间的关系,从理论上和法律上讲,居委会作为城市基层群众性自治组织,其主任、副主任、委员均应由本居住地区有选举权的居民选举产生,其工作应该向居民或居民会议负责,接受居民的监督与考评,居委会应该是服务于社区公共事务与公益事业、维护居民合法权益的自治组织,动员和组织居民群众参与社区发展的自治组织。但是,由于居委会成了仅向街道工作负责的行政化了的组织,所以对居委会而言,政府的

① 笔者认为,取消政府部门对居委会工作的直接考核与评比,并不等于居委会工作不需要考核与评比。政府对居委会工作状况的客观评价应来源于两个方面:一是社区居民的直接考评,这应成为最权威的考评;二是行业协会如居民工作协会组织的专业考评。

评价比社会的评价、居民的评价重要得多。在这种情况下,居民对居委会认同与评价程度不高、主动参与社区自治的积极性受到抑制就是很自然的了。甚至在许多情况下,居民还把居委会看成政府的一个机构(一些政府官员和居委会干部也视居委会为基层政权的组织形式之一)。这不能不令人十分遗憾!

关于第三个问题即居委会有无能力承担 100 多项行政职能、社会职能乃至市场化了的职能?换句话说,居委会应当是全能主义的组织吗?改革开放以来的历史进程实际上已经说明,作为城市基层群众性的自治组织,居委会既不是政府,也不是企业和学校等专门化的组织,因此,不应该也无法将性质各异、内容杂多的各种组织的职能或功能承揽于一身。否则,居委会必然成为依附于政府、缺乏自治性质和品格、功能不清的大一统组织。事实表明,尽管多年来居委会发挥了许多重要的积极的社会作用,但却始终未能恢复其组织本性即基层群众性自治组织的性质和作用;它主要是以政府的附属或下级组织的角色来参与社区建设和社区发展,而不是以社区自治组织的角色来参与社区建设和社区发展的。当然,之所以会造成居委会自治性质弱化、功能重叠的尴尬状态,根本原因还在于我国社会发展及社会体制的改革滞后于经济发展及经济体制改革,在于政府仍包揽了许多非行政性的事务,在于社会发展领域非政府组织的发育不足、组织功能分化的过程和步伐太慢。此外,法律法规的不健全也是重要原因之一。

3. 关于居委会角色与功能调整的若干思考

如果说 20 世纪 90 年代中期以前居委会的角色矛盾和功能重叠有一定的合理性的话,那么,随着 90 年代以来我国社会主义市场经济体制的基本确立,随着 90 年代中期以来城市社区建设与社区发展的逐步推进,随着 90 年代末社会管理体制、社会福利与社会保障体制等方面改革的深入,也随着社会领域内新的非政府组织的发育发展和组织职能或功能的逐步分化,促使居委会角色回归其基层自治性组织的本位、调整居委会的职责与功能的时机可谓基本成熟了。

下面,我们将就有关居委会的角色定位与功能调整等两大问题做一个初步的思考和分析。

(1) 关于居民委员会的角色和组织属性　可能有人会说,这个问题在法律上不是已经解决了吗?其实,这个问题可以说既已解决又没有解决。说其已解决,这是因为,从 1954 年全国人大常委会通过的《城市居民委员会组织条例》规定"居民委员会是群众自治性的居民组织",到 1982 年新宪法规定居民委员会或村民委员会皆为"基层群众性自治组织",再到 1989 年 12 月的《中华人民共和国城市居民委员会组织法》的有关"居民委员会是居民自我管理、自我教育、自我服务的基层群众性自治组织"的规定,确实解决了居民委员会的法律地位问题,即其是居民的基层群众性自治组织。说其还没有解决,则是因为,这些法律规定过于抽象,并未对居委会这一自治组织的自治领域、自治性质加以明确的限定或解释。例如,"自我管理、自我教育、自我服务"的内涵与外延究竟是什么?对此,法律解释还是空白。又如,居民委员会是基层政权的组织形式还是非政府的自治组织?对此,至今也无明确的法律规定,以至于一些政府官员和居民群众都将居委会视为基层政权的组织形式。再者,居委会组织的行业性质是归于经济类还是归于社会类或政治类?换句话说,居委会究竟是一个经济自治体还是社会自治体或政治自治体?对此,法律的规定仍是非常模糊的。

此外,从实践方面来看,居委会的组织属性也始终未能明确。现实的情况是,居委会成为依附或附属于街道办事处的一个下级组织,行政化特征极其突出。而且,非常有意思的是,1989 年 12 月通过的《中华人民共和国城市居民委员会组织法》首次在法律上提到了"社区服务"的概念,但又明显地受到当时"全民经商"浪潮的影响,故提出"应当开展便民利民的社区服务活动,可以兴办有关的服务事业"。之后,由于商业利益的驱动,居委会大办"小三产",并乱搭乱建,虽遭居民强烈不满却仍乐此不疲。这样,商业利益机制和政府行政机制的双重制约,使得居民委员会既具有公共服务组织的社会属性,又具有政府机构的行政属性和商业服务组织的经济属性,而其自治本质却弱化或退化了。

上述现象实际上是我国社会体制改革滞后于经济体制改革、社会结构和组织等要素的发育滞后于市场要素发育的结果,是社会转型期初始阶段的重要特征。然而进入 20 世纪 90 年代中后期以来,随着企业和事业单位之社会管理、社会服务等职能的剥离并回归社会和社区,随着职工的身份由"单位人"向"社会人"的转变,社会层面的发育和社会体制的改革显得愈益迫切,社区建设、社区发展的现实作用愈益突出,居民的社区参与和社区自治实践也愈发重要。在这种情况下,转变居民委员会的角色,回归居民委员会的自治本质,明确居民委员会组织的功能属性,既是动员居民积极参与社区发展的必要条件,也是提高政府社区行政效益和管理水平的必要条件之一。

我们认为,要转变居民委员会的角色,解决其目前的角色不清和角色冲突的问题,必须进一步界定其自治性的内涵和外延。应该看到,作为活动于社区之内、参与社区发展的居民自治性组织,居民委员会不应是政府机构或政府的下级组织,不应是以营利为目的的经营性企业,也不应是专门化的事业性单位,而应是维护居民权益、实现居民自助与互助、管理居民公共社会事务的自治组织。不然的话,居民委员会的组织功能将无法与政府、企业和事业单位相区别,必然陷入角色不清和角色冲突的困境。因此,必须明确,居民委员会的属性首先姓“社”,属于“社会”,即是一个非政府的专司社区公共社会事务的社会领域中的自治组织。其次,居民委员会的属性姓“政”,即是一个维护居民权益、民主管理居民公共事务的、具有政治民主性质的自治组织。也就是说,居民委员会是一个兼具社会属性和政治属性的居民组织。这里的社会属性决定了居委会的外延必须以维护和增进居民的社会福利、社会保障以及住房、就业、医疗、教育、文化休闲等方面的社会权益和能力为己任。这里的政治属性则决定了居委会的外延必须以维护和增进居民参与社区建设、社区管理等方面的民主权利和能力为己任。只有这样,居委会才能真正形成不同于政府部门、企事业单位及其他中介组织或社会团体的角色特征,才能真正实现和发挥好其基层自治组织的作用与功能。

(2) 关于居民委员会的组织职能　从总体上说,居民委员会应承担社会事务的职能和政治事务的职能,这是不错的。问题在于,这样说并不等于认可居委会能够承担社区内所有的社会事务和政治事务,并不等于认可居委会是一个全能主义的自治组织。

在计划经济年代,由于政社不分、企社不分、事社不分,政府和企事业单位以及居民委员会在组织职能上有着高度的同构性和重叠性,政府以及依附于其名下的所有组织都体现了全能主义的特征,经济、政治、社会、文化等职能无所不包,无所不行。居民委员会作为政府的一个附属组织、下级组织，自然也是全能主义的。不同之处在于，它管理的是那些没有工作单位依靠的孤寡老人、孤残儿童等“非单位人”。改革开放以来至90年代中期以前，尽管我国的经济与社会发展均取得了令人瞩目的伟大成就，但社会领域的改革与发展明显滞后于经济领域的改革与发展却是一个不争的现实。如果说企业和事业单位已初步实现了“政企分开”“政事分开”等必要的组织功能分化的话，那么，在社会福利、社会保障、社会服务、社会管理与社会控制等社会领域，已有的政府机构和企事业单位等却未能实现“政社分开”“企社分开”“事社分开”等组织功能的分化，而新生的、非政府的、承担社会性事务职能的组织的发育和发展进程也相当缓慢。在上述历史背景下，在社区建设的初期，居民委员会勉为其难地承担着全能主义的角色，的确是情有可原的。

但是，自90年代中期以来，随着经济体制改革的深入，社会体制的改革也逐步全面推开，社会转型、社会发育和发展的进程也明显加快，企事业单位的一些社会职能开始剥离并回归社会。另一方面，随着人们生活水平的提高，人们对生活质量的重视程度也越来越高，并要求社会能够提供专业化的高质量的社会服务和社会支持，如社区中的老年人工作、青少年工作、残疾人工作等概莫能外。正是在这一背景下，功能专门化的非政府的服务机构和中介组织大量涌现，而各类组织职能的进一步分化和专门化也已成为既必然又现实又紧迫的任务。显然，在这种情况下，各类组织包括政府机构在内，均应按照社会分工的原则，明确自己的角色和职能，根据自己的角色承担与其相符合的专门化职能。全能主义的组织既无必要也已失去了继续存在的土壤。作为基层自治性组织的居民委员会,也无法和无力继续扮演全能主义的角色了。

其实,不仅从组织分工和功能分化的角度决定了居委会无法和无力扮演全能主义的角色,而且居委会干部的实际数量也决定了其不可能承担如此繁多的任务。按照《中华人民共和国城市居民委员会组织法》的规定,居民委员会由主任、副主任和委员共5至9人组成。可是,居民委员会目前面对的工作却达100多项。这5至9人组成的居民委员会,如同一根缝衣针,怎么能够胜任"千条线"的重负呢?何况,社区居民所要求的社会服务、公共事务的办理愈趋高质量和专业化,无法专业化和专门化的居委会工作在目前是无法满足居民的这些需求的。这也是目前多数居民不认同居委会作用及其工作的重要原因。因此,当务之急是要调整居委会的组织职能,减轻其非内在要求的负担,使其回归自治性组织的角色以及与之相应的组织职能。

现在的问题在于,居委会所应承担的社会事务职能和政治事务职能究竟该如何限定?居委会身上应予剥离或减负的那些职能和事务性工作又该由谁来承接和担当?

对于第一个问题即居委会所应承担的社会事务职能、政治事务职能该如何限定的问题,我们认为可从职责和工作两个层面来讨论。就居委会的职责层面而言,大体上可限定为这样七个方面:一是宣传宪法、法律、法规和国家的政策;二是促进社区精神文明建设;三是推动居民的社区参与和社区自治;四是维护居民的合法权益;五是维护社区的社会稳定;六是协助人民政府做好与居民有关的工作;七是监督和评价政府的社区管理工作。就居委会的事务性工作层面而言,也可大体限定为十个方面:一是组织和动员居民学习党和国家的方针、政策与法律、法规;二是组织和动员居民参与各项社区精神文明建设活动；三是实行直接民主，通过居民会议，依法选举或更替居委会成员，召集和主持居民会议并向居民会议报告工作，对涉及全体居民利益的重要问题提请居民会议讨论决定；四是维护居民的合法权益，及时向人民政府及其派出机关反映居民的意见、要求和提出建议；五是代表全体居民监督、评估和评价政府的社区发展项目的实施状况以及政府对社区的管理状况；六是调解民间纠纷，促进居民之间的团结与和睦共处；七是组织和动员本居住区的居民定期或不定期地开展公益性的社区劳动和社区服务，实现居民间的自助与互助；八是协助人民政府做好与居民利益有关的优抚救济、公共卫生等工作；九是组织和动员居民协助或参与社会治安工作；十是协调政府部门与专业组织之间、专业组织相互之间以及专业组织与居民之间的相互关系，包括调解业主委员会同物业管理公司的矛盾和冲突。总之，居委会不是政府机构，也不是专业化的社会服务机构和中介组织，而是一个基层的自治性组织。居委会承担的事务性工作应与其自治组织的角色和职能相适应，而与其角色和职能不相适应的事务均应予以剥离。

对于第二个问题即居委会应予剥离或减负的那些职能和事务性工作该由谁来承接和担当的问题，不妨这样来加以考虑。其一，原来政府部门委派或转移到居委会身上的行政性工作，应按照分工原则，由政府部门收回并承担到底。政府有关部门有责任指导居委会的工作，但不能将本应自己承担的行政事务转给居委会。否则，政府的角色就会缺位并造成居委会角色的冲突。其二，有些属政府部门为制造业绩“亮点”但对社区发展并无意义的工作，应按照社区建设的实际，由政府部门负责收回并予以取消。其三，原来居委会为弥补办公经费不足而经营的小型营利性的第三产业，如小杂货店、小烟酒店、修配站以及代收费等项目,原则上应按市场经济的要求,转交给商业企业或个人去经营,但其中属侵占居民公共空间的违章建筑店面则应予以拆除。其四,专业性较强的社会事务如青少年行为矫治、精神病康复者回归社会的过渡期工作、老年人的社区照顾、下岗或失业者的再就业培训、居民的心理咨询与法律咨询等,则应交由职业化与专业化的社会工作机构、社会服务机构来承担。在这方面,居委会虽无能力直接从事这些工作,但可以协调有关机构和居民个人做好相应工作。

应该看到,只有将居委会身上不该承担的职能和事务剥离和减负以后,居委会才能回归其基层自治性组织的角色,才能实现和发展其自治的功能。搞好这一剥离和减负工作,是社区建设和社区发展的必然要求,是基层社会主义民主发展的必然要求,是政府提高管理效率和管理水平的必然要求,也是居民改善生活方式、提高生活质量的必然要求。因此,必须以改革的精神,下决心做好这一剥离和减负工作。当然,这个剥离和减负的过程应当是有计划的、有步骤的,同时还须大力发展职业化、专业化的社会工作机构和社会服务机构相配合。

4. 努力搞好现阶段居委会工作的制度创新

为了充分调动现阶段居民参与社区建设、社区发展、社区管理的积极性和能动性,调整和改变居委会的角色冲突问题,使居委会回归、复位于基层自治组织的角色与功能,必须着眼于制度创新,努力探索和建立现阶段居委会工作的新模式。这种制度创新和新模式至少应包括以下三方面的内容,即建立直接选举的、非职业化的居民委员会制度,建立居民委员会与政府及其派出机关互动关系的新模式,构建居民委员会与职业化、专业化社区工作机构的互动关系模式。下面,我们将逐一叙述和分析。

(1) 建立直接选举的、非职业化的居民委员会制度 早在1954年12月31日,全国人大常委会通过的《城市居民委员会组织条例》就规定了居民委员会的成员必须通过选举产生:“居民委员会设委员七人至十七人,由居民小组各选一人组成;并且由委员互推主任一人、副主任一人至三人;其中须有一人管妇女工作。”[①]从这一规定可以看出,居委会的组成颇具“邦联制”的特点,其委员是由居民小组推选出来的,并非经居民会议或居民代表会议直接选举产生。过了15年,即1989年12月26日,全国人大常委会通过的并自1990年1月1日起施行的《中华人民共和国城市居民委员会组织法》,对居委会成员选举产生的法律规定是:“居民委员会主任、副主任和委员,由本居住地区全体有选举权的居民或者由每户派代表选举产生;根据居民意见,也可以由每个居民小组选举代表二至三人选举产生。居民委员会每届任期三年,其成员可以连选连任。”[②]显然,这一项法律条款比1954年的法规要进步和具体得多,明确了居委会的主任、副主任和委员都必须经由跨小组的居民直接选举产生。

然而,法律规定是一回事,现实生活又是另一回事。一直到20世纪90年代中期以前,我国城市居委会成员基本上都未能做到由居民的“民选”产生,究其原因:一是“政社不分”的政府行政体制致使基层政府将居委会置于自己下级组织的地位,变成基层政权的一种组织形式;二是“单位人”的社会管理体制使得绝大多数居

---

① 《城市居民委员会组织条例》第三条。

② 《中华人民共和国城市居民委员会组织法》第八条。

民的利益支撑、社会权利、社会声望和社会资源主要依赖于自己的工作单位,而社区则与自己缺乏利益纽带;三是依赖居委会帮助的人群皆为孤老、孤幼等弱势群体以及没有工作单位的居民(亦即非单位职工),难以产生素质较高、能力较强的居民干部。也正是上述三个原因,致使居民委员会难以吸引社区中的"精英人物"加盟到该组织中来,难以产生或形成居民社区参与的内在动力和需求,难以实现居民委员会的自治地位和自治功能。

90 年代中期以后,居民委员会赖以生存和运行的历史条件发生了根本性的变化。随着社会主义市场经济体制的初步建立,随着社会管理体制改革的深入,人们的"单位人"属性开始向"社会人"转变,住房的商品化、市场化使得居民的物业财产第一次与社区形成了利益联系的纽带,居民参与社区建设、发展和管理第一次获得了现实和内在的动力源泉,居民委员会的自治地位和自治功能第一次有了现实可靠的社会条件。正是在这一背景下,广大居民越来越关心自己的物业以及由此延伸的社区邻里关系,越来越关心社区社会服务、社区保障、社区环境、社区生态、社区文化、社区安全、社区公共设施等的发展情况,越来越关心自己在社区发展中的权利,越来越需要一个经过民选的、能够代表自己利益和主张、维护自己合法权利的新的居民委员会。与此同时,一大批年富力强、文化素质较高、热心社区公共事务的居民"精英"则为居民委员会的运作提供了丰富的人力资源。也正是在这一历史条件和社会背景下,建立直接选举的、非职业化的居民委员会制度成为顺理成章的必然任务。

那么,这种直接选举产生的、非职业化的居民委员会有哪些制度特征呢?概而言之,应当包含以下三个基本特征:

第一,民选的直接性。也就是说,居民委员会的主任、副主任和委员都应该通过居民会议或居民代表会议无记名投票选举产生。在正式投票选举之前,广大居民有权了解每一位主任、副主任和委员候选人的基本情况及其“施政主张”,而每一位候选人也有权向居民会议或居民代表会议宣传其“施政主张”。只有这样的直接民选,才能保证选举过程与结果的公正性、公平性和公开性。

第二,居委会成员的非职业性。作为城市基层群众性的“自我管理、自我教育、自我服务”的自治组织,居委会的工作不能也不应成为其成员谋取劳动报酬的一种劳动行业。换句话说,居委会的工作不是一种职业,而只是一种义务性、参与性的公益工作。居委会干部是一群活跃于社区的民间社会活动家。他们可以是居住在本社区的国家机关工作人员、企事业单位的在职职工,也可以是已赋闲在家的退休干部和职工。坚持居委会成员的非职业性,在实践上既可以增强成员自身的荣誉感、责任感,又因他们直接来自社区的居民,可以更好地想群众所想、急群众所急,更好地“参政、议政”。

第三,居委会工作的合法性。这里的合法性,既包括居委会成员民选的直接性,也包括居委会平常工作的合法性,如依法宣传宪法、法律、法规和国家的政策,维护居民的合法权益,教育居民履行依法应尽的义务,开展精神文明建设活动,调解民间纠纷,向人民政府反映居民的意见、要求和提出建议,协助人民政府做好与居民利益有关的工作,等等。同时,这里的合法性还包括居委会的工作机制,如依法“向居民会议负责并报告工作”,“涉及全体居民利益的重要问题,居民委员会必须提请居民会议讨论决定”,“居民委员会决定问题,采取少数服从多数的原则”,依法对被剥夺政治权利的人"进行监督和教育",等等。[①] 此外,居委会工作的合法性还应包括区政府及其派出机关街道办事处同居委会的工作关系,即一方面,"不设区的市、市辖区的人民政府或者它的派出机关对居民委员会的工作给予指导、支持和帮助,居民委员会协助不设区的市、市辖区的人民政府或者它的派出机关开展工作"[②];另一方面,居民委员会在接受上述政府及其派出机关的工作指导、支持和帮助的同时,还应对它们的社区建设与管理的工作进行监督和评估。这方面的监督和评估的内容,今后应写进有关的法律条文中。

(2) *建立居民委员会与政府及其派出机关互动关系的新模式* 如前所述,在20世纪90年代中期以前,区级人民政府及其派出机关街道办事处同居民委员会的关系始终未能形成指导与被指导及互相支持、相互帮助的关系,实际上一直是一种上下级的行政化领导与被领导的工作关系。90年代中期以后,随着各地城市社区建设事业的推进,居民社区参与和社区自治的重要意义、现实需求日益凸显出来,一些城市如上海、武汉、沈阳等在90年代末开始了居民委员会的直选试点工作,由此拉开了调整政府同居民委员会之传统关系、建立互动关系新模式的历史帷幕。从一定意义上说,居委会民选的直接性是这种新关系的必要前提,而这种新关系则是居委会民选直接性实践的必然结果和必然要求。在依附于、附属于政府的旧体制下,居委会不可能实现其自治性质,也就不可能调整旧有的上下级关系。在改革旧体制、实现居委会选举直接民主性的今天,在居委会回归和复位于其自治性质的今天,无论是

① 参见《中华人民共和国城市居民委员会组织法》第三条、第十条、第十一条、第十八条。

② 参见《中华人民共和国城市居民委员会组织法》第二条。

政府及其派出机关还是居民委员会，都需要寻求和建立一种双向互动的新关系。

根据社区发展的现实及未来走向，我们认为，这种双向互动的新关系或新模式应具有全新的体制和机制。其基本原则是：

其一，政府及其派出机关同居委会的关系应回归、复位于指导与被指导的工作关系，革除领导与被领导的上下级工作关系。为了建立这种新关系，必须着力解决以往和现在仍然存在的两种认识误区，即将居民委员会视作基层政权组织形式的认识误区、居民委员会接受政府的工作经费就必须接受政府领导的认识误区。必须确立科学的社区观，居民委员会只是社区居民的自治性组织而不是基层政权组织形式或基层政权的下级组织；政府对居委会工作经费的拨款体现了一种国家责任，而非政府领导居委会的理由，正如政府给人民代表大会、人民法院、人民检察院的拨款不能成为其领导人民代表大会、人民法院、人民检察院的理由一样。

其二，改变政府包揽居民委员会干部的编制及工作津贴的做法，坚持居委会干部的非职业性和义务性，逐步减少直至取消居委会干部的事业单位编制及其工资待遇，将有关的财政拨款用于社区建设与社区发展的其他方面。此外，可考虑以奖励的形式定期评比和奖励工作业绩突出的居委会干部。当然这种评比和奖励最好通过居民委员会工作协会及工会、妇联、共青团、残疾人联合会等各种社团组织来进行。

其三，居委会有责任、有义务接受政府的工作指导，有责任、有义务协助政府及其派出机关做一些非经常性、非行政性的工作。必须克服“社区自治主义”的认识误区，不能将社区自治等同于无政府主义。特别是在我们这样一个人口众多、地缘经济、文化各有差异的发展中大国,政府作为社区建设与社区发展的主导者和推动者是极其重要的,没有政府的主导和推动,社区建设与社区发展便会陷入一事无成的境地。从这个意义上说,居委会接受政府的工作指导、协助政府做一些与居民利益相关的工作,是社区建设与社区发展的必要条件,也是居委会实现自治的必要条件。

其四,居民委员会有责任、有义务、有权利监督和评估政府及其派出机关在社区建设、社区发展和社区管理上的工作状况。对此,无论是政府及其派出机关还是居民委员会都应确立这样一种科学认识,即加强居委会对政府及其派出机关工作状况的监督与评估,既是社区居民自治的必然要求,也是政府密切同居民群众的联系、提高社区建设和社区管理水平的必要环节和重要渠道之一。

(3) 构建居民委员会与职业化、专业化社区工作机构的互动关系模式　在传统的计划经济体制下,以及在"亚社区"向现代社区转型过渡的今天,居民委员会都承担了过多的与其自治本位角色相冲突的行政职能和专业组织的职能。20 世纪 90 年代中期以后,随着社区建设和社区发展工作的全面推进,随着居民委员会成员直接选举试点工作的展开,客观上要求其剥离压在居委会身上不合理的负担和职能,要求政府收回原来下压给居委会的一些行政化职能,要求发展专业化社区工作机构和中介组织,以承接居委会剥离出来的一部分专业化的社会职能。

从实践的情况来看,目前居委会行政化和专业化职能的剥离与减负工作并不顺利,个中原因除了政府管理社区和自治组织的体制与模式仍沿袭旧的传统以外,主要是介入社区发展的专业化、职业化的社会工作机构和中介服务组织发育还很不够,尤其是专业化的社会工作机构的发育尚未获得各级政府的重视。尽管如此,各地仍然围绕着社区参与和社区自治这一课题,在对居委会职能的剥离与减负工作、探索新的社区工作机制等方面做了积极的努力。例如,上海市卢湾区的探索就颇具创意。

1999年2月起,卢湾区在4个街道35个居民区进行了管理体制改革的试点。这一改革的焦点,就是把居委会的议事层与操作层分开,即在每个到法定年龄的居民都有选举权和被选举权的前提下,直接投票选举产生居委会成员,再由新产生的居委会代表居民公开招聘社区工作者作为居委会的专职干部,以建立既体现民主性又体现专业性的管理新格局。通过选举,337名居民信得过的离退休和在职人员当选为新的居委会成员,其中大专学历以上的占67%,党员占61%。[①] 新型的居委会在社区建设与发展方面主要发挥议事、协调、服务和监督职能。而原来的居委会干部除一部分当选为新居委会成员以外,其他的则作为社区工作者接受新居委会竞聘上岗的考核,合格后从事操作性的工作。下面引述的这段文字,从一个侧面反映了这种新机制的若干特点:

> "关心居民的困难,把居民的要求放在心上,这几乎成了每位新居委会委员对自己的要求。分管社区服务的杨德祺老师特别关心为老人服务的工作,他提出要将老年活动室建成多功能的学习、娱乐、休闲活动场所。而分管社区治安的赵伟勤更留心防止居民矛盾的激化,只要一听到居民反映哪里有不安定因素,他就会随时记在本子上,通知社区工作者去处理……这是一个全新的机制。在这种机制下,直选产生的居委会委员相当一部分都不是居委会专职干部,但他们年

① 董宁:《让居民在社区建设中唱主角》,《解放日报》2000年8月13日第1版、第2版。

富力强、见多识广,还拥有丰富的社会资源。他们虽然不取一分报酬,却全心全意地想着居民的利益。而同样由于这样一种机制,居委会的社区工作者必须接受居委会竞聘上岗的考核,竞争机制的引入使他们的责任心大大加强……居委会正在重新走近居民,而更重要的是,居委会的换届选举,意味着基层政权的民主建设又有了新的进步。"①

卢湾区探索的创新之处及其意义在于,在居委会直接选举的基础上,又建立了一种由居委会招聘与考核的社区工作者队伍,试图在居民小区内形成既有民主自治又有专业管理的新体制、新机制。其实质则是试图恢复居委会的自治性质,又逐步建立起一支职业化的社区工作者队伍。应该说,这一思路是很有道理的。但我们也应看到,卢湾区的探索实践不乏可商榷之处。其一,受聘于居委会的这支职业化的社区工作者队伍并不具备专业社会工作者的基本素质,其从事的操作性工作大多仍为政府指令性、行政性职能范围内之事务以及一部分专业性极强的社会工作事务。也就是说,在操作层面上,原来政社不分、事社不分的弊病并未得到根本解决。其二,卢湾区把这种新体制、新机制视为"基层政权的民主建设"是认识上的一个误区。这一误区必然导致这样一种逻辑,即既然居委会是一级基层政权或其组织形式,那么其服从、接受区政府及其派出机关的领导就是合乎逻辑的。其三,居委会作为一个"自我管理、自我教育、自我服务"的基层自治组织,并不具备聘任专业化、职业化社区社会工作者的主体条件,如社区社会工作者的

① 马美菱:《让居民直接参与社区管理——记全国首家直选换届的卢湾区长二居委会》,《文汇报》2000 年 10 月 7 日第 1 版、第 5 版。引文中的着重号为笔者所加。

专业技术职务、工资待遇、社会福利、养老保险、医疗保险所需的财力支出，都不是居委会所能解决的。事实上，能够聘任社区社会工作者的主体只有国家（政府）和专业化的社会工作机构。其四，在一个 800 户左右、2 000 多人的居民小区内，聘任 4~5 人的社区工作者也是很不经济的。如果他们受聘于区政府或专业的社会工作机构，那他们所服务的人群和社会效益则要大得多。

当然，指出卢湾区试点中的不足，并不是否定其探索中的创意以及将职业化、专业化社会工作队伍引入社区发展的思路。因为这一思路是符合社区发展的客观趋势和社会分工原则的。

我们认为，居委会与职业化、专业化社区工作机构的关系不应是聘任与被聘任的关系，而应是协调、整合和互动的伙伴关系。这种互动的伙伴关系的原则特征是：

第一，居委会是居民小区的自治组织，主要负责协调社会工作者、社区服务中心、物业管理企业以及工会、妇联等社会团体在小区中的事务性工作及其相互关系。

第二，各种各类社区工作机构在居民小区提供专业服务时应主动听取居民及居委会的意见和建议，切实提高服务质量。当工作机构遇到困难时，应主动寻求居委会的支持和帮助。居委会则有责任、有义务提供支持和帮助。

第三，各种各类社区工作机构有责任、有义务为居委会培训一批热心公益与公共事务的居民骨干，使他们掌握一定的专业知识、技能和方法，更好地服务社区。

需要说明的是，上述原则特征只是提示性的，其核心在于互动的伙伴关系。我们深信，随着居委会直接选举的全面推开，随着新生的社区专业工作机构的大量涌现，这种互动关系的内涵将会更加丰富地展现出来。

三、村民委员会:我国农村最重要的村民自治组织

如果说居民委员会是城市基层社区居民最重要的自治性组织的话,那么,村民委员会则是农村基层社区中村民最重要的自治性组织。这一自治组织形式是我国农村改革开放以来的伟大创造,是农村基层民主政治建设与发展的基石。积极推动村民委员会的建设,依法实行民主选举、民主决策、民主管理和民主监督,是我国农村社区参与和社区自治最重要、最核心的内容。

1. 村民委员会的社会基础与法律基础

村民委员会是我国改革开放以后的产物,是农村经济、政治和社会发展的必然结果。改革开放以前,无论是中华人民共和国成立初期的行政村还是人民公社时期的生产队以及80年代初期少数地方出现的村公所,都是乡镇权力机关的延伸,并不具有村民自治性质。1978年以后,中国共产党确定了以"包产到户、包干到户"为主要形式的家庭联产承包责任制这一农村经济改革的重点。所谓家庭联产承包责任制,就是把集体所有的土地以家庭为单位长期包给农户使用,实行分户经营、自负盈亏。它强化了家庭在农业生产中的地位,农民由此获得了生产和产品分配的自主权,农业生产力大大提高。随着家庭联产承包责任制的推行,人民公社及其体制下的生产队在农村经济、政治与社会生活中的作用日益弱化。这时的农民迫切需要建立一种新型的农村社会管理体制,需要一种能够切实反映和代表他们利益的自治组织,以整合村民间的利益,兴办水利交通、教育卫生等公共性事务。1980年冬天,广西壮

族自治区的一些乡村有组织地、以无记名投票的方式,直接选举产生了我国首批村民委员会这一村民自治组织形式。对此,党和国家予以充分肯定,认为这是与农村经济体制改革相适应的崭新的社会管理体制。

1982 年,全国人大通过的新宪法第一百一十一条明确规定:“城市和农村按居民居住地区设立的居民委员会或村民委员会是基层群众性自治组织。”由此,村民委员会获得了宪法这一根本大法的法源基础。同年,中共中央要求各地有计划地进行建立村民(乡民)委员会的试点工作。经过 5 年多的试点,村民委员会建设既取得了很大的成绩,但也遇到了乡镇干部粗暴干涉村民委员会事务的严重问题。为了规范乡镇政府与村民委员会的关系,促进农村基层民主政治的发展,1987 年 11 月 24 日,全国人大常委会通过了《中华人民共和国村民委员会组织法(试行)》。该组织法共 21 条,初步规定了村民委员会的法律地位、任务、作用、设立的原则、组织构成、村委会成员的直接选举原则、村委会的运作机制等。1998 年 11 月 4 日,针对农村经济、政治与社会发展的实际状况以及广大农民积极参与农村社区自治的要求,同时针对乡镇政府的一些不规范行为以及农村中出现的妨碍、破坏村民委员会选举的现象,全国人大常委会修订通过了新的《中华人民共和国村民委员会组织法》。相比 1987 年的试行稿,1998 年的则是一部正式的较成熟的法律,其内容共计 30 条,比试行稿多了 9 条,且文字表述、法律规定更为具体、更加明确。例如,在第二条“村民委员会是村民自我管理、自我教育、自我服务的基层群众性自治组织”之后,加上了“实行民主选举、民主决策、民主管理、民主监督”的规定;第四条在“乡、民族乡、镇的人民政府对村民委员会的工作给予指导、支持和帮助”之后,加上了“但是不得干预依法属于村民自治范围内的事项”的规定;第十一条在“村民委员会主任、副主任和委员,由村民直接选举产生”之后,加上了“任何组织或者个人不得指定、委派或者撤换村民委员会成员”;在第十四条有关村委会选举的规定上增加了“选举实行无记名投票、公开计票的方法,选举结果应当当场公布。选举时,设立秘密写票处”;第十五条则规定:“以威胁、贿赂、伪造选票等不正当手段,妨害村民行使选举权、被选举权,破坏村民委员会选举的,村民有权向乡、民族乡、镇的人民代表大会和人民政府或者县级人民代表大会常务委员会和人民政府及其有关主管机关举报,有关机关应当负责调查并依法处理。以威胁、贿赂、伪造选票等不正当手段当选的,其当选无效。”①

2. 村民委员会依法自治的基本内容

根据《中华人民共和国村民委员会组织法》,作为农村基层群众性的自治组织,村民委员会自我管理、自我教育、自我服务的基本内容大体上可概括为以下七个方面:

第一,村民委员会的基本任务在于办理本村的公共事务和公益事业,调解民间纠纷,协助维护社会治安,向人民政府反映村民的意见、要求和提出建议。

第二,村民委员会的基本职责在于协助乡、民族乡、镇的人民政府开展工作;支持和组织村民依法发展各种形式的合作经济和其他经济,承担本村生产的服务和协调工作,促进农村生产建设和社会主义市场经济的发展;保障集体经济组织和村民、承包经营户、联户或者合伙人的合法的财产权和其他合法的权利和利益;管

① 详见《中华人民共和国村民委员会组织法》,法律出版社,1998 年 12 月版。

理本村属于村农民集体所有的土地和其他财产，教育村民合理利用资源，保护和改善生态环境；宣传宪法、法律、法规和国家的政策，教育和推动村民履行法律规定的义务，爱护公共财产，维护村民的合法的权利和利益，发展教育，普及科技知识，开展多种形式的社会主义精神文明活动；引导和教育村民加强民族团结、互相尊重、互相帮助。

第三，村民委员会的选举应遵循的基本原则是，村民委员会主任、副主任和委员由村民直接选举产生。任何组织或者个人不得指定、委派或者撤换村民委员会成员；有选举权和被选举权的村民名单，应在选举日的20天以前公布；选举村民委员会，由本村有选举权的村民直接提名候选人。候选人的名额应当多于应选名额。候选人获得过半数的选票始得当选；选举实行无记名投票、公开计票的方法，选举结果应当场公布。选举时设立秘密写票处；以威胁、贿赂、伪造选票等不正当手段当选的，其当选无效。

第四，本村五分之一以上有选举权的村民联名，可以要求罢免村民委员会委员。村民委员会应当及时召开村民会议，投票表决罢免要求。

第五，村民委员会向村民会议负责并报告工作，村民会议每年审议村民委员会的工作报告，并评议村民委员会成员的工作。涉及村民利益的下列情况，村民委员会必须提请村民会议讨论决定后方可办理：一是乡统筹的收缴办法，村提留的收缴及使用；二是本村享受误工补贴的人数及补贴标准；三是从集体经济中所得收益的使用；四是村办学校、村建道路等村公益事业的经费筹集方案；五是村集体经济项目的立项、承包方案及村公益事业项目的建设承包方案；六是村民的承包经营方案；七是宅基地的使用方案；

八是村民会议认为应当由村民会议讨论决定的涉及村民利益的其他事项。

第六,村民委员会实行村务公开制度,其中涉及财务的事项至少每6个月公布一次。

第七,村民委员会决定问题,采取少数服从多数的原则。村民委员会进行工作,不得强迫命令,不得打击报复。

3. 村民委员会建设的主要成就和存在的主要问题

1987年以来,特别是1998年《中华人民共和国村民委员会组织法》颁布实施以来,全国各地把加强村民自治建设作为农村改革、发展和稳定的重要任务来抓,做了大量的工作,取得了明显的成绩。概括来看,主要成绩有:一是村委会直接选举制度正在逐步发展和完善,绝大多数农村做到了由村民会议或村民小组推选村民选举委员会,由村民直接提名候选人,普遍设立了秘密写票处,并当场公布选举结果;二是重视村民会议和村民代表会议这些经常性民主形式作用的发挥;三是村务公开更加注重实效;四是直选的村委会干部素质较高,新当选的干部普遍出现了"三高一低"现象,即党员比例高、致富能手比例高、文化程度高,平均年龄低;五是巩固了原来好的村委会班子,加强了原来工作状况一般的班子,调整了原来软弱涣散的班子;六是逐步实现了民主选举、民主决策、民主管理、民主监督的机制,密切了干群之间的关系;七是强化了农民群众的民主法制观念,促进了农村社会的稳定。

当然,在看到上述成绩的同时,也应指出存在的一些突出问题,这些问题主要是:

第一,一些县乡干部存在着明显的认识误区,如认为农民整体素质不高,不能自治,村委会直接选举搞早了;有的认为村民自治会削弱党在农村的领导地位,把党的领导和村民自治对立起来;有的则认为村民自治削弱了乡镇政府的权威,容易产生无政府主义,从而把乡镇政府依法行政同村民依法自治人为地对立起来。

第二,县乡干部干涉村民自治的违法现象时有发生。如有的在村委会选举中,操纵选举、指定候选人、委派候选人;有的随意免去农民群众依法选举产生的村委会干部;有的则对群众举报的村委会选举中的违法现象不闻不问,甚至听之任之。

第三,"党政不分,以党代政"现象仍比较突出,有的村党支部越俎代庖,使村委会、村民会议等群众自治组织形同虚设,流于形式。

第四,村民对县乡干部干涉村民自治违法现象的集体上访呈大幅度增长态势。

第五,农村家庭势力和具黑社会性质的非法社团插手村委会选举,用威胁、贿赂、伪造选票等不正当手段干预正常选举的现象时有发生。

因此,加强村民自治和村民委员会建设,搞好农村基层的民主政治建设,仍是一项任重道远的任务。为此,必须加大《中华人民共和国村民委员会组织法》的宣传力度,加强对县、乡、村三级干部的法制培训,依法严惩村民自治和村民委员会选举中的违法案件,做到"两手都要抓、两手都要硬"。只有这样,才能为我国农村的村民自治和村委会建设创造一个良好的文化与法制的环境。

附录一

中华人民共和国城市居民委员会组织法

（1989 年 12 月 26 日第七届全国人民代表大会
常务委员会第十一次会议通过）[①]

第一条 为了加强城市居民委员会的建设，由城市居民群众依法办理群众自己的事情，促进城市基层社会主义民主和城市社会主义物质文明、精神文明建设的发展，根据宪法，制定本法。

第二条 居民委员会是居民自我管理、自我教育、自我服务的基层群众性自治组织。

不设区的市、市辖区的人民政府或者它的派出机关对居民委员会的工作给予指导、支持和帮助。居民委员会协助不设区的市、市辖区的人民政府或者它的派出机关开展工作。

第三条 居民委员会的任务：

（一）宣传宪法、法律、法规和国家的政策，维护居民的合法权益，教育居民履行依法应尽的义务，爱护公共财产，开展多种形式的社会主义精神文明建设活动；

（二）办理本居住地区居民的公共事务和公益事务；

---

① 2018 年 12 月 29 日，第十三届全国人大常委会第七次会议表决通过修改城市居民委员会组织法的决定，居民委员会每届任期五年，其成员可连选连任。——编者注

（三）调解民间纠纷；

（四）协助维护社会治安；

（五）协助人民政府或者它的派出机关做好与居民利益有关的公共卫生、计划生育、优抚救济、青少年教育等项工作；

（六）向人民政府或者它的派出机关反映居民的意见、要求和提出建议。

第四条　居民委员会应当开展便民利民的社区服务活动，可以兴办有关的服务事业。

居民委员会管理本居民委员会的财产，任何部门和单位不得侵犯居民委员会的财产所有权。

第五条　多民族居住地区的居民委员会，应当教育居民互相帮助，互相尊重，加强民族团结。

第六条　居民委员会根据居民居住状况，按照便于居民自治的原则，一般在一百户至七百户的范围内设立。

居民委员会的设立、撤销、规模调整，由不设区的市、市辖区的人民政府决定。

第七条　居民委员会由主任、副主任和委员共五至九人组成。多民族居住地区，居民委员会中应当有人数较少的民族的成员。

第八条　居民委员会主任、副主任和委员，由本居住地区全体有选举权的居民或者由每户派代表选举产生；根据居民意见，也可以由每个居民小组选举代表二至三人选举产生。居民委员会每届任期三年，其成员可以连选连任。

年满十八周岁的本居住地区居民，不分民族、种族、性别、职业、家庭出身、宗教信仰、教育程度、财产状况、居住期限，都有选举权和被选举权；但是，依照法律被剥夺政治权利的人除外。

第九条 居民会议由十八周岁以上的居民组成。

居民会议可以由全体十八周岁以上的居民或者每户派代表参加,也可以由每个居民小组选举代表二至三人参加。

居民会议必须有全体十八周岁以上的居民、户的代表或者居民小组选举的代表的过半数出席,才能举行。会议的决定,由出席人的过半数通过。

第十条 居民委员会向居民会议负责并报告工作。

居民会议由居民委员会召集和主持。有五分之一以上的十八周岁以上的居民、五分之一以上的户或者三分之一以上的居民小组提议,应当召集居民会议。涉及全体居民利益的重要问题,居民委员会必须提请居民会议讨论决定。

居民会议有权撤换和补选居民委员会成员。

第十一条 居民委员会决定问题,采取少数服从多数的原则。

居民委员会进行工作,应当采取民主的方法,不得强迫命令。

第十二条 居民委员会成员应当遵守宪法、法律、法规和国家的政策,办事公道,热心为居民服务。

第十三条 居民委员会根据需要设人民调解、治安保卫、公共卫生等委员会。居民委员会成员可以兼任下属的委员会的成员。居民较少的居民委员会可以不设下属的委员会,由居民委员会的成员分工负责有关工作。

第十四条 居民委员会可以分设若干居民小组,小组长由居民小组推选。

第十五条 居民公约由居民会议讨论制定,报不设区的市、市辖区的人民政府或者它的派出机关备案,由居民委员会监督执行。居民应当遵守居民会议的决议和居民公约。

居民公约的内容不得与宪法、法律、法规和国家的政策相抵触。

第十六条　居民委员会办理本居住地区公益事业所需的费用，经居民会议讨论决定，可以根据自愿原则向居民筹集，也可以向本居住地区的受益单位筹集，但是必须经受益单位同意；收支账目应当及时公布，接受居民监督。

第十七条　居民委员会的工作经费和来源，居民委员会成员的生活补贴费的范围、标准和来源，由不设区的市、市辖区的人民政府或者上级人民政府规定并拨付；经居民会议同意，可以从居民委员会的经济收入中给予适当补助。

居民委员会的办公用房，由当地人民政府统筹解决。

第十八条　依照法律被剥夺政治权利的人编入居民小组，居民委员会应当对他们进行监督和教育。

第十九条　机关、团体、部队、企业事业组织，不参加所在地的居民委员会，但是应当支持所在地的居民委员会的工作。所在地的居民委员会讨论同这些单位有关的问题，需要他们参加会议时，他们应当派代表参加，并且遵守居民委员会的有关决定和居民公约。

前款所列单位的职工及家属、军人及随军家属，参加居住地区的居民委员会；其家属聚居区可以单独成立家属委员会，承担居民委员会的工作，在不设区的市、市辖区的人民政府或者它的派出机关和本单位的指导下进行工作。家属委员会的工作经费和家属委员会成员的生活补贴费、办公用房，由所属单位解决。

第二十条　市、市辖区的人民政府有关部门，需要居民委员会或者它的下属委员会协助进行的工作，应当经市、市辖区的人民政府或者它的派出机关同意并统一安排。市、市辖区的人民政府的有关部门,可以对居民委员会有关的下属委员会进行业务指导。

第二十一条 本法适用于乡、民族乡、镇的人民政府所在地设立的居民委员会。

第二十二条 省、自治区、直辖市的人民代表大会常务委员会可以根据本法制定实施办法。

第二十三条 本法自1990年1月1日起施行。1954年12月31日全国人民代表大会常务委员会通过的《城市居民委员会组织条例》同时废止。

附录二

中华人民共和国村民委员会组织法

(1998 年 11 月 4 日第九届全国人民代表大会
常务委员会第五次会议通过)①

第一条 为了保障农村村民实行自治,由村民群众依法办理自己的事情,发展农村基层民主,促进农村社会主义物质文明和精神文明建设,根据宪法,制定本法。

第二条 村民委员会是村民自我管理、自我教育、自我服务的基层群众性自治组织,实行民主选举、民主决策、民主管理、民主监督。

村民委员会办理本村的公共事务和公益事业,调解民间纠纷,协助维护社会治安,向人民政府反映村民的意见、要求和提出建议。

第三条 中国共产党在农村的基层组织,按照中国共产党章程进行工作,发挥领导核心作用;依照宪法和法律,支持和保障村民开展自治活动、直接行使民主权利。

---

① 2010 年 10 月 28 日,中华人民共和国第十一届全国人民代表大会常务委员会第十七次会议修订通过《中华人民共和国村民委员会组织法》,修订后的《中华人民共和国村民委员会组织法》自公布之日起施行。现行的《中华人民共和国村民委员会组织法》是根据 2018 年 12 月 29 日第十三届全国人大常委会第七次会议表决通过修改村民委员会组织法的决定修正的。——编者注

第四条　乡、民族乡、镇的人民政府对村民委员会的工作给予指导、支持和帮助,但是不得干预依法属于村民自治范围内的事项。

村民委员会协助乡、民族乡、镇的人民政府开展工作。

第五条　村民委员会应当支持和组织村民依法发展各种形式的合作经济和其他经济,承担本村生产的服务和协调工作,促进农村生产建设和社会主义市场经济的发展。

村民委员会应当尊重集体经济组织依法独立进行经济活动的自主权,维护以家庭承包经营为基础、统分结合的双层经营体制,保障集体经济组织和村民、承包经营户、联户或者合伙的合法的财产权和其他合法的权利和利益。

村民委员会依照法律规定,管理本村属于村农民集体所有的土地和其他财产,教育村民合理利用自然资源,保护和改善生态环境。

第六条　村民委员会应当宣传宪法、法律、法规和国家的政策,教育和推动村民履行法律规定的义务,爱护公共财产,维护村民的合法的权利和利益,发展文化教育,普及科技知识,促进村和村之间的团结、互助,开展多种形式的社会主义精神文明建设活动。

第七条　多民族村民居住的村,村民委员会应当教育和引导村民加强民族团结、互相尊重、互相帮助。

第八条　村民委员会根据村民居住状况、人口多少,按照便于群众自治的原则设立。

村民委员会的设立、撤销、范围调整,由乡、民族乡、镇的人民政府提出,经村民会议讨论同意后,报县级人民政府批准。

第九条　村民委员会由主任、副主任和委员共三至七人组成。

村民委员会成员中，妇女应当有适当的名额，多民族村民居住的村应当有人数较少的民族的成员。

村民委员会成员不脱离生产，根据情况，可以给予适当补贴。

第十条　村民委员会可以按照村民居住状况分设若干村民小组，小组长由村民小组会议推选。

第十一条　村民委员会主任、副主任和委员，由村民直接选举产生。任何组织或者个人不得指定、委派或者撤换村民委员会成员。

村民委员会每届任期三年，届满应当及时举行换届选举。村民委员会成员可以连选连任。

第十二条　年满十八周岁的村民，不分民族、种族、性别、职业、家庭出身、宗教信仰、教育程度、财产状况、居住期限，都有选举权和被选举权；但是，依照法律被剥夺政治权利的人除外。

有选举权和被选举权的村民名单，应当在选举日的二十日以前公布。

第十三条　村民委员会的选举，由村民选举委员会主持。村民选举委员会成员由村民会议或者各村民小组推选产生。

第十四条　选举村民委员会，由本村有选举权的村民直接提名候选人。候选人的名额应当多于应选名额。

选举村民委员会，有选举权的村民的过半数投票，选举有效；候选人获得参加投票的村民的过半数的选票，始得当选。

选举实行无记名投票、公开计票的方法，选举结果应当当场公布。选举时，设立秘密写票处。

具体选举办法由省、自治区、直辖市的人民代表大会常务委员会规定。

第十五条 以威胁、贿赂、伪造选票等不正当手段,妨害村民行使选举权、被选举权,破坏村民委员会选举的,村民有权向乡、民族乡、镇的人民代表大会和人民政府或者县级人民代表大会常务委员会和人民政府及其有关主管部门举报,有关机关应当负责调查并依法处理。以威胁、贿赂、伪造选票等不正当手段当选的,其当选无效。

第十六条 本村五分之一以上有选举权的村民联名,可以要求罢免村民委员会成员。罢免要求应当提出罢免理由。被提出罢免的村民委员会成员有权提出申辩意见。村民委员会应当及时召开村民会议,投票表决罢免要求。罢免村民委员会成员须经有选举权的村民过半数通过。

第十七条 村民会议由本村十八周岁以上的村民组成。

召开村民会议,应当有本村十八周岁以上村民的过半数参加,或者有本村三分之二以上的户的代表参加,所作决定应当经到会人员的过半数通过。必要的时候,可以邀请驻在本村的企业、事业单位和群众组织派代表列席村民会议。

第十八条 村民委员会向村民会议负责并报告工作。村民会议每年审议村民委员会的工作报告,并评议村民委员会成员的工作。

村民会议由村民委员会召集。有十分之一以上的村民提议,应当召集村民会议。

第十九条 涉及村民利益的下列事项,村民委员会必须提请村民会议讨论决定,方可办理:

(一) 乡统筹的收缴办法,村提留的收缴及使用;

（二）本村享受误工补贴的人数及补贴标准；

（三）从村集体经济所得收益的使用；

（四）村办学校、村建道路等村公益事业的经费筹集方案；

（五）村集体经济项目的立项、承包方案及村公益事业的建设承包方案；

（六）村民的承包经营方案；

（七）宅基地的使用方案；

（八）村民会议认为应当由村民会议讨论决定的涉及村民利益的其他事项。

第二十条　村民会议可以制定和修改村民自治章程、村规民约,并报乡、民族乡、镇的人民政府备案。

村民自治章程、村规民约以及村民会议或者村民代表讨论决定的事项不得与宪法、法律、法规和国家的政策相抵触,不得有侵犯村民的人身权利、民主权利和合法财产权利的内容。

第二十一条　人数较多或者居住分散的村,可以推选产生村民代表,由村民委员会召集村民代表开会,讨论决定村民会议授权的事项。村民代表由村民按每五户至十五户推选一人,或者由各村民小组推选若干人。

第二十二条　村民委员会实行村务公开制度。

村民委员会应当及时公布下列事项,其中涉及财务的事项至少每六个月公布一次,接受村民的监督:

（一）本法第十九条规定的由村民会议讨论决定的事项及其实施情况；

（二）国家计划生育政策的落实方案；

（三）救灾救济款物的发放情况；

(四) 水电费的收缴以及涉及本村村民利益、村民普遍关心的其他事项。

村民委员会应当保证公布内容的真实性,并接受村民的查询。

村民委员会不及时公布应当公布的事项或者公布的事项不真实的,村民有权向乡、民族乡、镇人民政府或者县级人民政府及其有关主管部门反映,有关政府机关应当负责调查核实,责令公布;经查证确有违法行为的,有关人员应当依法承担责任。

第二十三条　村民委员会及其成员应当遵守宪法、法律、法规和国家的政策,办事公道,廉洁奉公,热心为村民服务。

第二十四条　村民委员会决定问题,采取少数服从多数的原则。

村民委员会进行工作,应当坚持群众路线,充分发扬民主,认真听取不同意见,坚持说服教育,不得强迫命令,不得打击报复。

第二十五条　村民委员会根据需要设人民调解、治安保卫、公共卫生等委员会。村民委员会成员可以兼任下属委员会的成员。人口少的村的村民委员会可以不设下属委员会,由村民委员会成员分工负责人民调解、治安保卫、公共卫生等工作。

第二十六条　村民委员会应当协助有关部门,对被依法剥夺政治权利的村民进行教育、帮助和监督。

第二十七条　驻在农村的机关、团体、部队、全民所有制企业、事业单位的人员不参加村民委员会组织,不属于村办的集体所有制单位的人员可以不参加村民委员会组织。但是,他们都应当遵守有关村规民约。所在地的村民委员会、村民会议或者村民代表讨论和处理同这些单位有关的问题,应当与他们协商解决。

第二十八条　地方各级人民代表大会和县级以上地方各级人

民代表大会常务委员会在本行政区域内保证本法的实施，保障村民依法行使自治权利。

第二十九条　省、自治区、直辖市的人民代表大会常务委员会可以根据本法，结合本行政区域的实际情况，制定实施办法。

第三十条　本法自公布之日起施行。《中华人民共和国村民委员会组织法（试行）》同时废止。

附录三

中华人民共和国未成年人保护法

（1991 年 9 月 4 日第七届全国人民代表大会
常务委员会第二十一次会议通过
1991 年 9 月 4 日中华人民共和国主席令
第五十号公布自 1992 年 1 月 1 日起施行）①

目　　录

第一章　总则
第二章　家庭保护
第三章　学校保护
第四章　社会保护
第五章　司法保护
第六章　法律责任
第七章　附则

---

① 2020 年 10 月 17 日，第十三届全国人民代表大会常务委员会第二十二次会议第二次修订《中华人民共和国未成年人保护法》，自 2021 年 6 月 1 日起施行。修订后的未成年人保护法分为总则、家庭保护、学校保护、社会保护、网络保护、政府保护、司法保护、法律责任和附则，共九章 132 条。——编者注

第一章　总　　则

第一条　为了保护未成年人的身心健康，保障未成年人的合法权益，促进未成年人在品德、智力、体质等方面全面发展，把他们培养成为有理想、有道德、有文化、有纪律的社会主义事业接班人，根据宪法，制定本法。

第二条　本法所称未成年人是指未满十八周岁的公民。

第三条　国家、社会、学校和家庭对未成年人进行理想教育、道德教育、文化教育、纪律和法制教育，进行爱国主义、集体主义和国际主义、共产主义的教育，提倡爱祖国、爱人民、爱劳动、爱科学、爱社会主义的公德，反对资本主义的、封建主义的和其他的腐朽思想的侵蚀。

第四条　保护未成年人的工作，应当遵循下列原则：

（一）保障未成年人的合法权益；

（二）尊重未成年人的人格尊严；

（三）适应未成年人身心发展的特点；

（四）教育与保护相结合。

第五条　国家保障未成年人的人身、财产和其他合法权益不受侵犯。

保护未成年人，是国家机关、武装力量、政党、社会团体、企业事业组织、城乡基层群众性自治组织、未成年人的监护人和其他成年公民的共同责任。

对侵犯未成年人合法权益的行为，任何组织和个人都有权予以劝阻、制止或者向有关部门提出检举或者控告。

国家、社会、学校和家庭应当教育和帮助未成年人运用法律手段，维护自己的合法权益。

第六条 中央和地方各级国家机关应当在各自的职责范围内做好未成年人保护工作。

国务院和省、自治区、直辖市的人民政府根据需要,采取组织措施,协调有关部门做好未成年人保护工作。

共产主义青年团、妇女联合会、工会、青年联合会、学生联合会、少年先锋队及其他有关的社会团体,协助各级人民政府做好未成年人保护工作,维护未成年人的合法权益。

第七条 各级人民政府和有关部门对保护未成年人有显著成绩的组织和个人,给予奖励。

第二章 家 庭 保 护

第八条 父母或者其他监护人应当依法履行对未成年人的监护职责和抚养义务,不得虐待、遗弃未成年人;不得歧视女性未成年人或者有残疾的未成年人;禁止溺婴、弃婴。

第九条 父母或者其他监护人应当尊重未成年人接受教育的权利,必须使适龄未成年人按照规定接受义务教育,不得使在校接受义务教育的未成年人辍学。

第十条 父母或者其他监护人应当以健康的思想、品行和适当的方法教育未成年人,引导未成年人进行有益身心健康的活动,预防和制止未成年人吸烟、酗酒、流浪以及聚赌、吸毒、卖淫。

第十一条 父母或者其他监护人不得允许或者迫使未成年人结婚,不得为未成年人订立婚约。

第十二条 父母或者其他监护人不履行监护职责或者侵害被监护的未成年人的合法权益的,应当依法承担责任。

父母或者其他监护人有前款所列行为,经教育不改的,人民法院可以根据有关人员或者有关单位的申请，撤销其监护人的资格；依照民法通则第十六条的规定，另行确定监护人。

第三章　学 校 保 护

第十三条　学校应当全面贯彻国家的教育方针，对未成年学生进行德育、智育、体育、美育、劳动教育以及社会生活指导和青春期教育。

学校应当关心、爱护学生；对品行有缺点、学习有困难的学生，应当耐心教育、帮助，不得歧视。

第十四条　学校应当尊重未成年学生的受教育权，不得随意开除未成年学生。

第十五条　学校、幼儿园的教职员应当尊重未成年人的人格尊严，不得对未成年学生和儿童实施体罚、变相体罚或者其他侮辱人格尊严的行为。

第十六条　学校不得使未成年学生在危及人身安全、健康的校舍和其他教育教学设施中活动。

任何组织和个人不得扰乱教学秩序，不得侵占、破坏学校的场地、房屋和设备。

第十七条　学校和幼儿园安排未成年学生和儿童参加集会、文化娱乐、社会实践等集体活动，应当有利于未成年人的健康成长，防止发生人身安全事故。

第十八条　按照国家有关规定送工读学校接受义务教育的未成年人，工读学校应当对其进行思想教育、文化教育、劳动技术教育和职业道德教育。

工读学校的教职员应当关心、爱护、尊重学生，不得歧视、厌弃。

第十九条 幼儿园应当做好保育、教育工作,促进幼儿在体质、智力、品德等方面和谐发展。

第四章 社会保护

第二十条 国家鼓励社会团体、企业事业组织和其他组织及公民,开展多种形式的有利于未成年人健康成长的社会活动。

第二十一条 各级人民政府应当创造条件,建立和改善未成年人文化生活需要的活动场所和设施。

第二十二条 博物馆、纪念馆、科技馆、文化馆、影剧院、体育场(馆)、动物园、公园等场所,应当对中小学生优惠开放。

第二十三条 营业性舞厅等不适宜未成年人活动的场所,有关主管部门和经营者应当采取措施,不得允许未成年人进入。

第二十四条 国家鼓励新闻、出版、广播、电影、电视、文艺等单位和作家、科学家、艺术家及其他公民,创作或者提供有益于未成年人健康成长的作品。出版专门以未成年人为对象的图书、报刊、音像制品等出版物,国家给予扶持。

第二十五条 严禁任何组织和个人向未成年人出售、出租或者以其他方式传播淫秽、暴力、凶杀、恐怖等毒害未成年人的图书、报刊、音像制品。

第二十六条 儿童食品、玩具、用具和游乐设施,不得有害于儿童的安全和健康。

第二十七条 任何人不得在中小学、幼儿园、托儿所的教室、寝室、活动室和其他未成年人集中活动的室内吸烟。

第二十八条 任何组织和个人不得招用未满十六周岁的未成

年人，国家另有规定的除外。

任何组织和个人依照国家有关规定招收已满十六周岁未满十八周岁的未成年人的，应当在工种、劳动时间、劳动强度和保护措施等方面执行国家有关规定，不得安排其从事过重、有毒、有害的劳动或者危险作业。

第二十九条　对流浪乞讨或者离家出走的未成年人，民政部门或者其他有关部门应当负责交送其父母或者其他监护人；暂时无法查明其父母或者其他监护人的，由民政部门设立的儿童福利机构收容抚养。

第三十条　任何组织和个人不得披露未成年人的个人隐私。

第三十一条　对未成年人的信件，任何组织和个人不得隐匿、毁弃；除因追查犯罪的需要由公安机关或者人民检察院依照法律规定的程序进行检查，或者对无行为能力的未成年人的信件由其父母或者其他监护人代为开拆外，任何组织或者个人不得开拆。

第三十二条　卫生部门和学校应当为未成年人提供必要的卫生保健条件，做好预防疾病工作。

第三十三条　地方各级人民政府应当积极发展托幼事业，努力办好托儿所、幼儿园，鼓励和支持国家机关、社会团体、企业事业组织和其他社会力量兴办哺乳室、托儿所、幼儿园，提倡和支持举办家庭托儿所。

第三十四条　卫生部门应当对儿童实行预防接种证制度，积极防治儿童常见病、多发病，加强对传染病防治工作的监督管理和对托儿所、幼儿园卫生保健的业务指导。

第三十五条　各级人民政府和有关部门应当采取多种形式，培养和训练幼儿园、托儿所的保教人员，加强对他们的政治思想和业务教育。

第三十六条　国家依法保护未成年人的智力成果和荣誉权不受侵犯。

对有特殊天赋或者有突出成就的未成年人,国家、社会、家庭和学校应当为他们的健康发展创造有利条件。

第三十七条　未成年人已经受完规定年限的义务教育不再升学的,政府有关部门和社会团体、企业事业组织应当根据实际情况,对他们进行职业技术培训,为他们创造劳动就业条件。

第五章　司法保护

第三十八条　对违法犯罪的未成年人,实行教育、感化、挽救的方针,坚持教育为主、惩罚为辅的原则。

第三十九条　已满十四周岁的未成年人犯罪,因不满十六周岁不予刑事处罚的,责令其家长或者其他监护人加以管教;必要时,也可以由政府收容教养。

第四十条　公安机关、人民检察院、人民法院办理未成年人犯罪的案件,应当照顾未成年人的身心特点,并可以根据需要设立专门机构或者指定专人办理。

公安机关、人民检察院、人民法院和少年犯管教所,应当尊重违法犯罪的未成年人的人格尊严,保障他们的合法权益。

第四十一条　公安机关、人民检察院、人民法院对审前羁押的未成年人,应当与羁押的成年人分别看管。

对经人民法院判决服刑的未成年人,应当与服刑的成年人分别关押、管理。

第四十二条　十四周岁以上不满十六周岁的未成年人犯罪的

案件，一律不公开审理。十六周岁以上不满十八周岁的未成年人犯罪的案件，一般也不公开审理。

对未成年人犯罪案件，在判决前，新闻报道、影视节目、公开出版物不得披露该未成年人的姓名、住所、照片及可能推断出该未成年人的资料。

第四十三条　家庭和学校及其他有关单位，应当配合违法犯罪未成年人所在的少年犯管教所等单位，共同做好违法犯罪未成年人的教育挽救工作。

第四十四条　人民检察院免予起诉、人民法院免除刑事处罚或者宣告缓刑以及被解除收容教养或者服刑期满释放的未成年人，复学、升学、就业不受歧视。

第四十五条　人民法院审理继承案件，应当依法保护未成年人的继承权。

人民法院审理离婚案件，离婚双方因抚养未成年子女发生争执，不能达成协议时，应当根据保障子女权益的原则和双方具体情况判决。

第六章　法 律 责 任

第四十六条　未成年人的合法权益受到侵害的，被侵害人或者其监护人有权要求有关主管部门处理，或者依法向人民法院提起诉讼。

第四十七条　侵害未成年人的合法权益，对其造成财产损失或者其他损失、损害的，应当依法赔偿或者承担其他民事责任。

第四十八条　学校、幼儿园、托儿所的教职员对未成年学生和儿童实施体罚或者变相体罚，情节严重的，由其所在单位或者上级机关给予行政处分。

第四十九条　企业事业组织、个体工商户非法招用未满十六周岁的未成年人的,由劳动部门责令改正,处以罚款;情节严重的,由工商行政管理部门吊销营业执照。

第五十条　营业性舞厅等不适宜未成年人活动的场所允许未成年人进入的,由有关主管部门责令改正,可以处以罚款。

第五十一条　向未成年人出售、出租或者以其他方式传播淫秽的图书、报刊、音像制品等出版物的,依法从重处罚。

第五十二条　侵犯未成年人的人身权利或者其他合法权利,构成犯罪的,依法追究刑事责任。

虐待未成年的家庭成员,情节恶劣的,依照刑法第一百八十二条的规定追究刑事责任。

司法工作人员违反监管法规,对被监管的未成年人实行体罚虐待的,依照刑法第一百八十九条的规定追究刑事责任。

对未成年人负有抚养义务而拒绝抚养,情节恶劣的,依照刑法第一百八十三条的规定追究刑事责任。

溺婴的,依照刑法第一百三十二条的规定追究刑事责任。

明知校舍有倒塌的危险而不采取措施,致使校舍倒塌,造成伤亡的,依照刑法第一百八十七条的规定追究刑事责任。

第五十三条　教唆未成年人违法犯罪的,依法从重处罚。

引诱、教唆或者强迫未成年人吸食、注射毒品或者卖淫的,依法从重处罚。

第五十四条　当事人对依照本法作出的行政处罚决定不服的,可以先向上一级行政机关或者有关法律、法规规定的行政机关申请复议,对复议决定不服的,再向人民法院提起诉讼;也可以直接向人民法院提起诉讼。有关法律、法规规定应当先向行政机关申请复议,对复议决定不服再向人民法院提起诉讼的,依照有关法律、法规的规定办理。

当事人对行政处罚决定在法定期限内不申请复议,也不向人民法院提起诉讼,又不履行的,作出处罚决定的机关可以申请人民法院强制执行,或者依法强制执行。

第七章　附　　则

第五十五条　国务院有关部门可以根据本法制定有关条例,报国务院批准施行。

省、自治区、直辖市的人民代表大会常务委员会可以根据本法制定实施办法。

第五十六条　本法自 1992 年 1 月 1 日起施行。

附录四

中华人民共和国老年人权益保障法

（1996年8月29日第八届全国人民代表大会常务委员会第二十一次会议通过）[①]

目　　录

第一章　总则
第二章　家庭赡养与扶养
第三章　社会保障
第四章　参与社会发展
第五章　法律责任
第六章　附则

第一章　总　　则

第一条　为保障老年人合法权益，发展老年事业，弘扬中华民族敬老、养老的美德，根据宪法，制定本法。

---

① 2018年12月29日，第十三届全国人民代表大会常务委员会第七次会议第三次修订《中华人民共和国老年人权益保障法》。修订后的老年人权益保障法全文包括总则、家庭赡养与扶养、社会保障、社会服务、社会优待、宜居环境、参与社会发展、法律责任、附则，共九章85条。——编者注

第二条　本法所称老年人是指六十周岁以上的公民。

第三条　国家和社会应当采取措施，健全对老年人的社会保障制度，逐步改善保障老年人生活、健康以及参与社会发展的条件，实现老有所养、老有所医、老有所为、老有所学、老有所乐。

第四条　国家保护老年人依法享有的权益。

老年人有从国家和社会获得物质帮助的权利，有享受社会发展成果的权利。

禁止歧视、侮辱、虐待或者遗弃老年人。

第五条　各级人民政府应当将老年事业纳入国民经济和社会发展计划，逐步增加对老年事业的投入，并鼓励社会各方投入，使老年事业与经济、社会协调发展。

国务院和省、自治区、直辖市人民政府采取组织措施，协调有关部门做好老年人权益保障工作，具体机构由国务院和省、自治区、直辖市人民政府规定。

第六条　保障老年人合法权益是全社会的共同责任。

国家机关、社会团体、企业事业组织应当按照各自职责，做好老年人权益保障工作。

居民委员会、村民委员会和依法设立的老年人组织应当反映老年人的要求，维护老年人合法权益，为老年人服务。

第七条　全社会应当广泛开展敬老、养老宣传教育活动，树立尊重、关心、帮助老年人的社会风尚。

青少年组织、学校和幼儿园应当对青少年和儿童进行敬老、养老的道德教育和维护老年人合法权益的法制教育。

提倡义务为老年人服务。

第八条 各级人民政府对维护老年人合法权益和敬老、养老成绩显著的组织、家庭或者个人给予表扬或者奖励。

第九条 老年人应当遵纪守法,履行法律规定的义务。

第二章 家庭赡养与抚养

第十条 老年人养老主要依靠家庭,家庭成员应当关心和照料老年人。

第十一条 赡养人应当履行对老年人经济上供养、生活上照料和精神上慰藉的义务,照顾老年人的特殊需要。

赡养人是指老年人的子女以及其他依法负有赡养义务的人。

赡养人的配偶应当协助赡养人履行赡养义务。

第十二条 赡养人对患病的老年人应当提供医疗费用和护理。

第十三条 赡养人应当妥善安排老年人的住房,不得强迫老年人迁居条件低劣的房屋。

老年人自有的或者承租的住房,子女或者其他亲属不得侵占,不得擅自改变产权关系或者租赁关系。

老年人自有的住房,赡养人有维修的义务。

第十四条 赡养人有义务耕种老年人承包的田地,照管老年人的林木和牲畜等,收益归老年人所有。

第十五条 赡养人不得以放弃继承权或者其他理由,拒绝履行赡养义务。

赡养人不履行赡养义务,老年人有要求赡养人付给赡养费的权利。

赡养人不得要求老年人承担力不能及的劳动。

第十六条　老年人与配偶有相互扶养的义务。

由兄、姊扶养的弟、妹成年后，有负担能力的，对年老无赡养人的兄、姊有扶养的义务。

第十七条　赡养人之间可以就履行赡养义务签订协议，并征得老年人同意。居民委员会、村民委员会或者赡养人所在组织监督协议的履行。

第十八条　老年人的婚姻自由受法律保护。子女或者其他亲属不得干涉老年人离婚、再婚及婚后的生活。

赡养人的赡养义务不因老年人的婚姻关系变化而消除。

第十九条　老年人有权依法处分个人的财产，子女或者其他亲属不得干涉，不得强行索取老年人的财物。

老年人有依法继承父母、配偶、子女或者其他亲属遗产的权利，有接受赠予的权利。

第三章　社 会 保 障

第二十条　国家建立养老保险制度，保障老年人的基本生活。

第二十一条　老年人依法享有的养老金和其他待遇应当得到保障。有关组织必须按时足额支付养老金，不得无故拖欠，不得挪用。

国家根据经济发展、人民生活水平提高和职工工资增长的情况增加养老金。

第二十二条　农村除根据情况建立养老保险制度外，有条件的还可以将未承包的集体所有的部分土地、山林、水面、滩涂等作为养老基地，收益供老年人养老。

第二十三条 城市的老年人,无劳动能力、无生活来源、无赡养人和扶养人的,或者其赡养人和扶养人确无赡养能力或者扶养能力的,由当地人民政府给予救济。

农村的老年人,无劳动能力、无生活来源、无赡养人和扶养人的,或者其赡养人和扶养人确无赡养能力或者扶养能力的,由农村集体经济组织负担保吃、保穿、保住、保医、保葬的五保供养,乡、民族乡、镇人民政府负责组织实施。

第二十四条 鼓励公民或者组织与老年人签订扶养协议或者其他扶助协议。

第二十五条 国家建立多种形式的医疗保险制度,保障老年人的基本医疗需要。

有关部门制定医疗保险办法,应当对老年人给予照顾。

老年人依法享有的医疗待遇必须得到保障。

第二十六条 老年人患病,本人和赡养人确实无力支付医疗费用的,当地人民政府根据情况可以给予适当帮助,并可以提倡社会救助。

第二十七条 医疗机构应当为老年人就医提供方便,对七十周岁以上的老年人就医,予以优先。有条件的地方,可以为老年病人设立家庭病床,开展巡回医疗等服务。

提倡为老年人义诊。

第二十八条 国家采取措施,加强老年医学的研究和人才的培养,提高老年病的预防、治疗、科研水平。

开展各种形式的健康教育,普及老年保健知识,增强老年人自我保健意识。

第二十九条 老年人所在组织分配、调整或者出售住房,应当根据实际情况和有关标准照顾老年人的需要。

第三十条　新建或者改造城镇公共设施、居民区和住宅，应当考虑老年人的特殊需要，建设适合老年人生活和活动的配套设施。

第三十一条　老年人有继续受教育的权利。

国家发展老年教育，鼓励社会办好各类老年学校。

各级人民政府对老年教育应当加强领导，统一规划。

第三十二条　国家和社会采取措施，开展适合老年人的群众性文化、体育、娱乐活动，丰富老年人的精神文化生活。

第三十三条　国家鼓励、扶持社会组织或者个人兴办老年福利院、敬老院、老年公寓、老年医疗康复中心和老年文化体育活动场所等设施。

地方各级人民政府应当根据当地经济发展水平，逐步增加对老年福利事业的投入，兴办老年福利设施。

第三十四条　各级人民政府应当引导企业开发、生产、经营老年生活用品，适应老年人的需要。

第三十五条　发展社区服务，逐步建立适应老年人需要的生活服务、文化体育活动、疾病护理与康复等服务设施和网点。

发扬邻里互助的传统，提倡邻里间关心、帮助有困难的老年人。

鼓励和支持社会志愿者为老年人服务。

第三十六条　地方各级人民政府根据当地条件，可以在参观、游览、乘坐公共交通工具等方面，对老年人给予优待和照顾。

第三十七条　农村老年人不承担义务工和劳动积累工。

第三十八条　广播、电影、电视、报刊等应当反映老年人的生活，开展维护老年人合法权益的宣传，为老年人服务。

第三十九条 老年人因其合法权益受侵害提起诉讼交纳诉讼费确有困难的,可以缓交、减交或者免交;需要获得律师帮助,但无力支付律师费用的,可以获得法律援助。

第四章 参与社会发展

第四十条 国家和社会应当重视、珍惜老年人的知识、技能和革命、建设经验,尊重他们的优良品德,发挥老年人的专长和作用。

第四十一条 国家应当为老年人参与社会主义物质文明和精神文明建设创造条件。根据社会需要和可能,鼓励老年人在自愿和量力的情况下,从事下列活动:

(一) 对青少年和儿童进行社会主义、爱国主义、集体主义教育和艰苦奋斗等优良传统教育;

(二) 传授文化和科技知识;

(三) 提供咨询服务;

(四) 依法参与科技开发与应用;

(五) 依法从事经营和生产活动;

(六) 兴办社会公益事业;

(七) 参与维护社会治安、协助调解民间纠纷;

(八) 参与其他社会活动。

第四十二条 老年人参加劳动的合法收入受法律保护。

第五章 法 律 责 任

第四十三条 老年人合法权益受到侵害的,被侵害人或者其代理人有权要求有关部门处理,或者依法向人民法院提起诉讼。

人民法院和有关部门,对侵犯老年人合法权益的申诉、控告和检举，应当依法及时受理，不得推诿、拖延。

第四十四条　不履行保护老年人合法权益职责的部门或者组织，其上级主管部门应当给予批评教育，责令改正。

国家工作人员违法失职，致使老年人合法权益受到损害的，由其所在组织或者上级机关责令改正，或者给予行政处分；构成犯罪的，依法追究刑事责任。

第四十五条　老年人与家庭成员因赡养、扶养或者住房、财产发生纠纷，可以要求家庭成员所在组织或者居民委员会、村民委员会调解，也可以直接向人民法院提起诉讼。

调解前款纠纷时，对有过错的家庭成员，应当给予批评教育，责令改正。

人民法院对老年人追索赡养费或者扶养费的申请，可以依法裁定先予执行。

第四十六条　以暴力或者其他方法公然侮辱老年人、捏造事实诽谤老年人或者虐待老年人，情节较轻的，依照治安管理处罚条例的有关规定处罚；构成犯罪的，依法追究刑事责任。

第四十七条　暴力干涉老年人婚姻自由或者对老年人负有赡养义务、扶养义务而拒绝赡养、扶养，情节严重构成犯罪的，依法追究刑事责任。

第四十八条　家庭成员有盗窃、诈骗、抢夺、勒索、故意毁坏老年人财物，情节较轻的，依照治安管理处罚条例的有关规定处罚；构成犯罪的，依法追究刑事责任。

第六章　附　　则

第四十九条　民族自治地方的人民代表大会，可以根据本法的原则,结合当地民族风俗习惯的具体情况,依照法定程序制定变通的或者补充的规定。

第五十条 本法自 1996 年 10 月 1 日起施行。

附录五

中华人民共和国残疾人保障法

（1990 年 12 月 28 日第七届全国人民代表大会常务委员会第十七次会议通过）[①]

目　　录

第一章　总则
第二章　康复
第三章　教育
第四章　劳动就业
第五章　文化生活
第六章　福利
第七章　环境
第八章　法律责任
第九章　附则

第一章　总　　则

第一条　为了维护残疾人的合法权益，发展残疾人事业，保障

---

① 2008 年 4 月 24 日，第十一届全国人民代表大会常务委员会第二次会议修订《中华人民共和国残疾人保障法》，自 2008 年 7 月 1 日起施行。——编者注

残疾人平等地充分参与社会生活,共享社会物质文化成果,根据宪法,制定本法。

第二条 残疾人是指在心理、生理、人体结构上,某种组织、功能丧失或者不正常,全部或者部分丧失以正常方式从事某种活动能力的人。

残疾人包括视力残疾、听力残疾、言语残疾、肢体残疾、智力残疾、精神残疾、多重残疾和其他残疾的人。

残疾标准由国务院规定。

第三条 残疾人在政治、经济、文化、社会和家庭生活等方面享有同其他公民平等的权利。

残疾人的公民权利和人格尊严受法律保护。

禁止歧视、侮辱、侵害残疾人。

第四条 国家采取辅助方法和扶持措施,对残疾人给予特别扶助,减轻或者消除残疾影响和外界障碍,保障残疾人权利的实现。

第五条 国家和社会对伤残军人、因公致残人员以及其他为维护国家和人民利益致残的人员实行特别保障,给予优待和抚恤。

第六条 各级人民政府应当将残疾人事业纳入国民经济和社会发展计划,经费列入财政预算,统筹规划,加强领导,综合协调,采取措施,使残疾人事业与经济、社会协调发展。

国务院和省、自治区、直辖市人民政府,采取组织措施,协调有关部门做好残疾人事业的工作。具体机构由国务院和省、自治区、直辖市人民政府规定。

各级人民政府有关部门,应当密切联系残疾人,听取残疾人的意见,按照各自的职责,做好残疾人工作。

第七条　全社会应当发扬社会主义的人道主义精神，理解、尊重、关心、帮助残疾人，支持残疾人事业。

机关、团体、企业事业组织和城乡基层组织，应当做好所属范围内的残疾人工作。

从事残疾人工作的国家工作人员和其他人员，应当履行光荣职责，努力为残疾人服务。

第八条　中国残疾人联合会及其地方组织，代表残疾人的共同利益，维护残疾人的合法权益，团结教育残疾人，为残疾人服务。

残疾人联合会承担政府委托的任务，开展残疾人工作，动员社会力量，发展残疾人事业。

第九条　残疾人的法定扶养人必须对残疾人履行扶养义务。

残疾人的监护人必须履行监护职责，维护被监护人的合法权益。

残疾人的亲属、监护人应当鼓励和帮助残疾人增强自立能力。

禁止虐待和遗弃残疾人。

第十条　残疾人必须遵守法律，履行应尽的义务，遵守公共秩序，尊重社会公德。

残疾人应当发扬乐观进取精神，自尊、自信、自强、自立，为社会主义建设贡献力量。

第十一条　国家有计划地开展残疾预防工作，加强对残疾预防工作的领导，宣传、普及优生优育和预防残疾的知识，针对遗传、疾病、药物中毒、事故、灾害、环境污染和其他致残因素，制定法律、法规，组织和动员社会力量，采取措施，预防残疾的发生和发展。

第十二条　对在社会主义建设中做出显著成绩的残疾人，对维护残疾人合法权益、发展残疾人事业、为残疾人服务做出显著成绩的单位和个人,由政府和有关部门给予奖励。

第二章 康 复

第十三条 国家和社会采取康复措施,帮助残疾人恢复或者补偿功能,增强其参与社会生活的能力。

第十四条 康复工作应当从实际出发,将现代康复技术与我国传统康复技术相结合;以康复机构为骨干,社区康复为基础,残疾人家庭为依托;以实用、易行、受益广的康复内容为重点,并开展康复新技术的研究、开发和应用,为残疾人提供有效的康复服务。

第十五条 政府和有关部门有计划地在医院设立康复医学科(室),举办必要的专门康复机构,开展康复医疗与训练、科学研究、人员培训和技术指导工作。

各级人民政府和有关部门,应当组织和指导城乡社区服务网、医疗预防保健网、残疾人组织、残疾人家庭和其他社会力量,开展社区康复工作。

残疾人教育机构、福利性企业事业组织和其他为残疾人服务的机构,应当创造条件,开展康复训练活动。

残疾人在专业人员的指导和有关工作人员、志愿工作者及亲属的帮助下,应当努力进行功能、自理能力和劳动技能的训练。

国务院和有关部门分阶段确定康复重点项目,制定计划,组织力量实施。

第十六条 医学院校和其他有关院校应当有计划地开设康复课程、设置康复专业,培养各类康复专业人才。

国家和社会采取多种形式对从事康复工作的人员进行技术培

训，向残疾人、残疾人亲属、有关工作人员和志愿工作者普及康复知识，传授康复方法。

第十七条　政府有关部门应当组织和扶持残疾人康复器械、生活自助器具、特殊用品和其他辅助器具的研制、生产、供应、维修服务。

第三章　教　　育

第十八条　国家保障残疾人受教育的权利。

各级人民政府应当将残疾人教育作为国家教育事业的组成部分，统一规划，加强领导。

国家、社会、学校和家庭对残疾儿童、少年实施义务教育。

国家对接受义务教育的残疾学生免收学费，并根据实际情况减免杂费。国家设立助学金，帮助贫困残疾学生就学。

第十九条　残疾人教育，根据残疾人的身心特性和需要，按照下列要求实施：

（一）在进行思想教育、文化教育的同时，加强身心补偿和职业技术教育；

（二）依据残疾类别和接受能力，采取普通教育方式或者特殊教育方式；

（三）特殊教育的课程设置、教材、教学方法、入学和在校年龄，可以有适度弹性。

第二十条　残疾人教育，实行普及与提高相结合、以普及为重点的方针，着重发展义务教育和职业技术教育，积极开展学前教育，逐步发展高级中等以上教育。

第二十一条　国家举办残疾人教育机构，并鼓励社会力量办学、捐资助学。

第二十二条 普通教育机构对具有接受普通教育能力的残疾人实施教育。

普通小学、初级中等学校,必须招收能适应其学习生活的残疾儿童、少年入学;普通高级中等学校、中等专业学校、技工学校和高等院校,必须招收符合国家规定的录取标准的残疾考生入学,不得因其残疾而拒绝招收;拒绝招收的,当事人或者其亲属、监护人可以要求有关部门处理,有关部门应当责令该学校招收。

普通幼儿教育机构应当接收能适应其生活的残疾幼儿。

第二十三条 残疾幼儿教育机构、普通幼儿教育机构附设的残疾儿童班、特殊教育学校的学前班、残疾儿童福利机构、残疾儿童家庭,对残疾儿童实施学前教育。

初级中等以下特殊教育学校和普通学校附设的特殊教育班,对不具有接受普通教育能力的残疾儿童、少年实施义务教育。

高级中等以上特殊教育学校、普通学校附设的教育班和残疾人职业技术教育机构,对符合条件的残疾人实施高级中等以上文化教育、职业技术教育。

第二十四条 政府有关部门、残疾人所在单位和社会应当对残疾人开展扫除文盲、职业培训和其他成人教育,鼓励残疾人自学成才。

第二十五条 国家有计划地举办各级各类特殊教育师范院校、专业,在普通师范院校附设特殊教育班(部),培养、培训特殊教育师资。普通师范院校开设特殊教育课程或者讲授有关内容,使普通教师掌握必要的特殊教育知识。

特殊教育教师和手语翻译,享受特殊教育津贴。

第二十六条　政府有关部门应当组织和扶持盲文、手语的研究和应用，特殊教育教材的编写和出版，特殊教育教学用具及其他辅助用品的研制、生产和供应。

第四章　劳动就业

第二十七条　国家保障残疾人劳动的权利。

各级人民政府应当对残疾人劳动就业统筹规划，为残疾人创造劳动就业条件。

第二十八条　残疾人劳动就业，实行集中与分散相结合的方针，采取优惠政策和扶持保护措施，通过多渠道、多层次、多种形式，使残疾人劳动就业逐步普及、稳定、合理。

第二十九条　国家和社会举办残疾人福利企业、工疗机构、按摩医疗机构和其他福利性企业事业组织，集中安排残疾人就业。

第三十条　国家推动各单位吸收残疾人就业，各级人民政府和有关部门应当做好组织、指导工作。机关、团体、企业事业单位、城乡集体经济组织，应当按一定比例安排残疾人就业，并为其选择适当的工种和岗位。省、自治区、直辖市人民政府可以根据实际情况规定具体比例。

第三十一条　政府有关部门鼓励、帮助残疾人自愿组织起来从业或者个体开业。

第三十二条　地方各级人民政府和农村基层组织，应当组织和扶持农村残疾人从事种植业、养殖业、手工业和其他形式的生产劳动。

第三十三条　国家对残疾人福利性企业事业组织和城乡残疾人个体劳动者，实行税收减免政策，并在生产、经营、技术、资金、物资、场地等方面给予扶持。

地方人民政府和有关部门应当确定适合残疾人生产的产品,优先安排残疾人福利企业生产,并逐步确定某些产品由残疾人福利企业专产。

政府有关部门下达职工招用、聘用指标时,应当确定一定数额用于残疾人。

对于申请从事个体工商业的残疾人,有关部门应当优先核发营业执照,并在场地、信贷等方面给予照顾。

对于从事各类生产劳动的农村残疾人,有关部门应当在生产服务、技术指导、农用物资供应、农副产品收购和信贷等方面,给予帮助。

第三十四条　国家保护残疾人福利性企业事业组织的财产所有权和经营自主权,其合法权益不受侵犯。

在职工的招用、聘用、转正、晋级、职称评定、劳动报酬、生活福利、劳动保险等方面,不得歧视残疾人。

对于国家分配的高等学校、中等专业学校、技工学校的残疾毕业生,有关单位不得因其残疾而拒绝接收;拒绝接收的,当事人可以要求有关部门处理,有关部门应当责令该单位接收。

残疾职工所在单位,应当为残疾职工提供适应其特点的劳动条件和劳动保护。

第三十五条　残疾职工所在单位应当对残疾职工进行岗位技术培训,提高其劳动技能和技术水平。

第五章　文化生活

第三十六条　国家和社会鼓励、帮助残疾人参加各种文化、体育、娱乐活动，努力满足残疾人精神文化生活的需要。

第三十七条　残疾人文化、体育、娱乐活动应当面向基层，融于社会公共文化生活，适应各类残疾人的不同特点和需要，使残疾人广泛参与。

第三十八条　国家和社会采取下列措施，丰富残疾人的精神文化生活：

（一）通过广播、电影、电视、报刊、图书等形式，反映残疾人生活，为残疾人服务；

（二）组织和扶持盲文读物、盲人有声读物、聋人读物、弱智人读物的编写和出版，开办电视手语节目，在部分影视作品中增加字幕、解说；

（三）组织和扶持残疾人开展群众性文化、体育、娱乐活动，举办特殊艺术演出和特殊体育运动会，参与重大国际性比赛和交流；

（四）文化、体育、娱乐和其他公共活动场所，为残疾人提供方便和照顾。有计划地兴办残疾人活动场所。

第三十九条　国家和社会鼓励、帮助残疾人进行文学、艺术、教育、科学、技术和其他有益于人民的创造性劳动。

第六章　福　　利

第四十条　国家和社会采取扶助、救济和其他福利措施，保障和改善残疾人的生活。

第四十一条　国家和社会对生活确有困难的残疾人，通过多种渠道给予救济、补助。

国家和社会对无劳动能力、无法定扶养人、无生活来源的残疾人,按照规定予以供养、救济。

第四十二条 残疾人所在单位、城乡基层组织、残疾人家庭,应当鼓励、帮助残疾人参加社会保险。

第四十三条 地方各级人民政府和社会举办福利院和其他安置收养机构,按照规定安置收养残疾人,并逐步改善其生活。

第四十四条 公共服务机构应当为残疾人提供优先服务和辅助性服务。

残疾人搭乘公共交通工具,应当给予方便和照顾;其随身必备的辅助器具,准予免费携带。

盲人可以免费乘坐市内公共汽车、电车、地铁、渡船。盲人读物邮件免费寄递。

县级和乡级人民政府应当根据具体情况减免农村残疾人的义务工、公益事业费和其他社会负担。

各级人民政府应当逐步增加对残疾人的其他照顾和扶助。

第七章 环　　境

第四十五条 国家和社会逐步创造良好的环境,改善残疾人参与社会生活的条件。

第四十六条 国家和社会逐步实行方便残疾人的城市道路和建筑物设计规范,采取无障碍措施。

第四十七条 国家和社会促进残疾人与其他公民之间的相互理解和交流,宣传残疾人事业和扶助残疾人的事迹,弘扬残疾人自强不息的精神,倡导团结、友爱、互助的社会风尚。

第四十八条 每年5月的第三个星期日,为全国助残日。

第八章　法律责任

第四十九条　残疾人的合法权益受到侵害的，被侵害人或者其代理人有权要求有关主管部门处理，或者依法向人民法院提起诉讼。

第五十条　国家工作人员违法失职，损害残疾人的合法权益的，由其所在单位或者上级机关责令改正或者给予行政处分。

第五十一条　侵害残疾人的合法权益，造成财产损失或者其他损失、损害的，应当依法赔偿或者承担其他民事责任。

第五十二条　利用残疾人的残疾，侵犯其人身权利或者其他合法权利，构成犯罪的，依照刑法有关规定从重处罚。

以暴力或者其他方法公然侮辱残疾人，情节严重的，依照刑法第一百四十五条的规定追究刑事责任；情节较轻的，依照治安管理处罚条例第二十二条的规定处罚。

虐待残疾人的，依照治安管理处罚条例第二十二条的规定处罚；情节恶劣的，依照刑法第一百八十二条的规定追究刑事责任。

对没有独立生活能力的残疾人负有扶养义务而拒绝扶养、情节恶劣的，或者遗弃没有独立生活能力的残疾人的，依照刑法第一百八十三条的规定追究刑事责任。

奸淫因智力残疾或者精神残疾不能辨认自己行为的残疾人的，以强奸论，依照刑法第一百三十九条的规定追究刑事责任。

第九章　附　　则

第五十三条　国务院有关部门根据本法制定有关条例，报国务院批准施行。

省、自治区、直辖市人民代表大会常务委员会可以根据本法制定实施办法。

第五十四条 本法自1991年5月15日起施行。

附录六

上海市街道办事处条例

（1997 年 1 月 15 日上海市第十届全国人民代表大会常务委员会第三十三次会议通过）①

第一条 为了加强本市街道办事处的建设，发挥街道办事处的作用，密切政府与群众的联系，根据《中华人民共和国地方各级人民代表大会和地方各级人民政府组织法》和有关法律、法规的规定，结合本市实际情况，制定本条例。

第二条 街道办事处是区人民政府的派出机关，受区人民政府领导，依据法律、法规的规定，在本辖区内行使相应的政府管理职能。

第三条 街道办事处的工作以社区管理和社区服务为重点，开展社会主义物质文明、精神文明建设，创建安定团结、环境整洁、方便生活的文明社区。

第四条 街道办事处的设立、变更或者撤销，应当根据地域条件和居民分布状况，符合便于联系群众和有效管理的要求。

街道办事处的设立、变更或者撤销，由区人民政府向市民政局

---

① 《上海市街道办事处条例》由上海市第十四届人民代表大会常务委员会第三十二次会议于 2016 年 9 月 14 日修订通过，自 2016 年 11 月 1 日起施行。——编者注

提出,市民政局审核同意后报市人民政府批准。

第五条 街道办事处设主任一名,副主任若干名。街道办事处主任、副主任由区人民政府任命。

第六条 街道办事处按照精干、高效的原则,下设社会发展、市政管理、社会治安综合治理、社会保障、财政经济等机构。

街道办事处工作机构的设立、变更或者撤销,由街道办事处提出,报区人民政府批准。

第七条 街道办事处的行政事业经费和办公用房,由区人民政府按照国家和本市的有关规定负责解决。

第八条 街道办事处的职责:

(一)指导、帮助居民委员会开展组织建设、制度建设和其他工作;

(二)开展便民利民的社区服务;

(三)兴办社会福利事业,做好社会救助和其他社会保障工作;

(四)负责街道监察队的建设和管理;

(五)开展计划生育、环境保护、教育、文化、卫生、科普、体育等工作;

(六)维护老年人、未成年人、妇女、残疾人和归侨、侨眷、少数民族的合法权益;

(七)组织实施社会治安综合治理规划,开展治安保卫、人民调解工作;

(八)开展拥军优属,做好国防动员和兵役工作;

(九)参与检查、督促新建改建住宅的公共建筑、市政设施配套项目的落实、验收工作,协助有关部门对公共建筑、市政配套设施的使用进行管理监督；

（十）配合做好防灾救灾工作；

（十一）管理外来流动人员；

（十二）领导街道经济工作；

（十三）向区人民政府反映居民的意见和要求，处理群众来信来访事项；

（十四）办理区人民政府交办的事项。

第九条　街道办事处实行主任负责制。主任主持街道办事处的全面工作，其主要职责是：

（一）组织实施本条例第八条规定的各项工作；

（二）召集和主持街道办事处办公会议；

（三）负责街道办事处工作人员的任免、培训、考核和奖惩工作；

（四）决定街道办事处的其他重大事项。

街道办事处副主任协助主任工作，主任因故缺位时，由一位副主任代行主任职责。

第十条　街道办事处设立街道监察队。街道监察队由街道办事处领导，并接受有关行政主管部门的业务指导和监督。

街道监察队在辖区内对违反市容、环境卫生、环境保护、市政设施、绿化等城市管理法律、法规规定，以及违法建筑、设摊、堆物、占路等行为，应当责令改正，并可以依法对单位处以警告、一千元以下的罚款，对个人处以警告、五十元以下的罚款；有权暂扣违法物品、违法所得，拆除违法建筑。对超越处罚权限的，街道监察队应当移送区的有关行政主管部门处理。

当事人对街道监察队的处罚决定或者管理措施不服的，可以依法向区的有关行政主管部门申请行政复议或者直接向人民法院提起行政诉讼。

街道监察队员应当经过培训,持证上岗,依法管理,依照法定程序实施行政处罚。不得玩忽职守、滥用职权、徇私舞弊。

街道监察队的组织办法、工作制度、实施方案、与其他行政执法部门之间的具体职责分工,以及对违反城市管理法律、法规规定的单位或者个人实施行政处罚的具体办法,由市人民政府另行规定。

第十一条 街道办事处有权组织、协调辖区内的公安、工商、税务等机构,依法支持、配合街道监察队的执法活动。

街道办事处可以召开由辖区内有关单位参加的社区联席会议,商讨、协调社区建设和社区服务事项。

第十二条 街道办事处有权对区人民政府有关部门派出机构主要行政负责人的任免、调动、考核和奖惩,提出意见和建议。区人民政府有关部门在决定上述事项前,应当听取街道办事处的意见和建议。

第十三条 街道办事处可以召开居民委员会主任会议或者居民委员会的有关委员会主任会议,研究、指导工作。

第十四条 街道办事处通过居民代表会议,对涉及地区性、社会性、群众性的重要事项进行沟通和协商,听取意见、建议,接受监督。街道居民代表会议由辖区内居民和单位推荐的代表组成。

第十五条 街道办事处应当组织辖区内的单位和居民,共同做好下列工作:

(一) 建立、完善社区服务体系,开展社区服务,提高居民生活质量;

（二）举办文化、教育、体育和娱乐活动，普及科学、法律知识，提高居民的文明素质；

（三）开展绿化的保护和建设工作，维护社区整洁，优化生活环境；

（四）健全治安防范网络，创建安定的社会秩序；

（五）其他社区建设工作。

市、区人民政府应当将社区建设工作纳入经济建设和社会发展规划。市、区人民政府的有关部门应当支持社区建设工作。

第十六条　街道办事处应当遵守法律、法规，依法办事。区人民政府对街道办事处的错误决定和违法行为，应当及时纠正、处理，并视情节轻重，对主管人员和直接责任人员给予批评教育，行政处分。

第十七条　本条例的具体应用问题，由市民政局负责解释。

第十八条　本条例自 1997 年 3 月 1 日起施行。

内 容 提 要

《社区发展论(修订版)》正文包括第一至八章及附录两大部分。作者首先从中西历史比较的角度,叙述了“社区发展”这一课题之于社会学研究和社会工作实践的重要意义,分析了社区的基本类型以及我国计划经济体制下的“亚社区”及其向现代社区转型的历史必然性,然后就社区发展规划与发展指标、社区社会服务、社区社会保障、社区管理中的政府角色、社区参与与社会自治等我国社区建设中的基本问题,分别进行了较深入的研究和探讨。特别是书中关于社区源起的系统性梳理启迪了改革开放以来的社区治理研究,关于社区管理中政府角色的前瞻性论断更是开了“政社分工与合作”的研究先河,关于社区参与与社区自治的现实性分析则奠定了其实践建构与自觉的学术传统。